广东省科技计划项目"华南技术转移中心建设（第一期、二期、三期）"
"广东创新驱动战略决策新型智库建设"（2017B070703005）成果

企业创新管理工具丛书

企业科技财税实操指南

牟小容 李奎 编著

机械工业出版社
China Machine Press

图书在版编目（CIP）数据

企业科技财税实操指南 / 牟小容，李奎编著 . -- 北京：机械工业出版社，2022.8
（企业创新管理工具丛书）
ISBN 978-7-111-71213-8

I. ①企… II. ①牟… ②李… III. ①企业管理 – 财务管理 – 指南 ②企业管理 – 税收管理 – 指南 IV. ① F275-62 ② F810.423-62

中国版本图书馆 CIP 数据核字（2022）第 124280 号

科技型企业如何有效管控财税风险，进行合理的科技财税筹划，深刻理解政府科技创新财税政策就显得极为重要。首先，本书概括介绍了激励企业研发的主要财税政策、科技财税合规管理和筹划路径。其次，本书从业务规范与财务合规的角度探讨了政府科技计划项目经费管理、企业研发活动的会计核算等，助力企业用好、用足各项政府科技创新财税激励政策，持续开展研发活动。最后，本书重点讨论了科技计划项目的专项资金、创新环节的加计扣除、成果转化，以及针对创新主体的高新技术企业、集成电路和软件企业的业财税一体化管理实操指南。本书还以 A 公司研发项目为例，按照"业务—财务—税务"的逻辑，阐述了研发费用加计扣除政策的申报实务，如研发项目的业务描述、会计处理、加计扣除的税务处理等。

本书力求为科技型企业、科技管理人员，政府科技部门、税务部门等监管机构，科技服务中介机构、会计师事务所，以及其他有志于从事或了解科技财税筹划相关工作的人士等提供较为系统的、业财税融合管理的企业科技财税实操指南。

企业科技财税实操指南

出版发行：机械工业出版社（北京市西城区百万庄大街 22 号 邮政编码：100037）	
责任编辑：李晓敏	责任校对：付方敏
印　　刷：北京铭成印刷有限公司	版　　次：2022 年 10 月第 1 版第 1 次印刷
开　　本：170mm×230mm　1/16	印　　张：19
书　　号：ISBN 978-7-111-71213-8	定　　价：69.00 元

客服电话：(010) 88361066　68326294

版权所有·侵权必究
封底无防伪标均为盗版

企业创新管理工具丛书编委会

主　　任：张振刚　　周海涛
副主任：李　奎　　廖晓东
成　　员：叶世兵　　赖培源　　牟小容　　黄　何　　张宏丽
　　　　　李妃养　　李云健　　余传鹏　　王　鹏　　李淑如
　　　　　左恬源　　戴　川　　闫永骅　　陈欣怡　　邱珊珊
　　　　　孙晓麒　　张　跃　　徐津晶　　钱　钦　　吴梦圈

前言

企业的研发投入是决定企业科技创新能力的重要因素，也是衡量一个国家科技竞争力的主要指标。但是，企业研发活动具有明显的正外部性，研发活动的私人收益小于社会收益，市场失灵导致企业研发投入小于社会最优水平，阻碍了一国经济增长。为了纠正这一缺陷，政府往往采用两种政策工具来促进全社会的研发投入：一是财政直接支出政策，如通过财政科技投入、政府采购、政府风险投资等方式直接支持企业的研发投入；二是税收优惠（即财政间接支出政策），如通过税前扣除、税收抵免、加速折旧、优惠税率或低税率等方式降低企业研发投入的成本，间接支持企业的研发活动。那么，对于企业尤其是科技型企业而言，如何用好用足政府科技创新财税激励政策来进一步提升企业创新能力和未来竞争力，如何在企业战略、业务发展、组织架构等框架下，针对研发，按照"业务—财务—税务"整体架构设计思路，在合理管控财税风险的基础上，统筹进行企业科技财税规划和筹划就显得极为重要了。

全书共分为九章。

第一章是企业科技财税概述。在讲解何为研发、科技和创新的基础上，结合企业研发活动流程与特征，概括性地介绍了激励企业研发的主要财税政策，以及科技财税合规管理的重要性和筹划路径，使企业初步认识科技财税的概貌及其业财税融合管理的路径。

第二章和第三章介绍申报享受各类科技财税激励政策的前提和基础。其中：第二章主要介绍了企业研发活动的识别与内控管理，重点关注《企业会计准则》、研发费用加计扣除、高新技术企业认定等不同政策对研发活动的界定差异；第三章主要介绍了企业研发活动财务管理与会计核算，尤其是关注研发费用的会计核算与列报，以及研发费用归集在会计上、高新技术企业认定和研发费用加计扣除等不同政策要求上的口径差异。这两章旨在使企业充分认识到，要想用好用足各项政府科技创新财税激励政策，必须坚持持续开展研发活动，务必重视研发内控管理，规范研发财务管理及其会计核算。

第四章至第九章为专题实操指引，即按不同科技财税政策分专题进行介绍，重点探讨了科技计划项目的专项资金、创新环节的加计扣除、成果转化以及针对创新主体的高新技术企业、集成电路与软件企业的业财税一体化管理实操指南，旨在使企业掌握各主要科技财税激励政策依据、主要内容及其财税处理，帮助企业实现促发展、控风险、降税负的科技财税筹划目标。

第四章为政府科技计划项目专项资金财税实操专题。首先介绍了专项资金的政策依据、预算编制、预算执行与调剂、财务验收等环节的管控重点。其次，基于《企业会计准则第16号——政府补助》探讨了不同类型专项资金的会计核算。最后在会计核算基础上，依据不同税法规定尤其是《中华人民共和国企业所得税法》(以下简称《企业所得税法》)探讨了不同类型专项资金的税务处理差异。

第五章至第六章，为企业所得税支持创新的"牛鼻子"政策即企业研发费用加计扣除财税实操专题。第五章在梳理了政策依据与优惠内容的基础上，重点阐释了申报享受加计扣除需满足的三个条件，最后简要介绍了研发费用加计扣除的纳税申报与备查资料，以及税务机关后续管理等相关财税实操指南。第六章则以 A 公司研发项目为例，按照"业务—财务—税务"的路径，阐述了研发费用加计扣除政策的申报实务，具体包括研发项目的业务描述、会计处理及加计扣除的税务处理。

第七章为科技成果转化减免税政策专题。主要介绍了企业科技成果转化环节的"四技"收入[一]免征增值税和符合条件的技术转让所得减免征收企业所得税优惠政策。鉴于上述税收优惠政策均要求签订相关技术合同，且均需到科技主管部门进行技术合同认定登记，为此，第七章又简要梳理了有关技术合同认定登记的相关内容。

[一] "四技"收入是指单位和个人从事技术转让、技术开发业务和与之相关的技术咨询、技术服务取得的收入。

第八章为高新技术企业认定财税实操专题。本章在梳理了政策依据与优惠内容的基础上，重点解读了高新技术企业认定条件、组织与实施，最后介绍了高新技术企业认定中的财务事项以及申报享受减免企业所得税的纳税申报与备查资料。

第九章为集成电路和软件企业减免税政策专题。本章重点介绍了新时期促进集成电路和软件产业发展有关企业所得税优惠政策的依据与内容以及相关税务处理，另外介绍了增值税优惠和进口税收政策优惠的相关内容。

本书由华南农业大学牟小容副教授和华南技术转移中心李奎总裁共同编著，历时两年多，其间几易其稿，力求追踪企业科技创新财税激励政策的最新动态，希望能为科技型企业、政府科技部门、税务部门等监管机构、科技服务中介机构、会计师事务所的工作人员以及其他有志于从事或了解相关科技财税筹划工作的人士提供最新的、较为全面且系统的、基于业财税融合管理的企业科技财税实操指南。然而，由于企业科技财税激励政策仍处于不断完善和持续发展状态之中，不断出现新问题、新政策，同时又受编著者水平限制，所以书中难免有疏漏、缺点甚至错误，期待和感谢广大读者及专家的批评与指正。

牟小容　李　奎

2022 年 3 月

目录

前 言

第一章 企业科技财税概述 / 1
    第一节 什么是研发、科技与创新 / 1
    第二节 企业研发与财税激励政策 / 8
    第三节 企业科技财税合规管理的重要性与筹划路径 / 22

第二章 企业研发活动识别与内控管理 / 27
    第一节 企业研发活动识别 / 27
    第二节 企业研发活动的业务流程与内控管理 / 38
    第三节 企业研发内控管理参考建议 / 48

第三章 企业研发活动财务管理与会计核算 / 50
    第一节 企业研发活动财务管理概述 / 51
    第二节 企业研发活动资金循环与会计处理 / 55
    第三节 企业研发费用的会计核算与列报 / 58
    第四节 企业研发费用归集的不同口径对比 / 77
    第五节 研发成果的后续计量、处置与披露 / 84

第四章 科技计划项目专项资金管理与财税处理 / 93
    第一节 科技计划项目专项资金管理 / 94

第二节　科技计划项目专项资金会计核算　/ 104

第三节　科技计划项目专项资金税务处理　/ 124

第五章　企业研发费用加计扣除政策解读与财税处理　/ 143

第一节　政策依据与优惠内容　/ 144

第二节　享受条件一：对拟申报企业的要求　/ 155

第三节　享受条件二：研发负面清单管理　/ 159

第四节　享受条件三：可加计研发费用与辅助账　/ 161

第五节　纳税申报与备查资料　/ 171

第六节　税务机关后续管理　/ 177

第六章　综合案例：A公司研发费用加计扣除申报　/ 180

第一节　研发项目的业务描述　/ 181

第二节　研发项目的会计处理　/ 185

第三节　研发项目的税务处理：加计扣除申报　/ 195

第七章　科技成果转化减免税政策与技术合同认定登记　/ 209

第一节　科技成果转化减免税政策　/ 209

第二节　技术合同认定登记　/ 214

第八章　高新技术企业认定政策解读及财税处理　/ 222

第一节　政策依据与优惠内容　/ 222

第二节　什么是高新技术企业及高新技术企业认定条件　/ 226

第三节　高新技术企业认定的组织与实施　/ 237

第四节　高新技术企业认定财税处理　/ 248

第九章　集成电路和软件企业减免税政策　/ 256

第一节　企业所得税优惠政策依据与内容　/ 257

第二节　企业所得税优惠政策税务处理　/ 262

第三节　增值税优惠政策　/ 280

第四节　进口税收优惠政策　/ 289

参考文献　/ 292

第一章

企业科技财税概述

本章主要介绍了什么是研发、科技和创新,企业研发与财税激励政策以及企业科技财税合规管理的重要性与筹划路径。本章的知识架构如图 1-1 所示。

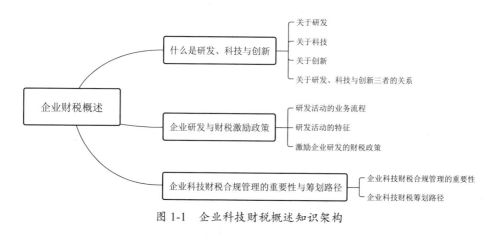

图 1-1　企业科技财税概述知识架构

第一节　什么是研发、科技与创新

现实中,研发、科技与创新这三个概念有些相似,人们不易分辨其中的联系与区别,时常混同使用。为正确理解和识别研发活动,我们有必要先弄清楚三者的概念与关系。

一、关于研发

（一）研发的概念

R&D（research and development）就是通常所说的研发，是研究与试验发展或研究与开发的简称。根据国家统计局印发的《研究与试验发展（R&D）投入统计规范（试行）》（国统字〔2019〕47号）规定，R&D是指为增加知识存量（也包括有关人类、文化和社会的知识）以及设计已有知识的新应用而进行的创造性、系统性的活动。

（二）研发活动的分类

通常，研发活动分为基础研究、应用研究和试验发展三类，其中基础研究和应用研究被统称为科学研究。

1. 基础研究

基础研究是一种不预设任何特定应用或使用目的的实验性或理论性工作。它没有明确的商业目的，主要是为获得（已发生）现象和可观察事实的基本原理、规律和新知识。其研究成果通常表现为提出一般原理、理论或规律，并以论文、著作、研究报告等形式为主。

从风险角度看，基础研究在三类研发活动中创新程度最高，技术上能否成功很不确定，而且由于没有明确的商业目的，离市场较远，其市场前景的不确定性很高，因此在三类研发活动中，基础研究的风险性是最大的。

2. 应用研究

应用研究是为获取新知识，达到某一特定的实际目的或目标而开展的初始性研究。应用研究是为了确定基础研究成果的可能用途，或确定实现特定和预定目标的新方法。其研究成果以论文、著作、研究报告、原理性模型或发明专利等形式为主。

从风险性看，应用研究是基础研究的发展和应用，因此技术上的不确定性应小于基础研究，而由于其具有了应用的目的，其市场前景又大于基础研究，整体而言，应用研究的风险程度肯定会小于基础研究。

3. 试验发展

试验发展是利用从科学研究、实际经验中获取的知识和研究过程中产生的其他知识，开发新的产品、工艺或改进现有产品、工艺而进行的系统性研究。其研究成果以专利、专有技术，以及具有新颖性的产品原型、原始样机及装置等形式为主。

就风险程度而言，试验发展是三类研发活动中最低的。首先从技术上看，试验发展主要是将基础研究和应用研究的知识进行转化，创新程度低于前两类。其次，它已经具有明确的商业目标，离市场已经很近，风险已经较低，但产品的市场前景依然存在不确定性，这也是新产品的固有属性。

（三）示例：三类研发活动的区分

本书用下面的例子说明如何区分上述三类研发活动。

在研发飞机样机的过程中，对气流中的压强条件和固体颗粒的浮力研究属于基础研究，为研制样机对所需的空气动力学数据进行研究属于应用研究，进行风洞试验以及制作第一台样机外壳属于试验发展。

综上，在三类研发活动中，基础研究和应用研究代表科学研究前沿，就我国现阶段的情况而言，多发生在高等学校及科研院所；试验发展则与后续的新产品与新工艺的产生联系更多一些，因此主要发生在企业。

二、关于科技

（一）科技活动的概念

科技是科学和技术的合称。在统计上，科学技术活动简称科技活动，是指所有与各科学技术领域（例如自然科学、人文与社会科学等）中科技知识的产生、发展、传播和应用密切相关的系统的活动。

（二）科技活动的分类

1. 国际上对科技活动的分类

联合国教科文组织（UNESCO）在1978年发布的《关于科学技术统计国际标

准化的建议》中将科学技术活动划分为三类：研究与试验发展（R&D）、科技教育与培训（STET）和科技服务（STS）。经济合作与发展组织（OECD）的《弗拉斯卡蒂手册》沿袭了这种分类。其中，科技教育与培训是指与大学专科、本科及以上（硕士研究生、博士研究生）教育培训，以及针对在职研究人员的教育与培训有关的所有活动。科技服务（STS）是指与研发活动相关并有助于科学技术知识的产生、传播和应用的活动。

2. 我国对科技活动的分类

我国科技统计工作将统计范围内的科技活动分为三类（见图 1-2）：研发、研发成果应用和科技服务。其中研发成果应用是指为使试验发展阶段产生的新产品、材料和装置，建立的新工艺系统和服务以及做实质性改进后的上述各项能够投入生产或在实际中运用，解决所存在的技术问题而进行的系统活动。科技服务的具体活动内容包括：科技成果的示范推广工作；信息和文献服务；技术咨询工作；自然、生物现象的日常观测、监测，资源的考察和勘探；有关社会、人文、经济现象的通用资料的收集、分析与整理；科学普及；为社会和公众提供的测试、标准化制定、计量、质量控制和专利服务等。

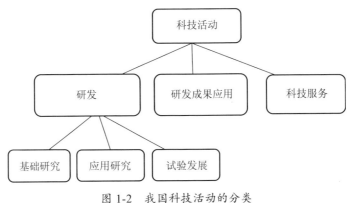

图 1-2　我国科技活动的分类

3. 示例：三类科技活动的区分

在三类科技活动中，研发是核心和基础，研发成果应用是研发活动向生产活动的进一步延伸，科技服务提供相关保障。比如，在电动机的问世过程中，从创立电磁场理论到第一台电动机样机面世是研发活动；为批量生产电动机所进行的工程设计、试生产等活动是研发成果应用；其中的科技文献检索、翻译、编辑等活动属于科技服务。

（三）研发活动与科技活动的关系

如图 1-2 所示，研发活动是科技活动的核心组成部分。与其他科技活动相比，研发活动的最显著特征是创造性，体现新知识的产生、积累和应用，常常会导致新的发现发明或新产品（技术）等，研发活动的预定目标能否实现往往存在不确定性。其他科技活动都是围绕研发活动发生的，要么是为研发成果向生产和市场转化而提供支持（研发成果应用），要么是为研发活动及知识传播提供全方位的配套支持服务（科技服务）。这些活动与研发活动的根本区别在于，它只涉及技术的一般性应用，本身不具有创造性。

三、关于创新

（一）创新的概念

创新作为一个经济学概念，最早源于熊彼特的创新理论。1911 年，熊彼特在其《经济发展理论》一书中写道：所谓创新就是一种生产函数的转移，或是生产要素与生产条件的重新组合，其目的在于获取潜在的超额利润。他把创新概括为五种形式：①生产新的产品；②引进新的生产方式；③开辟新的市场；④开拓并利用新的材料或半成品供给来源；⑤采用新的组织方式。

统计上，OECD 和欧盟统计署发布的《奥斯陆手册：创新数据的采集和解释指南》（第 3 版）则在熊彼特创新理论基础上，将创新定义为：出现新的或重大改进的产品或工艺，或者新的营销方式，或者在商业实践、工作场所组织或外部关系中出现新的组织方式。换言之，创新可分为"产品创新""工艺创新""营销创新"和"组织创新"四类。

如何区分上述四种不同类型的创新呢？如果一项创新是将包括新的或具有重大改进特征的服务提供给消费者，则可视其为产品创新；如果是将包括新的或重大改进的方法、设备和技能应用于服务，则可视之为工艺创新。我们可以根据不同目标对工艺创新和营销创新进行区分，如果目标是降低单位成本或提高产品质量则可视为工艺创新，如果目标是通过改变产品的定位或形象来增加销售额或市场占有率，则应视为营销创新。组织创新是指商业实践、工作场所组织或外部关系等方面的新组织方式的实现。

（二）创新活动的概念

创新是一个过程，其中包含着各种创新活动。所谓创新活动，则是在实现创新或试图实现创新的过程中所进行的科学、技术、组织、金融、商业等各种活动的总称。它具体包括：所有研发活动，为实现创新而专门进行的获得机器设备和软件、获取相关技术，以及相关的培训、设计、市场推介、工装准备等活动。

创新与创新活动是两个概念：创新是已成功实现的；而创新活动则可能成功，可能失败，也可能尚未取得结果，它本身可能具有新颖性，也可能不具有新颖性，却是实现创新的必经之路。对于创新活动，科技活动是重要的组成部分，而研发活动始终是其中最核心的环节。没有研发，就谈不上产品和工艺新颖性的产生，更不必论及新颖性的扩散了。

四、关于研发、科技与创新三者的关系

研发、科技和创新，这三者是不同的概念，其内涵和外延有着清晰的边界，不可混为一谈，三者的关系如图 1-3 所示。

1. 从线性过程看（箭头方向）

从活动发生的先后顺序上看，研发、科技到创新构成了一个发展链条，存在着一定程度上的先后关系。研发处于该创新链条的前端，注重知识和技术的产生本身，与生产过程有着较明显的分界，与市场不发生直接联系。研发过程结束后可能需要一些技术方面的准备才能过渡到生产阶段，此时登场的是科技活动中的研发成果应用。再向后发展需要与市场直接发生联系，就到了实现创新的时刻。

需要注意的是，在研发活动开始的同时，科技活动与创新活动就已经开始进行了，只不过创新尚未实现而已。总的来说，在研发投入、技术获取、成果转化、

商业化生产、市场销售、社会扩散这一实现经济效益的全过程中，创新更侧重与市场的关系，研发更侧重增加知识存量，科技活动则介于两者之间。

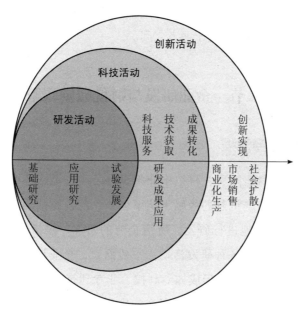

图1-3 研发、科技与创新三者的关系

2. 从包含关系看（圆圈）

从包含关系上看，对于企业来说，从研发活动、科技活动到创新活动，边界范围逐渐扩大。科技活动中包含了研发活动，创新活动中也包含了研发活动，如果与实现创新有关，那么创新活动还包含了科技活动。这里隐含了三层意思：一是这种包含关系是针对整体而言的。对于某项具体的创新活动，它不一定与科技活动有关；一项具体的科技活动也不一定包含研发。二是这种包含关系仅限于"活动"。三是创新活动包含科技活动的前提是该科技活动与实现创新有关。对于企业而言，即使是科技服务与教育培训一类的科技活动，一般也都与创新有关，因此可以说这个前提是成立的。

3. 从实现难度上看（颜色深度）

从难易程度上看，从研发、科技到创新，对新颖度的要求逐渐降低，实现的难度逐渐减小。研发对于新颖性的要求最高，相应需要更加充分的条件保障，如高素质的专业人员、充足的经费、良好的组织机构、先进的仪器设备等，过程与结果也更具备高、精、尖特征，只有具备实力的研究单位和少数企业有条件做到。创新则更多是一个经济学概念，它仅强调新颖性的实现，只要运用和扩散了某种新颖性即可算作创新，对于谁是最初的开发者并没有必然要求，对于多数企业而言实现难度并不太大。科技则介于两者之间。

第二节 企业研发与财税激励政策

一、研发活动的业务流程

在政府、企业、科研院所、科技中介组织等各类创新主体中，企业作为自主技术创新的主体，在市场机制的激励下从事创新，能前瞻性地掌握市场发展的潜在需求，也能有针对性地进行研发。所谓企业的研发，是指企业为获取新产品、新技术、新工艺所开展的各种研发活动。一般而言，企业投入人力、物力、财力等从事研发活动，目的是希望形成如专利权、非专利技术（也称专有技术）、版权等新的知识产权，并通过对自创无形资产的出售、出租、内部使用等方式获取经济利益。其研发活动的业务流程如图1-4所示。

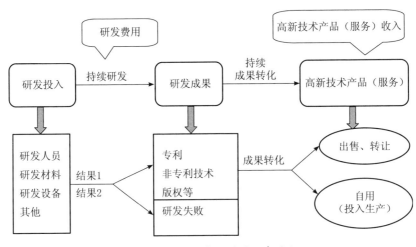

图1-4 企业研发活动的业务流程

从企业从事研发活动业务流程的角度看，企业的研发过程，既是专利权、非专利技术、版权等新知识产权的创造形成过程，也是各种研发费用的耗费过程。换言之，企业在研发活动过程中，研发人员借助研发仪器、设备、专利权、非专利技术等劳动工具对各种研发材料进行研究、试验、开发，以期研发出能带来未来经济利益的知识产权。其中，对于研发成功形成无形资产的知识产权，其用途主要有两大方面：一是技术转让，包括出售无形资产和出租无形资产，以获取利润；二是用于企业内部，即企业自己进行商业化生产，扩大企业收入，提高盈利水平。

二、研发活动的特征

研发活动是企业发展的核心，作为一种投资行为，它具有下列特征。

1. 研发活动具有不确定性（风险）

研发活动的不确定性最早是由肯尼斯·阿罗（K. Arrow）在1962年提出来的，他认为，研发活动具有三个突出的特征：不确定性、不可分割性以及创新利润的非独占性。其中，不确定性存在于研发过程的每一个环节，是研发的一个核心特征。正是由于研发过程中存在的这些不确定性，使企业的研发行为具有较大的风险，特别在一些关键产业技术创新的投资上，由于风险大，往往是企业难以回避的，并且也是单个企业所无法承受的。在这种情况下，企业的研发投资必然要进行多方面的考虑，这就可能导致对研发活动的实际资源分配会低于最适当水平，导致企业研发的动力不足。

由于研发活动依托于新的科学知识或技术原理基础上的高度激烈的商品和技术竞争，只有在研发成果可以转化为商品的情况下才可能产生收益，因此，相对于其他投资活动，研发投入的产出是不确定的，特别是在研发活动的早期，常常会发生失败，这就增加了研发活动的风险性，不利于企业进行创新投资。

研发活动的风险主要包括：①技术风险。由于受技术规律、技术垄断、产品标准化、技术的工艺支持能力等方面的限制，研发成果不可预测，有失败的可能性。②经营风险。知识经济时代，科学技术瞬息万变，企业的管理者在确定研发活动的发展方向时出现失误、资金渠道不畅、技术骨干离职等问题，都会导致研发活动半途而废。③行业风险。如果同行业竞争者的研发活动领先于企业，或者企业研发成果的产业化工作不到位,则意味着企业竞争的失败。④环境风险。社会意识形态、法律及生态环境、国家政策、重大政治事件等都会给企业的研发活动带来风险。

2. 研发成果具有公共产品的性质

社会产品按是否具有竞争性和排斥性分为三类:企业产品、公共产品和准公共产品。企业产品是具有完全的竞争性和排斥性的产品;公共产品是具有完全的非竞争性和非排斥性的产品,准公共产品则是介于企业产品和公共产品之间的产品。一般而言,企业产品可以由市场机制自发地提供,但公共产品和准公共产品由于存在"搭便车"现象,市场不能自发地提供(市场失效),或者市场提供不足(市场低效),所以需要采取某种集体行动的方式(公共经济)来提供。许多经济学家的研究都证实,研发成果具有公共产品性质。正是研发成果公共产品属性的存在,使得企业研发成果的发明人无法完全独占其新技术知识或无法控制其扩散,结果造成研发对企业的回报率低于其社会回报率,挫伤了企业对研发投入的积极性。因此,在市场竞争机制下,企业对研发活动的投资可能低于理想水平(Arrow,1962)。

3. 研发活动的外部性(溢出效应)

外部性是指一个经济主体的行为对另一个经济主体的福利所产生的效应,而这种效应并没有通过货币和市场交易反映出来。外部性包括负外部性和正外部性。负外部性是一种经济活动对外界具有一定的侵害性或损伤,引起他人效用降低或成本增加。例如,生产过程中排放的废水废气使周围环境受损,某人吸烟造成公共场所空气污染等。正外部性是指一种经济活动给其外部造成积极影响,引起他人效用增加或成本减少。例如,城市中的教育、消防等公共产品产生的是正外部效应。

当存在外部性时,企业收益和社会收益、企业成本和社会成本不一致,研发活动的外部性主要表现为"溢出效应",并得到了许多经济学家进行的试验分析的支持。如(Mansfield,1977)的研究表明,工业创新——新技术的开发和发明的社会技术创新收益率远高于私人的技术创新收益率。尽管研发溢出效应有利于社会利益的增加,但这种无屏障的"利益溢出"同时会导致消极的社会效应,即产生部分企业的"搭便车"行为。如果研发企业的利益无法得到有效保证,无法通过创新收益收回创新成本，这将使研发企业缺乏创新动力，从长远看，将导致整个社会研发能力的衰竭。

三、激励企业研发的财税政策

技术进步在经济增长以及随之而来的国家和个人福利改善中所发挥的重要作用已经成为理论界和实务界不争的事实，而企业的研发投入是推动技术进步与经济增长的主要力量。但研发活动的不确定性、溢出效应和外部性等特征会导致企业研发活动的动力不足。因此，企业的研发活动完全由市场配置是低效的，甚至是失灵的。在这种情况下，政府就很有必要采取各种政策工具来刺激企业的研发活动，如图 1-5 所示。

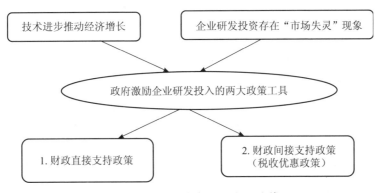

图 1-5　企业研发与财税激励政策

一般来说，政府往往采用两种政策工具来促进全社会的研发投入：一是财政直接支持政策，如通过财政科技投入、政府采购、政府风险投资等方式直接支持企业研发投入；二是财政间接支持政策（即税收优惠），如通过加计扣除、税收抵免、加速折旧、优惠税率或低税率等方式降低企业研发投入的成本，间接支持企业研发活动。

（一）财政直接支持政策

1. 财政科技投入

财政科技投入主要用于支持市场机制不能有效配置资源的基础研究、前沿技术研究、社会公益研究、重大共性关键技术研究开发等公共科技活动。根据《关于改进和加强中央财政科技经费管理的若干意见》（国办发〔2006〕56号），我国中央财政科技投入主要分为以下五类：①国家科技计划（专项、基金等）经费，主要支持对经济社会发展、国家安全和科技发展具有重大作用的科学技术研究与开发；国家自然科学基金主要支持自由探索的基础研究。②科研机构运行经费，主要用于从事基础研究和社会公益研究的科研机构的运行保障，结合科研机构管理体制和运行机制改革，逐步提高保障水平。③基本科研业务费，主要用于支持公益性科研机构等的优秀人才或团队开展自主选题研究。④公益性行业科研经费，主要用于支持公益性科研任务较重的行业部门，组织开展本行业应急性、培育性、基础性科研工作。⑤科研条件建设经费，主要用于支持科研基础设施建设、科研机构基础设施维修和科研仪器设备购置、科技基础条件平台建设等。

上述五类中央财政科技投入经费中，后四类主要是针对科研院所等机构的经费；国家科技计划（专项、基金等）是以解决经济社会发展及科学技术自身发展的重大科学问题为导向，由政府组织进行科学研究和技术开发活动的基本形式与政策单元，是政府通过配置公共科技资源，支持创新活动的重要方式。

改革开放以来，国家科技计划经历了从无到有、从有到多、从多到统的发展历程。2014年，《国务院关于深化中央财政科技计划（专项、基金等）管理改革的方案》（国发〔2014〕64号）指出，根据国家战略需求、政府科技管理职能和科技创新规律，通过撤、并、转等方式将中央各部门管理的科技计划（专项、基金等）整合形成五大类别的科技计划（专项、基金等）。国家科技计划的五大类别如图1-6所示。

2. 政府采购

政府采购是指政府机关和公共机构为实现公共职能而运用市场竞争机制采购货物、工程和服务。以政府采购刺激本国企业技术创新已成为较为通行的做法，许多国家都通过实施有效的政府采购政策来促进本国企业对研发的投入，激励企业的创新活动，推动高新技术产业的发展，以提高本国的核心竞争力或保持技术领先地位。

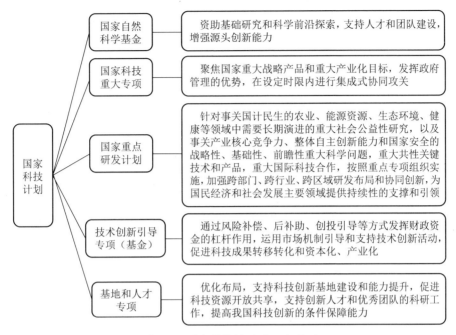

图 1-6 国家科技计划的五大类别

一般而言，政府采购对创新的激励作用主要表现在三个方面：一是为创新产品创造出口，形成市场；二是从需求方面引导创新，当政府作为市场采购方对产品的功能特征做出明确要求时，就会形成市场需求中的创新导向，对企业形成牵引与驱动，促进企业的研发与创新；三是政府通过创新产品的应用与评价促进创新制度的完善。

在国外，支持创新的政府采购政策手段主要包括：①为促进本国企业创新而优先购买本国产品；②对产业共性技术和关键技术实施政府采购；③对国产高新技术产品实行首购和优先采购政策；④为促进企业技术改造实施限额采购政策；⑤充分利用国外技术产品带动本国企业创新。换言之，根据世界贸易组织（WTO）的《政府采购协议》（GPA），政府采购要对外开放。但对外采购在一定程度上影响了国内企业的发展，有损公共利益和国家利益。为此，国际通行的做法是：要求中标的外国货物、工程和服务供应商，必须给予必要的补偿，即政府采购补偿交易。具体形式有：规定购买国内产品的比率、转移技术等。其中，转移技术是指当外国企业的先进设备中标时，应要求中标的外国产品有一定的技术转让，或者要求中标的外国企业与本国科研机构共同制订研究计划或共同成立研究发展中心，或者为本国培训人才。

我国的政府采购制度起步较晚，开始于1995年上海实行的政府采购试点工作。1998年国务院明确财政部为政府采购的主管部门，这标志着我国政府采购制度的正式建立。1999年《中共中央国务院关于加强技术创新发展高科技实现产业化的决定》提出了"实行政府采购政策，通过预算控制、招投标等形式，引导和鼓励政府部门、企事业单位择优购买国内高新技术及其设备和产品"，标志着我国已将政府采购作为激励创新、推动高科技产业发展的一项政策工具。

为有效推动政府采购支持自主创新，2005年12月国务院颁布的《国家中长期科学和技术发展规划纲要（2006—2020年）》（国发〔2005〕44号）正式将"实施促进自主创新的政府采购"列入九大政策措施。随后在2006年2月《国务院关于印发实施〈国家中长期科学和技术发展规划纲要（2006—2020年）〉若干配套政策的通知》（国发〔2006〕6号）中，第四部分为政府采购政策，从五个方面构建了政府采购政策的基本框架，具体包括：①建立财政性资金采购自主创新产品制度；②改进政府采购评审方法，给予自主创新产品优先待遇；③建立激励自主创新的政府首购和订购制度；④建立本国货物认定制度和购买外国产品审核制度；⑤发挥国防采购扶持自主创新的作用。2007年12月修订的《中华人民共和国科学技术进步法》将实施促进自主创新的政府采购上升到法律层面，其第二十五条规定："对境内公民、法人或者其他组织自主创新的产品、服务或者国家需要重点扶持的产品、服务，在性能、技术等指标能够满足政府采购需求的条件下，政府采购应当购买；首次投放市场的，政府采购应当率先购买。政府采购的产品尚待研究开发的，采购人应当运用招标方式确定科学技术研究开发机构、高等学校或者企业进行研究开发，并予以订购。"在此背景下，国家各相关部委也相继出台了一系列支持创新产品的政府采购政策，主要包括：《国家自主创新产品认定管理办法（试行）》（国科发计字〔2006〕539号）、《自主创新产品政府采购预算管理办法》（财库〔2007〕29号）、《自主创新产品政府采购评审办法》（财库〔2007〕30号）、《自主创新产品政府采购合同管理办法》（财库〔2007〕31号）等。至此，我国促进自主创新的政府采购制度体系基本形成。但是，随着中国启动加入WTO规则下的《政府采购协议》（GPA）谈判，欧洲一些国家、美国、日本以及韩国认为上述文件实质上保护了本国企业，违背了 WTO 中的非歧视原则，同时也与中国政府在 GPA 谈判中开放政府采购的承诺不一致，因此，我国于 2011 年停止执行上述四个文件，从而使政府采购促进企业技术创新的力度大幅削弱。

然而正是有关国家的施压使中国政府更加重视政府采购在促进自主创新中的作用，因此在熟悉了 GPA 规则并借鉴其他国家的经验后，中国政府迅速制定了相应的政策措施，以在 WTO 和 GPA 框架下发挥政府采购的创新促进功能。2011 年 12 月，财政部与工业和信息化部联合发布了《政府采购促进中小企业发展暂行办法》（财库〔2011〕181 号），通过预留份额、评审优惠等措施，扩大中小企业获得政府采购合同份额，激励中小企业创新发展。经过多年实践，该政策在执行中逐渐暴露出预留份额措施不够细化、采购人主体责任不明确等问题。有关部门于 2020 年 12 月发布了修订后的《政府采购促进中小企业发展管理办法》（财库〔2020〕46 号，以下简称《办法》），该《办法》自 2021 年 1 月 1 日起施行。

3. 政府风险投资

政府风险投资政策是政府以先供给后引导的方式，促进政府与社会资金进入科技企业，解决初创企业的资金发展瓶颈问题。这些政策主要包括：政府设立专项资金、对风险投资企业给予政策支持、鼓励投资机构向中小型企业提供信贷担保等。

（二）财政间接支持政策（税收优惠政策）

税收激励实质上是对科技投入的支撑，是政府将应收的税款让渡给企业用于科技开发，是政府投资科技的一条渠道。与其他政策工具相比，税收政策的作用更直接，影响更大，作用时间更长，因此已经成为世界各国政府普遍采用的促进科技进步与创新的政策措施。从企业建立和成长路径看，激励企业研发的税收优惠政策主要分为两类（见表 1-1）。

表 1-1　激励企业研发的税收优惠政策

类别	主要优惠内容	说明
一、行为类优惠（针对企业研发活动的创新环节）		
（一）研发投入环节		
加计扣除	研发费用加计扣除 50% 或 75% 或 100%	可加计研发费用需遵循税务口径

（续）

类别	主要优惠内容	说明
一次性扣除及加速折旧	研发仪器设备100万元以下的，可一次性扣除；100万元以上的，可缩短折旧年限或采取加速折旧的方法	
（二）成果转化环节		
免增值税	纳税人提供技术转让、技术开发和与之相关的技术咨询、技术服务的，免征增值税	
减免所得税	普适优惠：一个纳税年度内，居民企业技术转让所得不超过500万元的部分，免征企业所得税；超过500万元的部分，减半征收企业所得税 特定区域差别优惠：自2020年1月1日起，在中关村国家自主创新示范区特定区域内注册的居民企业，符合条件的技术转让所得，在一个纳税年度内不超过2 000万元的部分，免征企业所得税；超过2 000万元部分，减半征收企业所得税	
二、主体类优惠（针对创新主体）		
创业投资企业	采取股权投资方式投资于未上市的中小高新技术企业或初创科技型企业2年（24个月，下同）以上的，可以按照其投资额的70%在股权持有满2年的当年抵扣该创业投资企业的应纳税所得额；当年不足抵扣的，可以在以后纳税年度结转抵扣	对被投资企业设定了研发费用占比指标
高新技术企业	减按15%的税率征收企业所得税 亏损结转年限延长至10年	设定了研发费用占比指标；研发费用遵循高新技术企业口径
技术先进型服务企业	减按15%的税率征收企业所得税	同高新技术企业
软件和集成电路企业	企业所得税优惠：定期减免、低税率等 增值税优惠：软件产品即征即退、增值税留抵退税政策等 进口税收优惠：免征进口关税、分期缴纳进口环节增值税等	设定了研发费用占比指标

1. 行为类优惠

行为类优惠主要针对企业研发活动的创新环节，如研发费用加计扣除、固定资产一次性扣除或加速折旧、技术转让减免税收优惠等，主要指向企业的研发、投资新购固定资产、技术转让等特定行为。其要点如下：

（1）研发费用加计扣除政策。2008年《中华人民共和国企业所得税法》（以下简称《企业所得税法》）及其实施条例规定：企业为开发新技术、新产品、新工艺发生的研发费用，未形成无形资产计入当期损益的，在按照规定实行100%扣除的基础上，按照研发费用的50%加计扣除；形成无形资产的，按照无形资产成本的150%摊销。

2017年为进一步鼓励科技型中小企业加大研发投入，对其在2017年1月1日至2019年12月31日期间开展研发活动中实际发生的研发费用，将税前加计扣除比例提高至75%；2018年将该75%税前加计扣除政策扩至所有企业，试行期限为2018年1月1日至2020年12月31日；2021年又将75%税前加计扣除优惠政策的执行期限延长至2023年12月31日；同时，自2021年1月1日起，将制造业企业研发费用加计扣除比例由75%提高至100%。

（2）研发设备一次性扣除及加速折旧政策。该政策主要适于两种情况。一是针对所有行业企业新购进的专门用于研发的仪器、设备。2014年财政部、国家税务总局发布的《关于完善固定资产加速折旧企业所得税政策的通知》（财税〔2014〕75号）规定：所有行业企业2014年1月1日后新购进的专门用于研发的仪器、设备，单位价值不超过100万元的，允许一次性计入当期成本费用在计算应纳税所得额时扣除，不再分年度计算折旧；单位价值超过100万元的，可缩短折旧年限或采取加速折旧的方法。二是针对特定行业小型微利企业新购进的研发和生产经营共用的仪器、设备。上述政策条款，对生物药品制造业，专用设备制造业，铁路、船舶、航空航天和其他运输设备制造业，计算机、通信和其他电子设备制造业，仪器仪表制造业，信息传输、软件和信息技术服务业6个行业，自2014年1月1日起执行；对轻工、纺织、机械、汽车4个领域的重点行业，自2015年1月1日起执行。

（3）技术转让、技术开发和与之相关的技术咨询、技术服务免征增值税。根据财政部、国家税务总局发布的《关于全面推开营业税改征增值税试点的通知》（财税〔2016〕36号）里的附件3《营业税改征增值税试点过渡政策的规定》第一条第（二十六）项规定：纳税人提供技术转让、技术开发和与之相关的技术咨询、技术服务，免征增值税。其中：技术转让，是指转让者将其拥有的专利和非专利技术的所有权或者使用权有偿转让他人的行为。技术开发，是指开发者接受他人委托，就新技术、新产品、新工艺或者新材料及其系统进行研究开发的行为。技术咨询，是指就特定技术项目提供可行性论证、技术预测、专题技术调查、分析评价报告等。与技术转让、技术开发相关的技术咨询、技术服务，是指转让方（或受托方）根据技术转让或开发合同的规定，为帮助受让方（或委托方）掌握所转让（或委托开发）的技术，而提供的技术咨询、技术服务业务，且这部分技术咨询、服务的价款与技术转让（或开发）的价款应当开在同一张发票上。

（4）技术转让所得减免企业所得税。2008年我国《企业所得税法》及其实施条例规定：一个纳税年度内，居民企业技术转让所得不超过500万元的部分，免征企业所得税；超过500万元的部分，减半征收企业所得税。技术转让的范围包括居民企业转让专利（含国防专利）、计算机软件著作权、集成电路布图设计专有权、植物新品种权、生物医药新品种以及财政部和国家税务总局确定的其他技术。其中，专利是指法律授予独占权的发明、实用新型以及非简单改变产品图案和形状的外观设计。

根据2020年12月25日财政部、国家税务总局、科学技术部、知识产权局发布的《关于中关村国家自主创新示范区特定区域技术转让企业所得税试点政策的通知》（财税〔2020〕61号）的规定：自2020年1月1日起，在中关村国家自主创新示范区特定区域内注册的居民企业，符合条件的技术转让所得，在一个纳税年度内不超过2 000万元的部分，免征企业所得税；超过2 000万元部分，减半征收企业所得税。

2. 主体类优惠

主体类优惠是直接针对创新主体，如科技型中小企业、创投企业、高新技术企业、软件集成电路企业的所得税优惠政策，指向特定类型的创新型企业，优惠形式包括加计扣除、税额抵免、税率优惠、定期减免税等。具体有如下几种优惠政策。

（1）创业投资企业股权投资的所得税优惠政策。创业投资企业采取股权投资方式投资于未上市的中小高新技术企业或初创科技型企业2年（24个月，下同）以上的，可以按照其投资额的70%在股权持有满2年的当年抵扣该创业投资企业的应纳税所得额；当年不足抵扣的，可以在以后纳税年度结转抵扣。

创业投资企业是指公司制创业投资企业和有限合伙制创业投资企业的法人合伙人，且还应同时符合以下3个条件：①在中国大陆（不含港、澳、台地区）注册成立、实行查账征收的居民企业或合伙创投企业，且不属于被投资初创科技型企业的发起人；②符合《创业投资企业管理暂行办法》（国家发展改革委令2005年第39号）规定或者《私募投资基金监督管理暂行办法》（证监会令第105号）关于创业投资基金的特别规定，按照上述规定完成备案且规范运作；③投资后2年内，创业投资企业及其关联方持有被投资初创科技型企业的股权比例合计应低于50%。

中小高新技术企业是指已被认定为高新技术企业，且同时符合职工人数不超过500人，年销售（营业）额不超过2亿元，资产总额不超过2亿元的条件。

初创科技型企业，应同时符合以下5个条件：①在中国大陆（不包括港、澳、台地区）注册成立、实行查账征收的居民企业；②接受投资时，从业人数不超过300人，其中具有大学本科以上学历的从业人数不低于30%；资产总额和年销售收入均不超过5 000万元；③接受投资时设立时间不超过5年（60个月）；④接受投资时以及接受投资后2年内未在境内外证券交易所上市；⑤接受投资当年及下一纳税年度，研发费用总额占成本费用支出的比例不低于20%。其中，研发费用口径按加计扣除口径归集；成本费用包括主营业务成本、其他业务成本、销售费用、管理费用、财务费用。

（2）高新技术企业的所得税优惠政策。2008年我国《企业所得税法》及其实施条例规定：国家需要重点扶持的高新技术企业，减按15%的税率征收企业所得税10年。

（3）技术先进型服务企业的所得税优惠政策。为发挥外资对优化服务贸易结构的积极作用，引导外资更多投向高技术、高附加值服务业，促进企业技术创新和技术服务能力的提升，增强我国服务业的综合竞争力，财政部、国家税务总局、商务部、科学技术部、国家发展改革委在2007年的《关于将技术先进型服务企业所得税政策推广至全国实施的通知》（财税〔2017〕79号）中规定：自2017年1月1日起，在全国范围内，对经认定的技术先进型服务企业，减按15%的税率征收企业所得税。为进一步推动服务贸易创新发展、优化外贸结构，2018年的《关于将服务贸易创新发展试点地区技术先进型服务企业所得税政策推广至全国实施的通知》（财税〔2018〕44号）又将该政策适用范围新增了服务贸易类技术先进型服务企业，即自2018年1月1日起，对经认定的技术先进型服务企业（服务贸易类），减按15%的税率征收企业所得税。

技术先进型服务企业必须同时符合以下5个条件：①在中国大陆（不包括港、澳、台地区）注册的法人企业；②从事《技术先进型服务业务认定范围（试行）》（见表1-2）中的一种或多种技术先进型服务业务，采用先进技术或具备较强的研发能力；③具有大专以上学历的员工占企业职工总数的50%以上；④从事《技术先进型服务业务认定范围（试行）》中的技术先进型服务业务取得的收入占企业当年总收入的50%以上；⑤从事离岸服务外包业务取得的收入不低于企业当年总收入的35%。其中，从事离岸服务外包业务取得的收入，是指企业根据境外单位与其签订的委托合同，由本企业或其直接转包的企业为境外单位提供《技术先进型服务业务认定范围（试行）》中所规定的信息技术外包（ITO）服务、技术性业务流程外包（BPO）服务和技术性知识流程外包（KPO）服务，而从上述境外单位取得的收入。

表1-2　技术先进型服务业务认定范围（试行）

类别	适用范围
一、信息技术外包（ITO）服务	
（一）软件研发及外包	
1.软件研发及开发服务	用于金融、政府、教育、制造业、零售、服务、能源、物流、交通、媒体、电信、公共事业和医疗卫生等部门和企业，为用户的运营、生产、供应链、客户关系、人力资源和财务管理、计算机辅助设计、工程等业务进行软件开发，包括定制软件开发、嵌入式软件、套装软件开发、系统软件开发、软件测试等
2.软件技术服务	软件咨询、维护、培训、测试等技术性服务
（二）信息技术研发服务外包	
1.集成电路和电子电路设计	集成电路和电子电路产品设计以及相关技术支持服务等
2.测试平台	为软件、集成电路和电子电路的开发运用提供测试平台
（三）信息系统运营维护外包	
1.信息系统运营和维护服务	客户内部信息系统集成、网络管理、桌面管理与维护服务；信息工程、地理信息系统、远程维护等信息系统应用服务
2.基础信息技术服务	基础信息技术管理平台整合、IT基础设施管理、数据中心、托管中心、安全服务、通信服务等基础信息技术服务
二、技术性业务流程外包（BPO）服务	
1.企业业务流程设计服务	为客户企业提供内部管理、业务运作等流程设计服务

（续）

类别	适用范围
2. 企业内部管理服务	为客户企业提供后台管理、人力资源管理、财务、审计与税务管理、金融支付、医疗数据及其他内部管理业务的数据分析、数据挖掘、数据管理、数据使用的服务；承接客户专业数据处理、分析和整合服务
3. 企业运营服务	为客户企业提供技术研发服务，为企业经营、销售、产品售后服务提供的应用客户分析、数据库管理等服务。主要包括金融服务业务、政务与教育业务、制造业务和生命科学、零售和批发与运输业务、卫生保健业务、通信与公共事业业务、呼叫中心、电子商务平台等
4. 企业供应链管理服务	为客户企业提供采购、物流的整体方案设计及数据库服务
三、技术性知识流程外包（KPO）服务	
	知识产权研究、医药和生物技术研发和测试、产品技术研发、工业设计、分析学和数据挖掘、动漫及网游设计研发、教育课件研发、工程设计等领域
四、服务贸易类（自2018年1月1日起执行）	
（一）计算机和信息服务	
1. 信息系统集成服务	系统集成咨询服务；系统集成工程服务；提供硬件设备现场组装、软件安装与调试及相关运营维护支撑服务；系统运营维护服务，包括系统运行检测监控、故障定位与排除、性能管理、优化升级等
2. 数据服务	数据存储管理服务，提供数据规划、评估、审计、咨询、清洗、整理、应用服务，数据增值服务，提供其他未分类数据处理服务
（二）研究开发和技术服务	
1. 研究和实验开发服务	物理学、化学、生物学、基因学、工程学、医学、农业科学、环境科学、人类地理科学、经济学和人文科学等领域的研究和实验开发服务
2. 工业设计服务	对产品的材料、结构、机理、形状、颜色和表面处理的设计与选择；对产品进行的综合设计服务，即产品外观的设计、机械结构和电路设计等服务
3. 知识产权跨境许可与转让	以专利、版权、商标等为载体的技术贸易。知识产权跨境许可是指授权境外机构有偿使用专利、版权和商标等；知识产权跨境转让是指将专利、版权和商标等知识产权售卖给境外机构
（三）文化技术服务	
1. 文化产品数字制作及相关服务	采用数字技术对舞台剧目、音乐、美术、文物、非物质文化遗产、文献资源等文化内容以及各种出版物进行数字化转化和开发，为各种显示终端提供内容，以及采用数字技术传播、经营文化产品等相关服务

（续）

类别	适用范围
2. 文化产品的对外翻译、配音及制作服务	将本国文化产品翻译或配音成其他国家语言，将其他国家文化产品翻译或配音成本国语言以及与其相关的制作服务
（四）中医药医疗服务	
1. 中医药医疗保健及相关服务	与中医药相关的远程医疗保健、教育培训、文化交流等服务

（4）软件和集成电路企业的减免税收优惠政策。软件产业和集成电路产业是信息产业的核心，是引领新一轮科技革命和产业变革的关键力量。为支持软件产业和集成电路产业快速有序发展，我国自 2000 年开始便制定了相关税收优惠政策。2020 年国务院发布的《关于印发新时期促进集成电路产业和软件产业高质量发展若干政策的通知》（国发〔2020〕8 号）进一步完善和拓展了相关税收优惠政策，主要包括定期减免企业所得税、软件产品增值税即征即退、免征进口关税、分期缴纳进口环节增值税等。

第三节　企业科技财税合规管理的重要性与筹划路径

企业研发投入是决定企业科技创新能力的重要因素，也是衡量一个国家科技竞争力的主要指标。现代企业，尤其是那些知名、大规模的企业，莫不一只眼盯住当前的产品和市场，另一只眼盯住未来的发展，筹划 5 年、10 年后问世的产品和所需材料、技术。世界知名企业的研发投入一般占其销售额的 10% 以上。比如我们熟知的华为，2019 年研发投入就约占全年收入的 15.3%。但是，企业研发活动具有明显的正外部性，研发活动的私人收益小于社会收益，市场失灵导致企业私人研发投入小于社会最优水平，阻碍了一国经济增长。为了纠正这一缺陷，政府往往通过制定相关科技财税激励政策来促进全社会的研发投入。

因此，对于企业尤其是科技型企业而言，如何用好用足政府科技创新财税激励政策来进一步提升企业创新能力和未来竞争力，如何在企业战略、业务发展、组织架构等框架下，按照"业务－财务－税务"整体架构设计思路，在合理管控财税风险的基础上，统筹进行企业科技财税筹划就显得极其重要了。

一、企业科技财税合规管理的重要性

通俗地讲，科技财税＝科技＋财税。创新主体不同，所涉内容也不同。对政府而言，它作为创新的组织者和引导者，政府科技财税既包括对科技财税政策的顶层设计和制定，也包括对科技财税政策实施过程的监督管理。对企业而言，它作为技术自主创新的主体，企业科技财税至少包括两个层面的含义：①企业对自身研发创新活动的业财税一体化管理，即企业不仅在战略上重视研发创新活动，更要在基础管理过程中，对自身研发创新活动实现业务、财务、税务的一体化合规管理；②企业要用足用好政府科技财税激励政策，即企业在对其研发创新活动合规管理的基础上，结合企业自身及行业发展情况，充分利用政府科技创新激励政策，优化自身的科技资源配置，提升创新能力，同时落实好与之匹配的财务、税务的协同管理过程，既促进企业发展又有效管控财税风险。具体而言，企业科技财税合规管理具有以下重要作用。

1. 树立企业高科技产品品牌，提高企业知名度

作为科技型企业，在重视研发投入、过程管理、成果转化、知识产权申报与后续管理的基础上，基于其已构建并有效实施的科技财税合规管理体系，可以积极申报和维护高新技术企业、知识产权优势或示范企业等各类企业资质，以及国家、省、市、区各级工程技术研究中心或企业技术中心认定，新型研发机构认定等各类企业研发机构资质，为企业在公众、客户、供应商、政府、媒体等利益相关者中树立公司高科技产品品牌和提高知名度提供有力的佐证支撑，有利于市场拓展和公司形象提升。

2. 利于获得各级政府的财政支持

企业获取了高新技术企业、知识产权优势或示范企业，以及各类研发机构资质等资格后，在很大程度上展示了其科技资源配置情况及创新能力，以及相应科技财税合规管理的规范性，减少了政府、公众与企业之间的信息不对称，更利于企业获取各级政府的财政支持，如申报各类科技计划项目、研发后补助项目等。

3. 利于挂牌新三板、科创板及上市

相比于其他企业而言，科技型企业因其科技资源的长期积累，创新能力的不断提升，高科技产品的市场认可，获取政府科技资源资助的良好信誉，以及新三

板、科创板、创业板等对成长中科技型企业的青睐和包容，更有利于进军资本市场做大做强。

4. 享受税收优惠

基于前述政府科技税收优惠政策，企业在研发投入环节，可享受研发费用加计扣除、研发设备一次性扣除或加速折旧的递延纳税好处；在成果转化环节，技术转让收入可免征增值税，技术转让所得额可享受减免企业所得税优惠；企业获得高新技术企业资格后，还可享受 15% 的企业所得税优惠税率等。

二、企业科技财税筹划路径

现实中，不少科技型中小企业因为规模不够，基于企业管理成本方面的考虑，在研发、生产、成果转化、知识产权管理等方面还不能做到完全专业化管理，更多采取研发、生产混合式管理，同时在研发财务管理和研发核算方面也未单独反映，将其研发投入成本计入生产成本或期间费用，这些问题都将导致企业在申报享受政府各类科技财税政策方面受阻且存在合规风险。因此，对企业尤其是科技型中小企业而言，科技财税一体化合规管理就显得极为重要。

（一）科技财税筹划的目标

简单讲，科技财税筹划目标就是控风险、促发展、降税负。具体来说，则是基于公司战略、业务发展、组织架构及政府财税政策要求，结合政府科技财税政策的合规风险，统筹设计研发业务、财务相匹配的财务核算体系，在满足公司管理需求、申报各类创新财税政策要求以及合理管控税务风险基础上，使公司整体税负保持在合理水平。

（二）开展科技财税筹划的信息基础

开展科技财税筹划需要了解企业的研发、生产经营和理财活动情况。设计企业科技财税筹划方案需掌握以下信息。

1. 企业的工商登记信息

掌握企业的行业类型、经营范围、法人代表、注册资金等基本信息。

2. 企业的主要经营活动、业务流程及研发创新情况

掌握企业的主要经营活动情况，关注其业务流程的概貌，勾勒业务流程图，识别其价值链与科技创新环节；重点掌握企业的研发创新情况，研发机构、研发仪器设备、研发人员等科技资源的配置情况，以及企业产品的技术领域及在行业中的技术水平。

3. 投资关系与组织结构

投资关系引发诸多的关联关系，组织结构决定着管理体制和管理模式，这也是开展科技财税筹划需要掌握的重要信息。

4. 最近三年的财务报表、纳税申报表和政府科技项目申报情况

财务与税务密不可分，财务报表体现了企业的财务状况、经营成果和现金流量状况，纳税申报表清晰地揭示了企业纳税的基本情况及税负结构，再结合政府科技项目申报情况，可深入反映企业在申报享受有关科技税收优惠政策方面的真实情况。

5. 企业科技财税问题的疑难以及期望要求

开展科技财税筹划活动需要特别关注企业科技财税方面的疑难问题以及期望和要求，这对外部科技财税筹划者而言更为重要。

6. 企业所处的科技财税环境

科技财税环境主要注意以下几方面：①了解企业经营活动涉及的税种、各个税种的具体规定，以及企业本身及其所处行业的有关科技财税激励政策，以便分析企业在科技财税方面的利益所在；②关注企业的整体税负水平；③关注有关科技财税政策的申报程序及监管风险点；④了解利益相关者在科技财税方面的实施情况，从其行业背景、经营特征、发展战略、业务模式、研发创新情况等方面进行。

7. 预期变化的信息

鉴于政府科技财税激励政策处于不断变化中，这就决定了科技财税筹划必然是一个动态的过程。因此，在科技财税筹划实施过程中，企业需要关注政策变化情况，并及时做出相应的策略调整。

（三）科技财税筹划的参考路径

为用好用足政府的科技财税政策，以期实现控风险、促发展和降税负的筹划目标，企业应重视研发创新，做好研发基础管理工作，按照"业务－财务－税务"的路径筹划科技财税的合规管理过程，参考路径如图 1-7 所示。

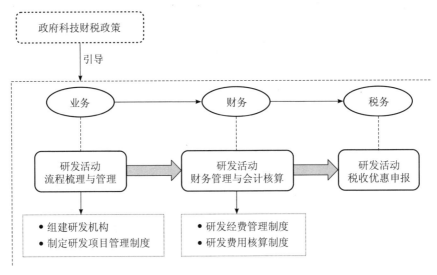

图 1-7　企业科技财税筹划的参考路径

第 二 章
企业研发活动识别与内控管理

在第一章初步介绍了有关促进企业研发的科技财税政策基础上，本章简要分析了不同政策对研发活动的界定，以及让企业认识到要充分享受各类科技财税政策以及降低科技财税风险，必须重视和做好研发活动的基础管理工作，如研发组织架构和人员安排、《研发项目管理制度》的建设和有效实施、跨部门沟通协调机制的建立和运行等。本章的知识架构如图 2-1 所示。

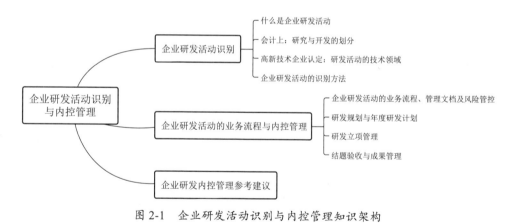

图 2-1 企业研发活动识别与内控管理知识架构

第一节 企业研发活动识别

从前述章节分析可知，无论企业是申报政府科技计划项目还是享受激励企业创新的各类税收优惠，研发费用占比已成为各类政策的核心指标。而研发费用归集的正确与否，取决于企业是否真正开展研发活动以及是否构建和实施与之匹配的研发过程管理制度。不同科技财税政策因政策目标的差异性，在对研发活动的界定和研发费用归集口径方面也有一定的差异性。

一、什么是企业研发活动

一般而言，企业研发活动是指企业为获得科学与技术新知识，创造性运用科学技术新知识，或实质性改进技术、产品（服务）、工艺而持续进行的具有明确目标的系统性活动。

就上述定义而言，我们可从以下四个方面来理解。

（1）科学与技术。研发活动概念中的"科学与技术"的范围，包括自然科学、人文与社会科学等领域。

（2）研发活动的三种类型。研发活动包括基础研究、应用研究和实验发展三类活动。

概念中的"为获得科学与技术新知识"属于"基础研究"范畴。基础研究是一种实验性或理论性的工作，主要是为获得关于现象和可观察事物的基本原理的新知识，它不以任何特定的应用或使用为目的。基础研究的成果一般不出售，但通常被发表在科学期刊上或被用来与感兴趣的同行交流，偶尔也会出于安全原因被列为"机密"。通常由科研院所实施基础研究，当然大型企业为了给下一代技术做准备，也可能承担基础研究。

概念中的"创造性运用科学技术新知识"属于"应用研究"范畴。应用研究是为了确定基础研究成果的可能用途，或是为了确定要达到某些具体的和预先确定的目标所应采取的新方法或途径。它关注知识的获得和拓展，以解决特定的问题。对企业而言，为探索基础研究成果的可能用途而确立新研究项目往往成为区分基础研究和应用研究的标志。

概念中的"实质性改进技术、产品（服务）、工艺"属于"试验发展"范畴。试验发展是利用从科学研究和实际经验中获得的知识，为生产新的材料、产品和设备，建立新的工艺、系统和服务，或对已产生和已建立的上述各项进行实质性改进而进行的系统性工作。

（3）持续性。研发活动是持续进行的，不是零散的，能支撑企业持续发展。

（4）目标性。研发活动具有明确目标，即为解决生产经营中的具体技术问题而立项研究。

二、会计上：研究与开发的划分

根据《企业会计准则第6号——无形资产》及应用指南规定，会计上将研究开发项目区分为研究阶段与开发阶段。企业应当根据研究与开发的实际情况加以判断。

（一）研究阶段

研究是指为获取并理解新的科学或技术知识而进行的独创性的有计划调查。比如，意在获取知识而进行的活动，研究成果或其他知识的应用研究、评价和最终选择，材料、设备、产品、工序、系统或服务替代品的研究，新的或经改进的材料、设备、产品、工序、系统或服务的可能替代品的配制、设计、评价和最终选择，均属于研究活动。

研究阶段的特点在于：

（1）计划性。研究阶段建立在有计划的调查基础之上，即研究项目已经董事会或者相关管理层批准，并着手收集相关资料、进行市场调查等。例如，某药品公司为研究开发某药品，经董事会或者相关管理层批准，有计划地收集相关资料，进行市场调查，比较市场相关药品的药性、效用等活动。

（2）探索性。研究阶段是探索性的，为进一步的开发活动进行资料及相关方面的准备，已进行的研究活动将来是否会转入开发、开发后是否会形成无形资产等均具有较大的不确定性。

（二）开发阶段

开发是指在进行商业性生产或使用前，将研究成果或其他知识应用于某项计划或设计，以生产出新的或具有实质性改进的材料、装置、产品等。比如，生产前或使用前的原型和模型的设计、建造和测试，含新技术的工具、夹具、模具和冲模的设计，不具有商业性生产经济规模的试生产设施的设计、建造和运营；新的或经改造的材料、设备、产品、工序、系统、服务所选定的替代品的设计、建造和测试，均属于开发活动。

开发阶段的特点在于：

（1）针对性。开发阶段建立在研究阶段基础上，项目的开发具有针对性。

（2）形成成果的可能性较大。相对于研究阶段而言，开发阶段应当是已完成研究阶段的工作，在很大程度上具备了形成一项新产品或新技术的基本条件。因此，进入开发阶段的研发项目形成成果的可能性往往较大。

（三）研究与开发的区别

根据上述研究与开发的定义，二者的主要区别在于：

（1）目的不同。研究的目的涉及范围较广，比如对某个基础领域进行广泛的调查；开发的针对性较强，往往限定在某个特定产品工艺等具体项目上。换言之，研究的目的是获取新产品、新技术和新工艺的新知识，但不是企业的目的，而是企业推出新产品、新工艺以及新管理技术的先导，"开发"才是企业进一步的目的。另外，开发也不是最终目的，企业的最终目的是对新产品、新技术和新工艺先取得专利权，或者企业自己进行商业化生产，扩大企业收入，提高盈利水平，或者将专利权作为无形资产出售，以获得利润。

（2）先后不同。研究是基础性的工作，开发是应用性的工作，一般研究总是先于开发。

（3）结果不同。研究的结果是获得新的科学（技术）知识，一般以报告的形式体现出来；开发的结果则以新产品、新工艺等实物形式体现出来。

（4）风险不同。开发包括新产品或新工艺的设计，如为寻找或评估现有产品或工艺替代品而做的测试，设计、建造、测试先于商业生产的模型等，一般而言，开发所涉及的费用比在实验室进行研究所涉及的费用大得多，因此风险也高得多。

尽管研究和开发活动的性质通常较容易理解，但在某些特殊情况下，实务操作上对此却很难认定。虽然以上定义和区别可以帮助企业区分研究和开发，但现实中对研究和开发活动的认定则通常取决于企业的类型、组织机构和工程项目的种类。

三、高新技术企业认定：研发活动的技术领域

根据《高新技术企业认定管理办法》及其工作指引的规定，研发活动的认定包括两方面：一是定性判断，即从定义上界定了研发活动的含义，详见本小节企业研发活动的概念。二是技术领域的范围界定，即企业从事的研发活动的技术领域必须属于《国家重点支持的高新技术领域》范围，具体包括八大领域：①电子信息；②生物与新医药；③航空航天；④新材料；⑤高技术服务；⑥新能源与节能；⑦资源与环境；⑧先进制造与自动化。现分述之。

（一）电子信息

电子信息领域包括 8 个二级目录，具体如下。

（1）软件。该二级目录含 12 个三级目录，包括：基础软件；嵌入式软件；计算机辅助设计与辅助工程管理软件；中文及多语种处理软件；图形和图像处理软件；地理信息系统（GIS）软件；电子商务软件；电子政务软件；企业管理软件；物联网应用软件；云计算与移动互联网软件；Web 服务与集成软件。

（2）微电子技术。该二级目录含 6 个三级目录，包括：集成电路设计技术；集成电路产品设计技术；集成电路封装技术；集成电路测试技术；集成电路芯片制造工艺技术；集成光电子器件设计、制造与工艺技术。

（3）计算机产品及其网络应用技术。该二级目录含 4 个三级目录，包括：计算机及终端设计与制造技术；计算机外围设备设计与制造技术；网络设备设计与制造技术；网络应用技术。

（4）通信技术。该二级目录含 10 个三级目录，包括：通信网络技术；光传输系统技术；有线宽带接入系统技术；移动通信系统技术；宽带无线通信系统技术；卫星通信系统技术；微波通信系统技术；物联网设备、部件及组网技术；电信网络运营支撑管理技术；电信网与互联网增值业务应用技术。

（5）广播影视技术。该二级目录含 9 个三级目录，包括：广播电视节目采编播系统技术；广播电视业务集成与支撑系统技术；有线传输与覆盖系统技术；无线传输与覆盖系统技术；广播电视监测监管、安全运行与维护系统技术；数字电影系统技术；数字电视终端技术；专业视频应用服务平台技术；音响、光盘技术。

（6）新型电子元器件。该二级目录含7个三级目录，包括：半导体发光技术；片式和集成无源元件；大功率半导体器件；专用特种器件；敏感元器件与传感器；中高档机电组件；平板显示器件。

（7）信息安全技术。该二级目录含8个三级目录，包括：密码技术；认证授权技术；系统与软件安全技术；网络与通信安全技术；安全保密技术；安全测评技术；安全管理技术；应用安全技术。

（8）智能交通和轨道交通技术。该二级目录含5个三级目录，包括：交通控制与管理技术；交通基础信息采集、处理技术；交通运输运营管理技术；车、船载电子设备技术轨道交通车辆及运行保障技术；轨道交通运营管理与服务技术。

（二）生物与新医药

生物与新医药领域包括7个二级目录，具体如下。

（1）医药生物技术。该二级目录含6个三级目录，包括：新型疫苗；生物治疗技术和基因工程药物；快速生物检测技术；生物大分子类药物研发技术；天然药物生物合成制备技术；生物分离介质、试剂、装置及相关检测技术。

（2）中药、天然药物。该二级目录含4个三级目录，包括：中药资源可持续利用与生态保护技术；创新药物研发技术；中成药二次开发技术；中药质控及有害物质检测技术。

（3）化学药研发技术。该二级目录含5个三级目录，包括：创新药物技术；手性药物创制技术；晶型药物创制技术；国家基本药物生产技术；国家基本药物原料药和重要中间体技术。

（4）药物新剂型与制剂创制技术。该二级目录含4个三级目录，包括：创新制剂技术；新型给药制剂技术；制剂新辅料开发及生产技术；制药装备技术。

（5）医疗仪器、设备与医学专用软件。该二级目录含6个三级目录，包括：医学影像诊断技术；新型治疗、急救与康复技术；新型电生理检测和监护技术；医学检验技术及新设备；医学专用网络新型软件；医用探测及射线计量检测技术。

（6）轻工和化工生物技术。该二级目录含6个三级目录，包括：高效工业酶制备与生物催化技术；微生物发酵技术；生物反应及分离技术；天然产物有效成分的分离提取技术；食品安全生产与评价技术；食品安全检测技术。

（7）农业生物技术。该二级目录含 5 个三级目录，包括：农林植物优良新品种与优质高效安全生产技术；畜禽水产优良新品种与健康养殖技术；重大农林生物灾害与动物疫病防控技术；现代农业装备与信息化技术；农业面源和重金属污染农田综合防治与修复技术。

（三）航空航天

航空航天领域包括 2 个二级目录，具体如下。

（1）航空技术。该二级目录含 6 个三级目录，包括：飞行器；飞行器动力技术；飞行器系统技术；飞行器制造与材料技术；空中管制技术；民航及通用航空运行保障技术。

（2）航天技术。该二级目录含 8 个三级目录，包括：卫星总体技术；运载火箭技术；卫星平台技术；卫星有效载荷技术；航天测控技术；航天电子与航天材料制造技术；先进航天动力设计技术；卫星应用技术。

（四）新材料

新材料领域包括 6 个二级目录，具体如下。

（1）金属材料。该二级目录含 8 个三级目录，包括：精品钢材制备技术；铝、铜、镁、钛合金清洁生产与深加工技术；稀有、稀土金属精深产品制备技术；纳米及粉末冶金新材料制备与应用技术；金属及金属基复合新材料制备技术；半导体新材料制备与应用技术；电工、微电子和光电子新材料制备与应用技术；超导、高效能电池等其他新材料制备与应用技术。

（2）无机非金属材料。该二级目录含 5 个三级目录，包括：结构陶瓷及陶瓷基复合材料强化增韧技术；功能陶瓷制备技术；功能玻璃制备技术；节能与新能源用材料制备技术；环保及环境友好型材料技术。

（3）高分子材料。该二级目录含 6 个三级目录，包括：新型功能高分子材料的制备及应用技术；工程和特种工程塑料制备技术；新型橡胶的合成技术及橡胶新材料制备技术；新型纤维及复合材料制备技术；高分子材料制备及循环再利用技术；高分子材料的新型加工和应用技术。

（4）生物医用材料。该二级目录含 8 个三级目录，包括：介入治疗器具材料制备技术；心脑血管外科用新型生物材料制备技术；骨科内置物制备技术；口腔材料制备技术；组织工程用材料制备技术；新型敷料和止血材料制备技术；专用手术器械和材料制备技术；其他新型医用材料及制备技术。

（5）精细和专用化学品。该二级目录含4个三级目录，包括：新型催化剂制备及应用技术；电子化学品制备及应用技术；超细功能材料制备及应用技术；精细化学品制备及应用技术。

（6）与文化艺术产业相关的新材料。该二级目录含5个三级目录，包括：文化载体和介质新材料制备技术；艺术专用新材料制备技术；影视场景和舞台专用新材料的加工生产技术；文化产品印刷新材料制备技术；文物保护新材料制备技术。

（五）高技术服务

高技术服务领域包括8个二级目录，具体如下。

（1）研发与设计服务。该二级目录含2个三级目录，包括：研发服务；设计服务。

（2）检验检测认证与标准服务。该二级目录含2个三级目录，包括：检验检测认证技术；标准化服务技术。

（3）信息技术服务。该二级目录含3个三级目录，包括：云计算服务技术；数据服务技术；其他信息服务技术。

（4）高技术专业化服务。

（5）知识产权与成果转化服务。

（6）电子商务与现代物流技术。该二级目录含2个三级目录，包括：电子商务技术；物流与供应链管理技术。

（7）城市管理与社会服务。该二级目录含4个三级目录，包括：智慧城市服务支撑技术；互联网教育；健康管理；现代体育服务支撑技术。

（8）文化创意产业支撑技术。该二级目录含4个三级目录，包括：创作、设计与制作技术；传播与展示技术；文化遗产发现与再利用技术；运营与管理技术。

（六）新能源与节能

新能源与节能领域包括4个二级目录，具体如下。

（1）可再生清洁能源。该二级目录含4个三级目录，包括：太阳能；风能；生物质能；地热能、海洋能及运动能。

（2）核能及氢能。该二级目录含2个三级目录，包括：核能；氢能。

（3）新型高效能量转换与储存技术。该二级目录含4个三级目录，包括：高性能绿色电池（组）技术；新型动力电池（组）与储能电池技术；燃料电池技术；超级电容器与热电转换技术。

（4）高效节能技术。该二级目录含8个三级目录，包括：工业节能技术；能量回收利用技术；蓄热式燃烧技术；输配电系统优化技术；高温热泵技术；建筑节能技术；能源系统管理、优化与控制技术；节能监测技术。

（七）资源与环境

资源与环境领域包括8个二级目录，具体如下。

（1）水污染控制与水资源利用技术。该二级目录含6个三级目录，包括：城镇污水处理与资源化技术；工业废水处理与资源化技术；农业水污染控制技术；流域水污染治理与富营养化综合控制技术；节水与非常规水资源综合利用技术；饮用水安全保障技术。

（2）大气污染控制技术。该二级目录含5个三级目录，包括：煤燃烧污染防治技术；机动车排放控制技术；工业炉窑污染防治技术；工业有害废气控制技术；有限空间空气污染防治技术。

（3）固体废弃物处置与综合利用技术。该二级目录含5个三级目录，包括：危险固体废弃物处置技术；工业固体废弃物综合利用技术；生活垃圾处置与资源化技术；建筑垃圾处置与资源化技术有机固体废物处理与资源化技术；社会源固体废物处置与资源化技术。

（4）物理性污染防治技术。该二级目录含2个三级目录，包括：噪声、振动污染防治技术；核与辐射安全防治技术。

（5）环境监测及环境事故应急处理技术。该二级目录含4个三级目录，包括：环境监测预警技术；应急环境监测技术；生态环境监测技术；非常规污染物监测技术。

（6）生态环境建设与保护技术。

（7）清洁生产技术。该二级目录含3个三级目录，包括：重污染行业生产过程中的节水、减排及资源化关键技术；清洁生产关键技术；环保制造关键技术。

（8）资源勘查、高效开采与综合利用技术。该二级目录含7个三级目录，包括：资源勘查开采技术；提高矿产资源回收利用率的采矿、选矿技术；伴生有价元素的分选提取技术；低品位资源和尾矿资源综合利用技术；放射性资源勘查开发技术；放射性废物处理处置技术；绿色矿山建设技术。

（八）先进制造与自动化

先进制造与自动化领域包括9个二级目录，具体如下。

（1）工业生产过程控制系统。该二级目录含5个三级目录，包括：现场总线与工业以太网技术；嵌入式系统技术；新一代工业控制计算机技术；制造执行系统（MES）技术；工业生产过程综合自动化控制系统技术。

（2）安全生产技术。该二级目录含3个三级目录，包括：矿山安全生产技术；危险化学品安全生产技术；其他事故防治及处置技术。

（3）高性能、智能化仪器仪表。该二级目录含5个三级目录，包括：新型传感器；新型自动化仪器仪表；科学分析仪器、检测仪器；精确制造中的测控仪器仪表；微机电系统技术。

（4）先进制造工艺与装备。该二级目录含7个三级目录，包括：高档数控装备与数控加工技术；机器人；智能装备驱动控制技术；特种加工技术；大规模集成电路制造相关技术；增材制造技术；高端装备再制造技术。

（5）新型机械。该二级目录含4个三级目录，包括：机械基础件及制造技术；通用机械装备制造技术；极端制造与专用机械装备制造技术；纺织及其他行业专用设备制造技术。

（6）电力系统与设备。该二级目录含5个三级目录，包括：发电与储能技术；输电技术；配电与用电技术；变电技术；系统仿真与自动化技术。

（7）汽车及轨道车辆相关技术。该二级目录含5个三级目录，包括：车用发动机及其相关技术；汽车关键零部件技术；节能与新能源汽车技术；机动车及发动机先进设计、制造和测试平台技术；轨道车辆及关键零部件技术。

（8）高技术船舶与海洋工程装备设计制造技术。该二级目录含2个三级目录，包括：高技术船舶设计制造技术；海洋工程装备设计制造技术。

（9）传统文化产业改造技术。该二级目录含2个三级目录，包括：乐器制造技术；印刷技术。

四、企业研发活动的识别方法

（一）识别方法

对很多企业而言，即使是研发部门开展的业务，也并不是所有的环节都属于研发活动。企业申报享受研发费用加计扣除、高新技术企业认定等各类科技财税政策，均是基于研发活动而展开的。尽管前面已分别阐释了研发活动的定义以及不同科技财税政策对研发活动界定的差异性，但在实际操作中，因其抽象性、主观性等因素的影响，对研发活动的识别依然存有一定的难度和争议。为此，可再参考以下方法予以进一步的判断。

1. 行业标准判断法

如果国家有关部门、全国（世界）性行业协会等具备相应资质的机构提供了测定科技"新知识""创造性运用科学技术新知识"或"具有实质性改进的技术、产品（服务）、工艺"等技术参数（标准），那么优先按此参数（标准）来判断企业所进行项目是否为研发活动。

2. 专家判断法

如果企业所在行业中没有发布公认的研发活动测度标准，那么可以通过本行业专家进行判断。获得新知识、创造性运用新知识以及技术的实质改进，应当是取得被同行业专家认可的、有价值的创新成果，对本地区相关行业的技术进步具有推动作用。

3. 目标或结果判定法

在采用行业标准判断法和专家判断法不易判断企业是否发生了研发活动时，企业可以将本方法作为辅助判断的工具。此方法是指重点了解研发活动的目的、创新性、投入资源（预算），以及是否取得了最终成果或中间成果（如专利等知识产权或其他形式的科技成果）。

（二）识别要点

具体来说，企业在申报享受研发费用加计扣除、高新技术企业认定等科技财税政策优惠时，为避免有关研发项目认定争议可能带来的政策或税务风险，要对从事的研发项目（包括政府立项和企业自行立项的项目）从下面几个方面进行自我识别和判断。

1. 新颖性的定性判断

自主、委托、合作研发项目是否属于新产品、新技术、新工艺的研发项目，关键在于对"新"的判断。企业在判断从事的研发项目是否符合研发活动定义基础上，可借助行业标准法、专家判断法和目标或结果判定法予以确认。

2. 技术领域判断

在技术领域方面，企业应判断是否符合相关科技财税政策对研发项目的技术领域要求。如申报享受研发费用加计扣除政策，其从事的研发项目不在负面清单管理的范围内；申报高新技术企业认定，其从事研发活动的技术领域必须属于《国家重点支持的高新技术领域》所规定的范围。企业可将从事的研发项目与相关政策要求进行对比核查，予以判断。

3. 成果支撑情况判断

在成果支撑情况方面，企业应判断是否取得专利、计算机软件著作权、集成电路布图设计专有权、植物新品种、国家级农作物品种、国家新药、国家一级中药保护品种等相关知识产权证书，或者是否有第三方检测报告、成果鉴定报告、查新报告等有价值含量的科技成果予以支撑。

第二节　企业研发活动的业务流程与内控管理

企业开展研发活动是以获取新产品、新技术、新工艺等为目标，进而提升企业的核心竞争力。研发费用占比是申报政府各类科技财税政策的关键核心指标，企业要想使该指标符合要求，其首要前提是需要企业夯实研发活动的基础管理工作。只有研发活动的基础管理工作做到位，企业财务人员才能做到准确归集和核算研发费用。

一、企业研发活动的业务流程、管理文档及风险管控

（一）业务流程

从企业可持续发展战略角度看，研发规划的制定和年度研发计划的有序开展对企业成长和稳定发展是极为重要的。通常来说，企业研发活动的业务流程包括研发立项管理、研发过程管理、结题验收、研究成果开发与研究成果保护环节，如图 2-2 所示。

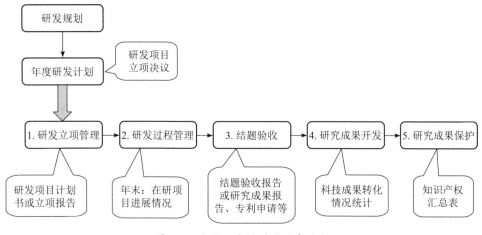

图 2-2　企业研发活动的业务流程

（二）管理文档

研发管理过程伴随各类文档予以支撑。从申报研发费用加计扣除、高新技术企业认定等政府科技财税政策角度看，在研发立项管理环节，需提供或备查的文档材料主要包括：研发项目计划书或立项报告，研发立项的决议文件，研发项目组编制情况及人员名单等；在研发过程管理环节，主要涉及的文档资料包括：研发项目进展情况表、研发项目变更（中止）情况表、研发费用归集明细表等；在结题验收环节，涉及的关键文档资料包括：结题验收报告或研究成果报告、研发经费决算表、科技成果鉴定、专利申请或授权情况等；在研究成果开发与保护环节，涉及的关键文档主要包括：科技成果转化情况统计表、高新技术产品（服务）收入归集明细表、历年知识产权获取情况统计表等。

（三）研发活动的总体风险与管控措施

根据《企业内部控制应用指引第 10 号——研究与开发》规定，企业开展研发活动至少应当关注下列风险：

（1）研究项目未经科学论证或论证不充分，可能导致创新不足或资源浪费。

（2）研发人员配备不合理或研发过程管理不善，可能导致研发成本过高、舞弊或研发失败。

（3）研究成果转化应用不足、保护措施不力，可能导致企业利益受损。

为了有效控制研发风险，提升企业自主创新能力，充分发挥科技的支撑引领作用，促进实现企业发展战略，企业研发管理应采取以下管控措施：

（1）重视研发。企业应当重视研发工作，促使研发活动的开展及其相关管理工作的有效实施。

（2）科学制订研发规划与研发计划。企业应根据发展战略，结合市场开拓和技术进步要求，科学制订研发计划。

（3）夯实研发全过程管理。企业应强化研发全过程管理，规范研发行为。

（4）促进成果转化和有效利用。企业应促进研发成果的转化和有效利用，不断提升自主创新能力。

二、研发规划与年度研发计划

研究与开发是企业核心竞争力的本源，是促进企业自主创新的重要体现，是企业加快转变经济发展方式的强大推动力。为此，企业应当重视研发工作，最好设置专门机构或配备相关人员定期开展研发规划的研究和制定，并在研发规划基础上，有序实施各年度的研发计划。

通常来说，研发规划是以公司整体战略为基准，面向行业现有竞争格局和未来发展趋势，通过分析外部的经济环境、技术环境、产业政策、竞争对手等情况，以及公司自身技术和运营资源，明确公司未来三至五年的研发方向和重要研发项目。

年度研发计划是研发规划在各年度的具体实施计划，即在研发规划的指导下，根据公司年度经营计划及当期技术、市场、竞争对手变化以及公司目前研发技术现状等情况，确定本年度所要开展的具体研发项目。

三、研发立项管理

企业研发立项管理环节主要包括立项申请、项目评估和项目审批，如图 2-3 所示。

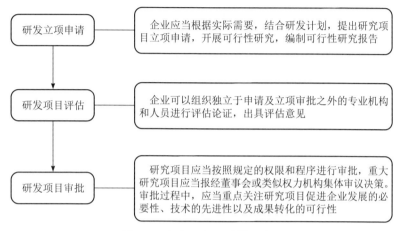

图 2-3　企业研发立项管理流程

（一）主要风险

在研发立项环节，企业面临的主要风险可能包括：①研发计划与国家（或企业）科技发展战略不匹配；②研发承办单位或专题负责人不具有相应资质；③研究项目未经科学论证或论证不充分；④评审和审批环节把关不严。其直接后果可能导致创新不足或资源浪费。

（二）管控措施

基于前述可能面临的风险，企业采取的主要管控措施如下。

1. 建立完善的立项、审批制度

企业可以确定研发计划制订原则和审批人，审查承办单位或专题负责人的资质条件和评估、审批流程等；结合企业发展战略、市场及技术现状，制订研究项目开发计划；应当根据实际需要，结合研发计划，提出研究项目立项申请，开展可行性研究并编制可行性研究报告。

2. 组织第三方评估论证

企业可以组织独立于申请及立项审批之外的专业机构和人员进行评估论证，出具评估意见。

3. 审批关注重点

研究项目应当按照规定的权限和程序进行审批，重大研究项目应当报经董事会或类似权力机构集体审议决策。审批过程中，应当重点关注研究项目促进企业发展的必要性、技术的先进性以及成果转化的可行性。

4. 制订立项计划和报告

立项计划应经科研管理部门负责人审批，立项报告应对市场需求与效益、国内外在该方向的研究现状、主要技术路线、研究开发目标与进度、已有条件与基础、经费等进行充分论证、分析，以保证项目符合企业需求。

（三）关键文档材料

从申报研发费用加计扣除、高新技术企业认定等政府科技财税政策角度看，在研发立项管理环节，需提供或备查的文档材料主要包括：研发项目计划书或立项报告（见表2-1）、研发立项的决议文件（见表2-2）、研发项目组编制情况及人员名单（见表2-3）等。

表2-1　研究开发项目计划书或立项报告（参考模板）

一、项目基本情况					
项目名称				项目编号	
技术领域				起止时间	
项目负责人		负责人所在部门		研发经费总预算（万元）	
主要研发人员名单					
二、立项依据					
立项目的及组织实施方式（限400字）					
本项目的应用或产业化前景与市场需求（限400字）					

（续）

三、主要研究内容、关键技术及研究方法

主要研究内容 （限400字）	
核心技术及创新点 （限400字）	
研究方法及技术路线 （限400字）	

四、预期目标（预期时间内要达到的主要技术、经济指标；知识产权申请情况）

五、项目经费预算明细

1. 人工：　　　　（万元）；2. 材料：　　　　（万元）；3. 其他：　　　　（万元）
总计：　　　　（万元）

六、审查意见

表2-2　研究开发项目立项决议（参考模板）

关于公布××××年度研发项目立项决议的通知

各部门：

序号	项目名称	项目编号	负责人	起止日期	经费预算（万元）
1					
2					
3					

为保证研发项目的顺利实施，××××必须加强研发项目的过程管理，尽快将相关技术应用到公司产品中；财务部门对研发项目的经费开支进行专账核算，其他部门给予必要的配合

××××有限公司
年　月　日

表2-3 研发项目组编制情况及研发人员名单（参考模板）

单位名称							
项目名称							
起止时间	年　月～　年　月				研发经费总预算（万元）		
所属技术领域							
项目负责人					负责人所在部门		

项目组主要成员情况及分工（包括项目负责人）：

	编号	姓名	性别	职务/职称	研究任务及分工	全时率	所在部门
研究人员							
技术人员							
辅助人员							

注：全时率是指项目组各人员参与项目实施的时间比率，取100%、75%、50%、20%等。

四、研发过程管理

研发过程是研发管理的核心环节。一方面，企业应当加强对研发过程的管理，合理配备专业人员，严格落实岗位责任制，确保研究过程高效、可控；同时，企业也应当跟踪检查研究项目进展情况，评估各阶段研究成果，提供足够的经费支持，确保项目按期、保质完成，有效规避研究失败风险。

实务中，研发通常分为自主研发、委托与合作研发。针对不同的研发形式，其面临的风险和管控措施也有所差异，具体如下。

（一）自主研发

自主研发是指企业依靠自身的科研力量独立完成项目，包括原始创新、集成创新和在引进消化基础上的再创新三种类型。

1. 主要风险

自主研发面临的主要风险包括：①研究人员配备不合理，导致研发成本过高、出现舞弊行为或研发失败；②研发过程管理不善，费用失控或科技收入形成账外资产，影响研发效率，提高研发成本甚至造成资产流失；③多个项目同时进行时，相互争夺资源，出现资源的短期局部缺乏现象，可能造成研发效率下降；④研究过程中未能及时发现错误，导致修正成本提高；⑤科研合同管理不善，导致权属不清，知识产权存在争议。

2. 管控措施

基于自主研发面临的可能风险，企业应采取的主要管控措施包括：①建立研发项目管理制度和技术标准，建立信息反馈制度和研发项目重大事项报告制度，严格落实岗位责任制；②合理设计项目实施进度计划和组织结构，跟踪项目进展，建立良好的工作机制，保证项目顺利实施；③精确预计工作量和所需资源，提高资源使用效率；④建立科技开发费用报销制度，明确费用支付标准及审批权限，遵循不相容岗位牵制原则，完善科技经费入账管理程序，按项目正确划分资本性支出和费用性支出，准确开展会计核算，建立科技收入管理制度；⑤开展项目中期评审，及时纠偏调整，优化研发项目管理的任务分配方式。

（二）委托与合作研发

委托研发是指企业委托具有资质的外部承办单位进行研究和开发。若企业研究项目委托外单位承担的，应当采用招标、协议等适当方式确定受托单位，签订外包合同，约定研究成果的产权归属、研究进度和质量标准等相关内容。

合作研发是指合作双方基于研发协议，就共同的科研项目以某种合作形式进行研究或开发。企业与其他单位合作进行研究的，应当对合作单位进行尽职调查，签订书面合作研究合同，明确双方投资、分工、权利义务、研究成果产权归属等。

1. 主要风险

委托与合作研发可能面临的主要风险：委托与合作单位选择不当，知识产权界定不清。此外，合作研发还包括与合作单位沟通障碍、合作方案设计不合理、权责利不能合理分配、资源整合不当等风险。

2. 管控措施

基于委托与合作研发面临的可能风险，其主要的管控措施包括：①加强委托与合作研发单位资信、专业能力等方面的管理；②委托研发应采用招标、议标等方式确定受托单位，制定规范、详尽的委托研发合同，明确产权归属、研究进度和质量标准等相关内容；③合作研发应对合作单位进行尽职调查，签订书面合作研究合同，明确双方投资、分工、权利义务、研究成果产权归属等；④加强项目的管理监督，严格控制项目费用，防止挪用、侵占等；⑤根据项目进展情况、国内外技术最新发展趋势和市场需求变化，对项目的目标、内容、进度、资金进行适当调整。

五、结题验收、研究成果开发和研究成果保护

（一）结题验收

结题验收是对研究过程形成的交付物进行质量验收，分为检测鉴定、专家评审、专题会议三种方式。

1. 主要风险

结题验收环节可能面临的主要风险包括：由于验收人员的技术、能力、独立性等造成验收成果与事实不符；测试与鉴定投入不足导致测试与鉴定的不充分，不

能有效降低技术失败的风险。

2. 管控措施

基于结题验收面临的可能风险，其主要的管控措施包括：①建立健全技术验收制度，严格执行测试程序；②对验收过程中发现的异常情况应重新进行验收申请或补充进行研发，直到研发项目达到研发标准为止；③落实技术主管部门验收责任，由独立且具备专业胜任能力的测试人员进行鉴定试验，并按计划进行正式的、系统的、严格的评审；④加大企业在测试和鉴定阶段的投入，对重要的研究项目可以组织外部专家参与鉴定。

（二）研究成果开发

1. 主要风险

研究成果开发是指企业将研究成果经过开发过程转换为企业的产品。其主要风险包括：研究成果转化应用不足导致资源闲置；新产品未经充分测试导致大批量生产不成熟或成本过高；营销策略与市场需求不符导致营销失败。

2. 管控措施

基于研发成果开发面临的可能风险，其主要的管控措施包括：①建立健全研究成果开发制度，促进成果及时有效转化；②科学鉴定大批量生产的技术成熟度，力求降低产品成本；③坚持开展以市场为导向的新产品开发消费者调研；④建立研发项目档案，推进有关信息资源的共享和应用。

（三）研究成果保护

研究成果保护是企业研发管理工作的有机组成部分。有效的研究成果保护，可维护研发企业的合法权益。

1. 主要风险

研究成果保护环节面临的主要风险可能包括：未能有效识别和保护知识产权，权属未能得到明确规范，开发出的新技术或产品被限制使用；核心研究人员缺乏管理激励制度，导致形成新的竞争对手或技术秘密外泄。

2. 管控措施

基于研究成果保护面临的可能风险，其主要的管控措施包括：①进行知识产权评审，及时取得权属；②研发完成后确定采取专利或技术秘密等不同保护方式；③利用专利文献选择较好的工艺路线；④建立研究成果保护制度，加强对专利权、非专利技术、商业秘密及研发过程中形成的各类涉密图纸、程序、资料的管理，并严格按照制度规定借阅和使用，禁止无关人员接触研究成果；⑤建立严格的核心研究人员管理制度，明确界定核心研究人员范围和名册清单并与之签署保密协议；⑥企业与核心研究人员签订劳动合同时，应当特别约定研究成果归属、离职条件、离职移交程序、离职后保密义务、离职后竞业限制年限及违约责任等内容；⑦实施合理有效的研发绩效管理，制定科学的核心研发人员激励体系，注重长效激励。

综上，研究与开发是企业持久发展的不竭动力，企业应始终坚持把研发作为发展的重要战略，紧密跟踪科技发展趋势，切实提升核心竞争力，进而增强企业国际竞争力。

第三节　企业研发内控管理参考建议

对科技企业尤其是中小型科技企业而言，由于规模不大，企业在其研发与生产的管理方面往往以混合管理方式为主来降低管理成本。这就导致了企业研发成本与生产成本在财务管理和会计核算方面也难以真正区分开来，使得企业研发费用不能准确归集与核算，进而影响了企业申报并享受各类政府科技财税激励政策。研发费用核算正确与否，其首要前提是研发活动的基础管理工作是否受到重视、是否落实到位。为此，本书建议科技企业尤其是中小型科技企业，要合规地享受各类政府科技财税政策，并务必从以下几个方面完善研发管理工作。

1. **研发机构与人员配备**

有条件的科技企业最好组建研发机构，配备合适的研发人员，构建研发实验室、研发设施及设备等研发要素资源；尚不具备条件的企业可以组建研发项目组，开展相关研发工作。

2. **建设与实施《研发项目管理制度》**

企业可参照《企业内部控制应用指引第10号——研究与开发》制定研发项目

管理制度，并有效实施。研发项目管理制度的内容至少应涉及：研发规划、年度研发计划、立项管理、过程管理、结题验收、成果开发与保护等。

3.部门协调沟通机制

对企业而言，研发活动管理并不仅仅只是研发部门的工作，加强部门间的沟通协调对提升企业管理能力是必不可少的。因此，为了研发项目管理制度的有效实施和研发工作的有序开展，企业应建立研发部门与财务、人事、知识产权、生产经营等部门的沟通机制。这有助于提升企业的创新管理能力。

第 三 章
企业研发活动财务管理与会计核算

在第二章介绍了企业研发活动的业务流程基础上,本章简要介绍了企业研发活动的财务管理,进而重点介绍了研发投入环节即研发过程中研发费用会计核算与列报以及成果转化环节的相关会计处理。本章的知识架构如图 3-1 所示。

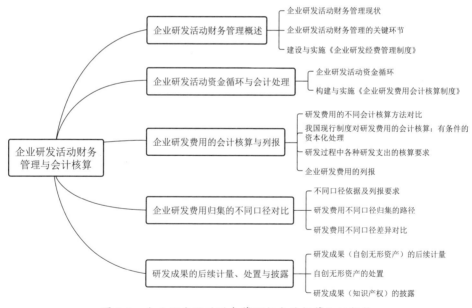

图 3-1 企业研发活动财务管理与会计核算知识架构

第一节 企业研发活动财务管理概述

现代经济增长理论表明，技术创新是经济增长的重要源泉，研发则是科技创新与进步的主要手段和动力。越来越多的企业管理者已经意识到，面对21世纪的全球市场竞争，只有在产品品种、性能及生产技术上不断创新，才能使企业立于不败之地。然而，不少企业抱着科技兴业的愿望将大量资金投入研发项目，却缺乏有效的、与不确定性研发活动相适应的财务管理措施，从而不同程度地制约了自身发展。

一般来说，研发活动的不确定性、高风险性导致研发业务的效益与其他业务相比要低得多。为提升企业研发管理效率，尽可能规避或降低研发风险，科学、系统的财务工作是十分必要的。财务可以对研发进行以货币或价值为基准的间接管理，包括事前计划、事中监控、事后分析的全过程管理。在研发的计划中，财务参与决策是必不可少的；在研发的过程中，企业必须监控程序是否合规，支出是否合理，效益是否显著；在研发结束后，企业还要分析业务的经济性。

一、企业研发活动财务管理现状

简单来说，财务管理就是组织财务活动（或资金运动）、处理财务关系的价值管理工作，即如何合理筹集资金、有效运营资产、控制成本费用、规范收益分配等财务活动，以加强财务监督和财务信息管理。对企业研发活动而言，其财务活动主要包括研发资金筹集、研发资源配置与运营、研发费用归集与控制、研发成果评价等内容。现实中的企业尤其是科技型中小企业的研发活动财务管理往往存在以下问题。

（一）缺乏以战略和价值链为导向的财务管理意识

从本质上讲，研发何种产品是基于整个企业的战略发展而确定的，研发的全过程是一个研发行为和价值投入相统一的过程，如图3-2所示。针对研发活动的特性，企业的财务部门就应当站在战略实施的角度，关注价值创造链条上的关键环节，紧密围绕公司战略和价值链开展财务管理活动，但目前许多企业忽视了这一重要财务管理意识的树立。在研发活动中，它们只重视研发成功的概率及研发过程的行为管理,而忽视研发过程的价值管理,较少从效益角度去考虑研发的经济性;在理财的活动中,也容易形成重财务轻管理的局面。

图 3-2 研发过程价值链简图

(二)缺乏系统、实时的财务管理过程控制

企业研发活动的财务管理往往只注重研发项目前的投资决策和研发项目后的财务分析评价,这种只抓两头的财务管理模式体现了财务管理机制的缺失,可能导致财务监督职能的弱化、研发经济效益的降低、研发风险的增加。科技企业面临着来自技术、市场、内部管理、财务等诸多方面的风险,并且这些风险贯穿于研发活动的始终。如果没有一套有效的财务管理过程控制系统,就会使得企业时常不加防范地暴露在各种高风险中,因此,预算管理、资金使用管理、成本控制等都应成为企业研发活动财务管理不可或缺的内容。

企业研发项目多而复杂,研发周期各不相同,对各个项目的研发资金流向进行全程实时的管理控制需要借助先进的管理信息系统,要求其既能将研发项目的预算纳入其中,又能包含预算使用情况的跟踪、日常资金的审批、投资审批、物资使用管理、项目的进程管理等,还能用于财务分析与预测。然而,很多企业缺乏合适的系统软件辅助管理,对管理信息系统的使用仅仅停留在对研发资金的账务处理层面,从而无法有效地将财务管理活动渗透到研发的全过程中去,弱化了财务管理在研发项目管理中的作用。

二、企业研发活动财务管理的关键环节

(一)财务决策

凡事预则立,不预则废。正确决策是企业研发成功的首要前提,是提高研发

效益的重要环节。财务能够提供量化的结论，作为决策客观的、直接的依据，为此企业应做好三个方面的工作：

（1）做好财务预测。研发的构思应通过初步设计转化成具体的投资方案和相应的财务预测。其中，对成本费用的预测必须全面，因为研发的效益要待新产品、新服务进入市场后显现，除直接的研发费用外，还应该考虑设备和工具的制造费用、专利等的取得费用、新产品的推广销售费用等。同时，对收益的估计，应该把现金流量视为比利润更重要的参照指标。

（2）根据预测结果，结合约束条件，对投资方案进行财务可行性分析。分析的重点是不确定因素，包括资金来源、利率、成本和市场的不确定性。企业应通过可行性分析得出以下结论：①研发投资的可行性程度；②研发过程中可能出现的问题和解决方法。

（3）确定具体的融资策略。由于研发业务的高风险特点，企业要积极探索新的融资渠道，包括：①冲破传统经营理念的束缚，挖掘内部潜力，加大自有投入；②寻求政府担保或企业相互担保，争取银行信贷；③充分利用资本市场，提高直接融资比重；④引入风险资本战略投资，促进资本和技术的结合。

（二）财务控制

企业研发的全过程充满着不确定性和风险，因此研发的财务决策也不是一劳永逸的。在研发过程中，企业必须采用科学的方法对其进行跟踪管理，加强财务控制，为此要做好两个方面的工作。

（1）完善会计核算。企业应该对研发实行全面核算，建立健全原始记录，最好将研发业务与其他业务分别核算，以便取得完整的研发核算资料，对其进行专门分析。

（2）加强财务控制。企业对研发经费的使用应限定开支范围，并建立严格的审批制度，对实际的开支应该制定合理的成本费用消耗定额，进行定期、不定期的审核，并着重分析超支的原因。

（三）财务激励

人的因素在企业研发中起决定性作用，建立有利于吸引人才并发挥他们作用的激励机制，是研发成功的重要保证，而财务激励是其中最基本的形式，为此可采用两类方法。

（1）奖惩分明的考核制度。企业应考核研发成本费用消耗定额的执行情况，评价控制业绩，并结合经济责任制的规定进行奖惩，以调动技术工人和各单位负责人的积极性。做好这项工作，企业必须分析、查明未完成计划的主客观原因，了解消耗定额是否合理，成本费用核算资料是否正确和真实。

（2）人力资本参与分配的多种形式。研发中，人力资本比物力资本、金融资本更为重要，世界各国正在积极探索以管理入股、技术入股、股票期权等多种形式让人力资本参与分配，给予关键管理人员、科技人员一定的剩余索取权，从而大大激发他们的能动性，保证研发的持久活力。

（四）财务评价

财务评价是以会计核算资料为起点，运用专门技术手段，计算相关指标，对企业的财务状况、经营成果和未来前景进行分析评价和合理预测的一种制度，能为企业的经营管理决策提供广泛帮助。根据研发业务的特点，企业对其进行财务评价要做到以下三点。

（1）财务评价要贯穿全过程，加强事中财务分析。此即根据研发过程的原始记录和核算资料与原有决策方案和财务预算进行对比分析，目的是及时纠正偏差，发现新问题，保证研发有效地进行。企业经过分析力求提供以下结论：①研发过程中成本费用开支情况与原有决策方案和财务预算的差异；②根据对差异的分析，对原有决策方案和财务预算应做哪些调整；③对研发最终成功可能性的预测。

（2）要拓展传统的财务分析指标体系。研发财务分析指标体系要综合考虑财务和非财务、内部和外部、有形资源和无形资源等各方面的因素，涵盖研发的全部活动。例如非财务的每百人中研发人员数、年专利申请数、研发成果转产率和新产品占全部产品的比重等指标；来自外部信息的相对市场份额、新产品市场寿命等指标。企业还应增加对无形资产、人力资源的分析，计算智力资本比率，同时分析无形资产构成（技术型和非技术型）、人力资源构成（高层次和低层次）以评价企业研发能力。

（3）财务评价要具有前瞻性。此即财务评价的理论方法，既要评价研发的当前绩效，又应该预测研发的未来前景。企业可以进行新利润增长点专项分析，计算并比较企业新产品、新服务研发成本利润率和销售利润率的高低，确定其中的新利润增长点，作为企业决定发展方向的重要依据。

三、建设与实施《企业研发经费管理制度》

企业研发活动的有效开展离不开研发经费的支持。研发经费从哪里来，如何开支，如何在不同研发项目中分配，如何监管等一系列问题，都需要企业在研发机构和研发人员相匹配的基础上，结合《企业研发项目管理制度》各相关管理环节，构建与之匹配的《企业研发经费管理制度》。

企业可参照《企业财务通则（2007）》及其配套规范《财政部关于企业加强研发费用财务管理的若干意见》（财企〔2007〕194号），以及政府科技计划项目资金管理制度，基于企业研发项目管理情况，制定《企业研发经费管理制度》并有效实施。研发经费管理制度的内容至少应涉及：研发经费来源、研发经费开支范围、预算的编制与审批、预算执行与研发经费决算表编制、监督检查等。

第二节　企业研发活动资金循环与会计处理

一、企业研发活动资金循环

从企业财务活动即资金筹集、资产运营、成本控制与收益分配角度看，企业研发活动财务管理也包括有关研发的筹资活动、投资活动、成本控制、研发成果形成与研发成果转化等内容。企业研发活动资金循环与会计处理如图3-3所示，其列示了企业研发活动资金循环与相关会计处理的逻辑关系。

（一）研发资金筹集

企业研发资金来源包括政府补助、政府资本性投入、银行贷款、风险投资以及企业自筹资金等。其中在财税管理上需要重点关注的有以下两项。

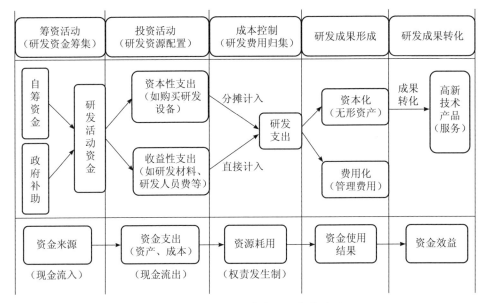

图 3-3 企业研发活动资金循环与会计处理

1. 政府补助

政府补助是指来源于各级政府相关部门用于支持企业研发创新的财政专项资金。一般而言，此研发专项资金有专门的资金管理办法，要求单独核算，专款专用，同时还要接受政府部门监督管理以及第三方监督也就是会计师事务所的专项审计。

有关研发政府补助的资金管理与核算详见第四章。

2. 自筹资金（企业积累资金与研发准备金制度）

企业积累资金即企业的自有储备资金。由于企业会计核算采用权责发生制，企业净利润扣除了未付现成本，因此，企业自有储备资金包括留存收益和隐藏的未付现成本（如提取的研发准备金、折旧摊销等）。

研发准备金是企业根据研发计划及资金需求，按一定标准预先提取的专门用于企业技术研发和科技成果转化项目的储备资金。但是，因目前我国研发准备金制度建设仅停留在《企业财务通则》等相关财务政策中，并未将其作为一项税收优惠而且尚不允许在企业所得税税前扣除，因此现实中真正构建研发准备金制度的企业并不多见。

（二）研发资源配置

企业通过自筹或向政府申报研发资助项目等途径筹集了研发资金后，接下来则是根据研发项目需求进入研发资源配置阶段即人、财、物的配置。这具体包括三方面：①研发团队的组建与分工；②研发用材料、周转材料等劳动对象的采购；③研发仪器设备、技术等劳动资料的购置。

从会计核算角度看，资金支出主要包括两方面：①收益性支出，如研发材料、研发人员费用等，据实计入研发费用；②资本性支出，如购置研发仪器设备、专利技术等的支出。企业购置时先计入固定资产、无形资产等账户，使用时再以折旧、摊销方式计入研发费用。

（三）研发费用归集

企业的研发资源即人、财、物配置好之后，则真正进入研发过程。企业的研发过程，既是新产品、新工艺、新技术等知识产权的创造形成过程，也是各种研发费用的耗费过程。它是研发活动的中心环节，企业研发的有关经济业务都是围绕这一环节而展开的。企业在开展研发活动过程中，研发人员借助研发仪器设备、专利权、非专利技术等劳动工具对各种研发材料进行研究、实验、开发，以期研发出能带来未来经济利益的知识产权。

从财务管理和会计核算的角度，这一阶段要通过合理财务手段控制研发成本，尽可能做到成本效益最大化和风险最小化，而发生的研发费用则以"直接计入"或"分摊计入"的方法并通过"研发支出"这一成本账户进行归集，在归集过程中始终要遵循是否真实、是否相关、是否合理、是否合规等会计核算原则。

（四）研发成果的形成与转化

企业开展研发活动，虽然面临各种风险，但是终究会有成功的项目，并最终形成专利、非专利技术等新的知识产权。

对于研发成功形成无形资产的知识产权，其转化为高新技术企业产品（服务）收入的路径主要有两个：①对外转让，包括出售、出租无形资产，以获取利润；

②用于企业内部，即企业自己进行商业化大生产，扩大企业收入，提高盈利水平。

二、构建与实施《企业研发费用会计核算制度》

企业从事研发，通常包括下列主要活动：①立项和预算管理，如项目的申请和批准，预算的编制和批准；②机构设置与人员管理，如研发机构的设立，研发人员的组织和聘用，工作记录，绩效考核，薪酬的计算、支付和记录；③仪器设备、材料管理，如研发仪器设备、材料的购置申请、研发仪器设备、材料的验收、研发仪器设备、材料的使用或领用及记录；④委托外部研究开发，如委托外部研发的申请和审批、委托外部开发成果的验收、付款和记录；⑤结项与成果管理，如项目的总体评议和成果鉴定、预算差异分析、知识产权申报与成果保护等。

从会计核算角度看，在上述研发活动各环节的账务处理中，研发过程发生的研发费用归集与核算是会计处理的核心和难点。为准确归集和核算各研发项目的研发费用，企业应在研发项目管理制度、研发经费管理制度的基础上，构建《企业研发费用会计核算制度》，作为会计人员日常归集和核算研发费用的统一指导标准。

企业可参照《企业会计准则第 6 号——无形资产》及其配套规范《财政部关于企业加强研发费用财务管理的若干意见》（财企〔2007〕194 号）等，基于企业研发项目管理、研发经费管理情况，制定《企业研发费用会计核算制度》并有效实施。研发费用会计核算制度的内容至少应涉及：研发费用概念界定、研发费用的会计核算方法、研发支出科目设置、核算内容及账务处理、相关原始单据设置、研发费用归集与间接研发费用分配标准等。

第三节 企业研发费用的会计核算与列报

一、研发费用的不同会计核算方法对比

在知识经济时代下，加强企业的核心竞争力是企业持续稳定发展的关键。研

发活动的成功与否将成为企业成败的最重要因素之一，这将促使企业越来越重视研发，研发费用占企业总支出的比重将会越来越大。同时，国家为了提高综合国力，也鼓励企业从事研发工作，并从税收等方面给予优惠政策，如研发费的税前加计扣除政策便是其中之一。因此，如何从财务会计层面规范企业的研发费用就显得非常重要。

研发费用是企业在开发新产品、新技术、新工艺过程中发生的各种费用。研发费用发生后，由于企业可望在未来期间受益，研发成本要么是企业的一项资产，要么就会使企业现有资产价值或现有资产的整体价值得到增加，给企业未来创造经济效益。根据权责发生制原则和配比原则，研发支出应予资本化，并在有效期内摊销；但是研发能否成功和未来经济效益的大小都是不明确的，这给研发费用资本化带来困惑，很多国家把它列作费用。正因为如此，目前各国在处理研发费方面没有统一做法，但归纳起来主要有以下三种观点。

（一）费用化处理

1. 费用化处理的内涵及理由

费用化处理即将研发费用在发生时全部作为期间费用，直接计入当期损益。其依据是：

（1）研发项目是否成功具有高度的不确定性，即使研发成功，产品在市场竞争中失败的概率仍然很高，因此，研发支出能否带来未来收益，具有不确定性；

（2）由于研发支出与未来收益之间缺乏显著的直接因果关系，因此，即使未来能够取得收益，也很难对研发支出与未来期间的收益进行配比；

（3）将研发费用全部计入当期损益，给企业带来了纳税收益，而且核算简单，可操作性强，并在一定程度上提高了企业从事研发活动的积极性。

2. 费用化处理的不足

全部费用化也存在许多问题。因为通常情况下，企业在研发项目中投入越大，将来的收益也越大。因此全部费用化处理不符合权责发生制原则和配比原则。从会计行为的角度，由于全部费用化的最直接后果是导致研发当期利润的大幅度下降，给外部决策者造成企业经营不稳的印象，对上市公司则有可能引起股价波动，加之企业管理当局的报酬在很大程度上与企业经营业绩有关，因此管理当局有可能降低研发力度以平滑利润，这种短期行为会影响企业的发展后劲，而且费用化处理方法也为管理当局操纵利润提供了可乘之机。

3. 采用费用化处理的主要国家

美国、德国以及我国在 2006 年新准则出台之前采取的就是这种做法。

1992 年我国颁布的《企业财务通则》第 27 条规定："技术开发费"作为管理费用的组成项目。2000 年我国颁布的《企业会计制度》第 45 条规定："自行开发并按法律程序申请取得的无形资产，按依法取得时发生的注册费、聘请律师费等费用，作为无形资产的实际成本。在研究与开发过程中发生的材料费用、直接参与开发人员的工资及福利费、开发过程中发生的租金、借款费用等，直接计入当期损益。"2001 年我国颁布的《企业会计准则第 6 号——无形资产》第 13 条规定："自行开发并依法申请取得的无形资产，其入账价值应按依法取得时发生的注册费、律师费等费用确定；依法申请取得前发生的研究与开发费用，应于发生时确认为当期费用。"

（二）资本化处理

资本化处理将企业发生的研发费用在发生期内先归集起来，待其达到预定用途时予以资本化，记入"无形资产"账户，并从达到预定用途的当期予以摊销。这种做法假定企业在连续几年内存在若干研发项目，其中总会有些项目可以获得成功的收益，因而将其与费用配比。其依据是研发活动必然产生某些无形资产，如专利权、专有技术等。获取未来经济效益并增加现有价值和企业整体价值，资本化的做法符合权责发生制原则，在一定程度上可以消除企业的短期行为，提高会计信息的相关性，但不加区别地将其全部资本化，明显违背谨慎性原则。所谓谨慎性原则，是指在确认资产及收益时，若有两种以上的方法可供选择时，会计人员应选择不高估资产和收入，也不低估费用和损失的方法。在市场竞争日益激烈的今天，产品更新换代也越来越快，研发费用就逐渐成为企业的一项经常性开支，如果全部资本化，会直接影响企业的融资能力，增大企业的经营风险。

采用这种方法的国家主要有荷兰、巴西、瑞士等国。

（三）有条件的资本化处理

1. 有条件资本化处理的内涵及理由

有条件的资本化处理将符合一定条件的研发费用予以资本化，对其他研发费用则费用化处理计入当期损益。具体而言，研究阶段的支出在其发生的期间被确认为费用，并且不应在其后的期间被确认为资产；开发阶段的支出只有在符合一定条件下才被确认为资产，否则被确认为费用；最初被确认为费用的开发支出，不应在其后的期间被确认为资产。这种处理方法的依据是研发活动与未来经济利益之间关系的不确定性程度。具体来说，企业研究活动只是一个初步性的分析与调查阶段，目的是搜集信息，产生新的认识，其未来是否会带来经济利益是非常不确定的，所以应将其费用化。而开发活动将技术运用于实践，并产生实质性的改进，其未来经济利益较为确定，所以可被确认为资产。

2. 有条件资本化处理的优点

这种方法的优点在于以下三点。

（1）符合权责发生制原则。研究与开发是两个相互联系的阶段，研究活动是一种初步的探索性工作，是一个基础阶段，能否带来经济效益非常不确定，而且受益对象不明显，而开发活动是将研究成果付诸实践，比研究阶段更进一步，带来经济效益的确定性高，并且受益对象是特定的产品，所以将研究过程中发生的费用进行费用化，计入当期损益，而对开发过程中发生的费用，在开发成功时将其资本化，不成功还是进行费用化，计入当期损益，这比单一的费用化或单一的资本化更符合权责发生制原则。

（2）更好地协调谨慎性与相关性原则。单一的费用化能很好地遵循谨慎性原则，但损害了相关性原则，而单一的资本化能很好地遵循相关性原则，但又忽视了谨慎性原则。一定条件下资本化能很好地协调谨慎性与相关性原则，既可以避免费用化带来的资产低估，同时也可以最大限度地降低资本化所带来的风险。

（3）符合资产的定义。企业对于研发活动已经投入了大量的经费，当然研发活动是一个过去的事项，它不是为了取得本期的利益，而是为了产生未来的经济利益。当研究开发成功时，它就可以成为企业的一项资源，也能够被企业控制，并且在开发过程中的成本也可以被准确计量,显然符合资产的定义。

3. 有条件资本化处理的缺点

这种处理方法在实际操作中具有较大的主观性,集中体现在对研究活动和开发活动的区分上。另外,现实中没有哪个行业愿意进行与其产品开发、质量提高、成本降低等无关的研究活动,对研究支出的费用化处理也是值得商榷的。

4. 采用有条件资本化处理的国家

采用这种方法的国家有日本、法国、英国等国,另外国际会计准则委员会也基本上采纳此观点。2006年我国出台的无形资产新准则也采用此种方法,这与新的《企业所得税法》及其实施条例对研发费用的税务处理具有一致性。

（四）示例：研发费用不同核算方法的经济后果

【例3-1】资料：华为2019年的年度报告显示,资产8 587亿元,资产负债率66%,销售收入8 588亿元,营业利润778亿元,经营活动现金流914亿元,研发费用1 317亿元（采用的是全部费用化处理的核算方法),其占销售收入的15.3%。

分析：

如果华为研发费用全部资本化处理,则2019年相关财务指标变化如下（暂不考虑所得税影响):资产增加1 317亿元,达9 904亿元;营业利润增加1 317亿元,达2 095亿元。

二、我国现行制度对研发费用的会计核算：有条件的资本化处理

我国《企业会计准则第6号——无形资产》对研发费用采取了有条件资本化处理的会计核算方法。首先,企业根据研发的实际情况将研发项目区分为研究阶段与开发阶段；其次,对研究阶段的支出,于发生时计入当期损益；对开发阶段的支出,同时满足资本化条件的,确认为无形资产；不符合资本化条件的计入当期损益；若确实无法区分研究阶段的支出和开发阶段的支出,将其全部费用化,计入当期损益。

（一）研究阶段和开发阶段的划分

在竞争日益加剧的市场经济条件下，企业为了在竞争中处于有利地位，往往不惜投入大量的人力、财力和物力，从事研发活动，意图改善工艺，改进现有产品，开拓新产品或发现新材料、新配方、新知识。国外一些大公司，特别是高科技企业，研发成本往往占销售收入的百分之十几甚至更多。研发活动可以分为"研究"与"开发"两个相互联系的阶段。企业对于内部研发项目的支出应当区分研究阶段支出与开发阶段支出。

1. 研究阶段

对于企业自行进行的研发项目，《企业会计准则第 6 号——无形资产》要求区分研究阶段和开发阶段两个部分分别进行核算。其中，研究阶段是指为获取新的技术和知识等进行的有计划的调查，研究活动的例子包括：意于获取知识而进行的活动；研究成果或其他知识的应用研究、评价和最终选择；材料、设备、产品、工序、系统或服务替代品的研究；新的或经改进的材料、设备、产品、工序、系统或服务替代品的配制、设计、评价和最终选择。研究阶段的特点在于以下两点。

（1）计划性。研究阶段是建立在有计划的调查基础之上的，即研究项目已经董事会或者相关管理层的批准，并且相关部门着手收集相关资料、进行市场调查等。例如，某药品公司为研发某药品，经董事会或者相关管理层批准，有计划地收集相关资料、进行市场调查、比较市场相关药品的药性、效用等活动。

（2）探索性。研究阶段基本上是探索性的，为进一步的开发活动进行资料及相关方面的准备，在这一阶段不会形成阶段性成果。

从研究活动的特点看，其研究是否能在未来形成成果，即通过开发后是否会形成无形资产均有很大的不确定性，企业也无法证明其研究活动一定能够形成带来未来经济利益的无形资产，因此，研究阶段的有关支出在发生时应当被费用化计入当期损益。

2. 开发阶段

开发阶段是指在进行商业性生产或使用前，将研究成果或其他知识应用于某项计划或设计，以生产出新的或具有实质性改进的材料、装置、产品等。开发活动的例子包括：生产前或使用前的原型和模型的设计、建造和测试；含新技术的工具、夹具、模具和冲模的设计；不具有商业性生产经济规模的试生产设施的设计、建造和运营；新的或经改造的材料、设备、产品、工序、系统或服务所选定的替代品的设计、建造和测试。开发阶段的特点在于以下两点。

（1）具有针对性。开发阶段建立在研究阶段基础上，因此，对项目的开发具有针对性。

（2）形成成果的可能性较大。进入开发阶段的研发项目往往形成成果的可能性较大。

由于开发阶段相对于研究阶段更进一步，且很大程度上形成一项新产品或新技术的基本条件已经具备，此时如果企业能够证明满足无形资产的定义及相关确认条件，则所发生的开发支出可予以资本化，确认为无形资产的成本。

（二）开发阶段有关支出资本化的条件

企业内部研发项目开发阶段的支出，能够证明下列各项时，应当被确认为无形资产。

1. 完成该无形资产以使其能够被使用或出售在技术上具有可行性

判断无形资产的开发在技术上是否具有可行性，必须有充分可靠的证据，即应当以目前阶段的成果为基础，并提供相关证据和材料，证明企业进行开发所需的技术条件等已经具备，不存在技术上的障碍或其他不确定性。比如，企业已经完成了全部计划、设计和测试活动，已经能够基本确保无形资产达到设计规划书中所描述的功能，并经过相关领域专家的鉴定。

2. 具有完成该无形资产并使用或出售的意图

开发某项产品或专利技术产品等，通常是根据管理当局决定该项研发活动的目的或者意图所决定，即研发项目形成成果以后，是为出售，还是为自己使用并从使用中获得经济利益，应当依据管理当局的意图而定。因此，企业的管理当局应当能够说明其持有拟开发无形资产的目的，并具有完成该项无形资产开发并使其能够使用或出售的可能性。

3. 无形资产产生经济利益的方式

无形资产作为资产的一种，首先必须符合资产的基本特征，即必须确保能够为企业带来未来的经济利益。但就其能够为企业贡献经济利益的方式而言，应依无形资产的预定用途而定，具体来说分以下几种情况：

（1）若无形资产将被用于生产产品，应能证明运用该无形资产生产的产品存在市场。也就是说，如果有关无形资产在形成以后，主要是被用于形成新产品或新工艺，企业应对运用该无形资产生产的产品市场情况进行估计，应能够证明所生产的产品存在市场，能够带来经济利益的流入。

（2）若无形资产将被用于对外出售，应证明无形资产自身存在市场。换言之，如果有关无形资产开发以后主要是被用于对外出售，则企业应能够证明市场上存在对该类无形资产的需求，开发以后存在外在的市场可以出售并带来经济利益的流入。

（3）若无形资产将被用于内部使用，应当证明其有用性。换言之，如果无形资产被开发以后不是用于生产产品，也不是对外出售，而是被用于企业内部，则企业应能够证明在企业内部使用该产品对企业的有用性。

4. 有足够的技术、财务资源和其他资源支持，以完成该无形资产的开发，并有能力使用或出售该无形资产

这一条件是否满足，往往可以从如下几方面进行判断。

（1）完成该项无形资产开发具有技术上的可靠性。开发无形资产并使其形成成果在技术上的可靠性是开发活动继续的关键。因此，必须有确凿证据证明企业继续开发该项无形资产有足够的技术支持和技术能力。

（2）财务资源和其他资源支持。财务资源和其他资源支持是能够完成该项无形资产开发的经济基础，因此，企业必须能够说明为完成该项无形资产开发所需的财务和其他资源，是否能够足以支持完成该项无形资产的开发。

（3）能够证明企业在开发过程中所需的技术、财务和其他资源，以及企业获得这些资源的相关计划等。如能够证明在企业自有资金不足以提供支持的情况下，是否存在外部其他方面的资金支持，如银行等金融机构愿意为该无形资产的开发提供所需资金的声明。

（4）有能力使用或出售该无形资产以取得收益。

5. 归属于该无形资产开发阶段的支出能够被可靠地计量

企业对于研发活动发生的支出应单独核算，如发生的研发人员的工资、材料费等，在企业同时从事多项研发活动的情况下，所发生的支出同时用于支持多项开发活动的，应按照一定的标准在各项开发活动之间进行合理分配，无法明确分配的，应予费用化计入当期损益，不计入开发活动的成本。

（三）内部研究开发费用的会计处理

1. 科目设置

为了准确归集从事研发活动的各项成本支出，企业应设置"研发支出"成本账户，将具体的研发项目作为二级科目，"费用化支出""资本化支出"设置为三级科目，并在此基础上，将具体的研发费用内容作为四级科目。参考设置为：研发支出——××研发项目——费用化支出——人工费等费用内容；研发支出——××研发项目——资本化支出——人工费等费用内容。

此外，也可按照高新技术企业划分的研发费用类别设置为四级科目，再将具体的费用内容设置为五级科目，如：研发支出——××研发项目——费用化支出——人员人工费——工薪（五险一金、劳务费等）；研发支出——××研发项目——资本化支出——人员人工费——工薪（五险一金、劳务费等）。此设置便于快速填报高新技术企业研究开发费用结构表。

2. 具体会计核算处理

企业自行开发无形资产发生的研发支出，不满足资本化条件的，借记"研发支出——费用化支出"，满足资本化条件的，借记"研发支出——资本化支出"，贷记"原材料""银行存款""应付职工薪酬"等科目。

研发项目达到预定用途形成无形资产的，应按"研发支出——资本化支出"的余额，借记"无形资产"科目，贷记"研发支出——资本化支出"。期（月）末，应将"研发支出"归集的费用化支出金额转入"管理费用"科目，借记"管理费用"科目，贷记"研发支出——费用化支出"。

"研发支出"期末借方余额，反映企业正在进行无形资产研发项目满足资本化条件的支出。

综上所述，企业从事研发活动有关业务的会计处理如下。

（1）相关研发费用发生时：

借：研发支出——费用化支出

——资本化支出

贷：原材料、应付职工薪酬等相关科目

（2）会计期末：将费用化支出结转到"管理费用"账户；对于资本化支出部分，则等到该无形资产达到预定用途时，才将其转入"无形资产"账户。

1）结转费用化支出：

借：管理费用

贷：研发支出——费用化支出

2）当资本化支出部分达到预定用途时：

借：无形资产

贷：研发支出——资本化支出

（3）对于已形成无形资产的研发费用，从其达到预定用途的当月起，按直线法摊销（税法规定的摊销年限不低于10年）。

借：管理费用

贷：累计摊销

【例3-2】2×21年1月1日，甲公司经董事会批准研发某项新产品专利技术，本年度在研发过程中发生材料费500万元、研发人员工资100万元，以及其他费用400万元，总计1 000万元。假定：

（1）研发费用均不符合资本化条件，全部计入当期损益；

（2）研发费用均符合资本化条件，该专利技术于2×22年1月达到预定用途，并采用直线法按10年摊销；

（3）研发费中符合资本化条件的支出为600万元，该专利技术于2×22年1月达到预定用途，并采用直线法按10年摊销。

分析：

（1）第一种情况的处理如下所示。

2×21年当各种研发费用发生时

借：研发支出——费用化支出　　10 000 000

贷：原材料　　　　　　　　　　　　　　　　5 000 000

　　应付职工薪酬　　　　　　　　　　　　　1 000 000

　　银行存款　　　　　　　　　　　　　　　4 000 000

会计期末

借：管理费用　　10 000 000

　　贷：研发支出——费用化支出　　10 000 000

（2）第二种情况的处理如下所示。

2×21年当各种研发费用发生时

借：研发支出——资本化支出　　10 000 000

　　贷：原材料　　　　　　　　　　　　　　5 000 000

　　　　应付职工薪酬　　　　　　　　　　　1 000 000

　　　　银行存款　　　　　　　　　　　　　4 000 000

2×21年年末，因该专利技术未达到预定用途，无须结转"研发支出——资本化支出"账户。

2×22年1月，该专利技术达到预定用途时

借：无形资产　　10 000 000

　　贷：研发支出——资本化支出　　10 000 000

从2×22年开始，分10年平均摊销

借：管理费用　　1 000 000

　　贷：累计摊销（10 000 000/10）　　1 000 000

（3）第三种情况的处理如下所示。

2×21年当各种研发费用发生时

借：研发支出——费用化支出　　4 000 000

　　研发支出——资本化支出　　6 000 000

　　贷：原材料　　　　　　　　　　　　　　5 000 000

　　　　应付职工薪酬　　　　　　　　　　　1 000 000

　　　　银行存款　　　　　　　　　　　　　4 000 000

2×21年每月末，将费用化支出转入"管理费用"账户（此处做的是一笔汇总分录），由于资本化支出部分未达到预定用途，无须结转"研发支出——资本化支

出"账户。

借：管理费用　　4 000 000
　　贷：研发支出——费用化支出　　4 000 000

2×22年1月，该专利技术达到预定用途时

借：无形资产　　6 000 000
　　贷：研发支出——资本化支出　　6 000 000

从2×22年开始，分10年平均摊销

借：管理费用　　600 000
　　贷：累计摊销（6 000 000/10）　　600 000

（四）会计上：研发费用的归集口径

1. 政策依据

会计上研发费用的归集口径的主要政策依据是：《企业财务通则（2007）》（财政部令第41号）及其配套规范《财政部关于企业加强研发费用财务管理的若干意见》（财企〔2007〕194号）。

2. 归集原则

会计上，在归集每个研发项目的各项支出是否属于研发费用时，可根据以下原则予以判断，即判断是否真实、是否相关、是否合理、是否合法合规。

3. 具体归集口径

《企业财务通则（2007）》第38条规定："企业技术开发和科技成果转化项目所需经费，可以通过建立研发准备金筹措，据实列入相关资产或者当期费用。符合国家规定条件的企业集团，可以集中使用研发费用，用于企业主导产品和核心技术的自主研发。"该政策文件提出了"研发费用"这一概念，但是并没有明确研发费用的具体构成，使得研发费用的具体管理策略无法实施。

2007年9月4日，财政部发布的《关于企业加强研发费用财务管理的若干意见》（财企〔2007〕194号）作为《企业财务通则（2007）》的重要配套规范，首先明确了研发费用的基本构成内容，将其在经济内容即劳动对象、劳动者、劳动手段三个方面的基础上细分为八个方面。具体来说，企业研发费用是指企业在产品、技术、材料、工艺、标准的研发过程中发生的各项费用，包括：

（1）研发活动直接消耗的材料、燃料和动力费；

（2）企业在职研发人员的工资、奖金、津贴、补贴、社会保险费、住房公积金等人工费用以及外聘研发人员的劳务费；

（3）用于研发活动的仪器、设备、房屋等固定资产的折旧费或租赁费以及相关固定资产的运行维护、维修等费用；

（4）用于研发活动的软件、专利权、非专利技术等无形资产的摊销费用；

（5）用于中间试验和产品试制的模具、工艺装备开发及制造费，设备调整及检验费，样品、样机及一般测试手段购置费，试制产品的检验费等；

（6）研发成果的论证、评审、验收、评估以及知识产权的申请费、注册费、代理费等费用；

（7）通过外包、合作研发等方式，委托其他单位、个人或者与之合作进行研发而支付的费用；

（8）与研发活动直接相关的其他费用，包括技术图书资料费、资料翻译费、会议费、差旅费、办公费、外事费、研发人员培训费、培养费、专家咨询费、高新科技研发保险费用等。

企业应当明确研发费用的开支范围和标准，制定严格的审批程序，并按照研发项目或者承担研发任务的单位，设立台账归集核算研发费用。企业依法取得知识产权后，在境内外发生的知识产权维护费、诉讼费、代理费、"打假"及其他相关费用支出，从管理费用据实列支，不应纳入研发费用。企业研发机构发生的各项开支应被纳入研发费用管理，但同时承担生产任务的，要合理划分研发与生产费用。

三、研发过程中各种研发支出的核算要求

企业投入人力、物力、财力从事新产品、新技术、新工艺的研发活动，其结果是希望形成某种知识产权如专利权、专有技术等，尽管其结果不一定能达到，但正确归集核算研发过程中的费用，有利于企业对研发活动的管理，也有利于企业对研发活动费用与生产费用的区分。

（一）正确划分资本性支出与收益性支出

对于企业投入到研发活动过程中的各种费用支出，应当依据费用支出的类型来判断是作为资本性支出还是收益性支出，具体包括：

（1）用于研发活动中的材料、设备、装置，如果其在将来没有其他用途，则此类支出应作为研发成本，在发生当期计入"研发支出"账户。

（2）用于研发活动中的材料、设备、装置，如果其在将来还有其他用途，则对于此类支出应当在购建时先予以资本化，计入"原材料""固定资产"等相关资产账户；其当期耗费的材料成本和设备、装置的当期折旧才作为研发成本，在耗费使用的当期计入"研发支出"账户。

（3）如果研发活动需要从外界购入无形资产并且该项无形资产被专门用于研发活动，则此项购置支出应作为研发成本计入购置当期的"研发支出"账户。

（4）如果购入的无形资产除用于研发活动外，尚有其他用途，那么购入的无形资产应当先计入"无形资产"账户，只将本期摊销额作为研发成本计入"研发支出"账户。

（二）研发支出的分类及会计处理

为了对研发支出进行不同的会计处理，企业需要区分为研发活动而发生的支出和应当归属于研发活动的成本（费用）。其中，支出是企业有计划的开支，包括货币支出和非货币支出；费用是已用于某一项目的开支，并应被记入当期损益；成本也是已用于某一项目的开支，但应予以资本化，即形成一项资产。

按照研发费用的有条件资本化处理方法的规定，归属于研究活动阶段的支出，应当费用化，即全部计入当年损益。归属于开发阶段的支出，在满足资本化条件下，应被确认为无形资产。但是对于为开展研发活动而产生的全部支出，则应按其用途进行分类，分别予以会计处理，而不应把全部开支归属于研发活动的费用或成本之中。

下面以某公司为例，来说明研发全部支出的分类及其会计处理，如表 3-1 所示。在表中，除 9、11、13、14 外都属于为开展研发活动的全部支出，在这些支出中，1、3、4、6 是不能立即费用化于当年的研发活动之中的。

表3-1 研发支出的分类及会计处理

序号	支出种类	会计处理
1	建设长期研究设施，以提供目前和将来研究与开发计划之用（为3层楼，40 000m²的建筑物）	3层楼的建筑物的全部造价立即被列为当年研究费用是错误的，应先予以资本化，当年计提的折旧才可作为当年的研发费用（成本）
2	购置仅提供目前计划使用的研发设备	应列为当年的研发费用（成本）
3	购置既可供目前又可供未来研发计划使用的设备	也应予以资本化，再按每年计提的折旧计入研发的费用（成本）
4	购进可供目前及未来研发计划使用的原料	应先借记存货，在耗用时再将耗用金额列入研发的费用（成本）
5	设计一项新扫描器的研究人员工资	应列为当年的研发费用（成本）
6	接受A公司委托研究一项新工艺，就其所需费用和报酬每月向A公司收款一次	应先列为"应收账款"，然后归集所发生的费用或成本，费用（成本）对冲后有余额再转化为"其他业务利润"
7	制造激光扫描器原型用的原料、人工与制造费用	计入当年的研发费用
8	测试原型与修改设计的原料、人工与制造费用	计入当年的研发费用
9	取得新激光扫描器专利权所发生的法律费用	资本化为专利权，再逐年摊销计入产品成本
10	主管人员的工资	计入管理费用
11	新激光扫描器的市场促销成本	计入销售费用
12	促使新激光扫描器进入生产阶段所发生的成本	计入当年的研发费用
13	保护激光扫描器专利权的成本	逐年摊销计入产品制造成本
14	销售人员销售新激光扫描器的佣金	逐年摊销计入产品销售费用

（三）正确区分委托研发与受托研发

企业根据合同安排，为其他企业承担研发活动即受托研发。这里面按合同规定发生的费用，不属于研发成本。在这种情况下，企业进行的研发活动应为一项能带来经济利益的经营活动。而委托方支付给受托方的价款，则属于委托方的研发成本。其中，对企业通过外包研发方式，委托其他单位、个人或者与之合作进行研发而支付的费用，仍通过"研发支出"账户进行核算。

（四）研发费用的归集程序

1. **确定研发活动的成本计算对象**

成本计算对象是指为计算某项研发项目的总投入而确定的归集研发费用的承担者。为了便于研发活动与生产活动的区分以及不同研发项目的区分，企业应以具体的某项研发项目为成本计算对象。

2. **设置研发支出成本明细账和成本项目**

企业应根据确定的具体研发项目设置研发支出成本明细账户，并根据管理上的需要设置成本项目。具体而言，建立以研发项目为基础的项目辅助账，分别按"费用化支出""资本化支出"的明细科目并以财企〔2007〕194号文规定的八项研发费用为具体成本项目设置二级账户，进而再分别以八项研发费用的具体核算内容为成本项目设置三级账户，参考格式如表3-2所示，"资本化支出"的设置类似；此外，也可按照高新技术企业划分的研发费用类别设置二级成本项目账户，再以具体核算内容设置三级成本项目，参考格式如表3-3所示。

3. **归集研发费用**

企业应根据设置的研发支出成本明细账户和成本项目归集研发费用。首先，在判断是不是研发费用时应遵循真实性原则、相关性原则、合理性原则、合法合规性原则等。其次，在归集中应把握两点：①直接计入，对于能够明确是某个研发项目发生的研发费用，就直接计入该研发项目的研发支出成本明细账户；②间接计入，对于是几个研发项目或者是研发项目与其他项目如生产项目共同发生的研发费用，则需根据成本计算对象的受益程度，按一定的标准合理分配计入。

4. **确定研发项目的成本计算期**

成本计算期是指归集研发费用的起止日期。对于费用化支出的研发费用按月归集，于月末转入管理费用账户；对于资本化支出的研发费用，按该研发项目的研发周期归集，即从研发项目符合资本化条件开始至达到预定用途，其成本计算期是不定期的。

表3-2 "研发支出——费用化支出"明细账（参考模板）
（根据企业具体研发费用的不同性质划分费用项目）
202×年度

单位：ABC有限公司　　项目名称及编号：　　研发周期：　　金额单位：元

时间	凭证号	摘要	费用项目									合计
			研发活动直接消耗			人员人工费			外聘研发人员劳务费	研发活动的固定资产费		
			材料	燃料	动力费	在职人员工薪	五险一金	…		折旧费	租赁费	维护维修费	…	
		本月合计												
		本年累计												

表 3-3 "研发支出——费用化支出"明细账（参考模板）
（以高新技术企业划分的研发费用类别作为费用项目）

202×年度

单位：ABC有限公司　　项目名称及编号：　　研发周期：　　金额单位：元

时间	凭证号	摘要	人员人工费用			直接投入费用			折旧费用与长期待摊费用			无形资产摊销费用			设计费用			装备调试费用与试验费用			其他费用			委外研发费用		合计
			在职工薪	五险一金	劳务费 …	材料费	中试费	…	折旧费用	长期待摊费用	…	软件摊销	…		新产品设计费	…		装备调试费用	临床试验费	…	技术图书资料费	知识产权申请费	…	委托境内研发费用	…	
		本月合计																								
		本年累计																								

四、企业研发费用的列报

（一）财务会计报告的构成

《企业会计准则——基本准则》第44条规定："财务会计报告是指企业对外提供的反映企业某一特定日期的财务状况和某一会计期间的经营成果、现金流量等会计信息的文件。财务会计报告包括会计报表及其附注和其他应当在财务会计报告中披露的相关信息和资料。会计报表至少应当包括资产负债表、利润表、现金流量表等报表。"《企业会计准则第30号——财务报表列报》第2条规定："财务报表是对企业财务状况、经营成果和现金流量的结构性表述。财务报表至少应当包括下列组成部分：资产负债表、利润表、现金流量表、所有者权益变动表和附注。"因此，按照会计准则的规定，财务会计报告构成如图3-4所示。

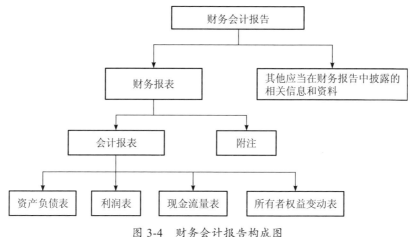

图3-4　财务会计报告构成图

（二）企业研发费用的列报

会计准则把通过会计报表传达会计信息称为"列示"，把通过附注传达信息称为"披露"，把通过财务报表传达信息统称为"列报"。会计信息的列示首先必须按照会计准则的各种规定进行确认和计量，然后才能按照规定的格式进行表述。会计信息的披露则相对宽松，不需要通过确认和计量的程序，而且更多地包含了用文字表述的定性信息。

因此，企业在会计期末编制会计报表时，应将本会计期内发生的研发费用根据其不同的处理结果在报表中的不同项目内列示。具体而言，分以下情况列示。

（1）当期费用化处理的研发费：列示于利润表中的"研发费用"项目。

（2）当期资本化处理的研发费：

1）会计期末，还未达到预定用途形成无形资产的，被列示于资产负债表中的"开发支出"项目，根据"研发支出——资本化支出"的期末余额直接填列；

2）会计期末，已达到预定用途并形成无形资产的部分，被列示于资产负债表中的"无形资产"项目。

除此之外，根据《企业会计准则第6号——无形资产》第24条第五款的规定，企业应当在附注中披露计入当期损益和确认为无形资产的研发支出金额。

第四节 企业研发费用归集的不同口径对比

在激励企业研发创新的税收优惠政策中，研发费用已成为享受税收优惠必不可少的关键指标，如针对创新行为优惠的研发费用加计扣除，以及针对创新主体优惠的创投企业、高新技术企业、软件和集成电路企业等都涉及研发费用这一关键指标。

一、不同口径依据及列报要求

如前所述，研发费用的日常会计核算遵循《企业会计准则》，只要与研发活动有关的一切合理必要、合规、真实发生的支出费用均为研发费用归集口径（简称"会计口径"）。鉴于不同税收政策对研发费用的归集口径或研发费用占比指标的要求不尽相同，通常来说，企业应在研发费用会计口径归集的基础上，再按各税收政策要求予以归集并填报相关纳税申报表。目前，研发费用涉及的税务口径主要是加计扣除口径和高新技术企业口径两个。根据软件和集成电路企业的相关税收激励政策规定，其研发费用的归集口径采纳的是加计扣除口径。综上，有关不同口径归集依据及列报要求如表3-4所示。

表3-4 研发费用不同口径的归集依据及列报要求

	会计口径	高企口径	加计扣除口径
日常核算	• 遵循《企业会计准则》《小企业会计准则》 • 归集原则：判断是否真实、是否相关、是否合理、是否合法合规		
不同口径归集依据	《财政部关于加强企业研发费用财务管理的若干意见》（财企〔2007〕194号）	高企认定管理办法及工作指引	《关于完善研究开发费用税前加计扣除政策的通知》（财税〔2015〕119号） 国税总局公告〔2015〕97号 国税总局公告〔2017〕40号 财税〔2018〕64号
列报要求	• 资产负债表 • 利润表 • 附注	• 企业年度研发费用结构明细表 • 年度高新技术企业发展情况报表 • 高新技术企业优惠情况及明细表（A107041）	研发费用加计扣除优惠明细表（A107012） 备注：软件和集成电路企业研发费用指标采纳的是加计扣除归集口径

二、研发费用不同口径归集的路径

在激励企业研发创新的各类财税政策中，研发费用指标是核心和关键。如申报政府科技计划项目、申请高新技术企业认定、享受研发费用加计扣除优惠及软件和集成电路企业税收优惠，以及完成研发投入统计的填报等都涉及研发费用指标。如表3-4所示，现阶段我国企业研发费用归集口径的依据主要包括会计口径、高企口径和加计扣除口径，其中申报政府科技计划项目、研发投入统计直接采纳会计口径，软件和集成电路企业采纳的是加计扣除口径。

基于行业财税一体化的理念，研发费用不同口径归集是以建立在研发业务基础上的会计口径为基准，再根据不同财税政策对研发费用口径归集要求，分别从会计数据中采集与政策匹配的、合规的不同研发费用数据。为此，研发费用不同口径的归集路径如图3-5所示。

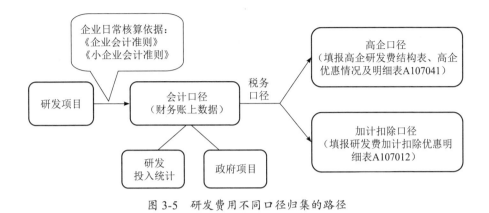

图 3-5　研发费用不同口径归集的路径

三、研发费用不同口径差异对比

因为研发费用归集的会计口径、高企口径和加计扣除口径适用于不同的财税政策目标，所以在具体费用开支内容上有一定差异，三者的关系表现为：会计口径＞高企口径＞加计扣除口径。为便于理解和对比，现以高企口径的八大费用类别即"人员人工费用、直接投入费用、折旧费用与长期待摊费用、无形资产摊销费用、设计费用、装备调试费用与试验费用、其他费用以及委托外部研究开发费用"为参照，逐一进行差异对比分析，具体如表 3-5～表 3-11 所示。

（一）人员人工费用对比

在研发人工成本方面，差异主要体现在两方面。

一是对人的界定。三种口径都包括在职和外聘两大类。会计口径和加计扣除口径均指研发人员，高企口径则要宽泛些，只要是指科技人员。

二是对人工成本具体内容的界定。三种口径在外聘人员费用方面内容相同，均为劳务费用；对在职人员费用方面的具体内容则有差异，其中会计口径内容涵盖最广，只要是发生在"人"身上的费用均可，不仅仅是工薪和五险一金，还包括如职工福利费、补充养老保险费、补充医疗保险费、教育经费、工会经费、股权激励等；高企和加计扣除口径则都仅包括工薪和五险一金。具体差异对比如表 3-5 所示。

表3-5 研发费用不同归集口径对比

（人员人工费用）

类别	会计口径	高企口径	加计扣除口径
① 人员人工费用	• 企业在职研发人员的工资、奖金、津贴、补贴、社会保险费、住房公积金等人工费用 • 外聘研发人员的劳务费用	• 企业科技人员的工资薪金、基本养老保险费、基本医疗保险费、失业保险费、工伤保险费、生育保险费和住房公积金 • 外聘科技人员的劳务费用	• 直接从事研发活动人员的工资薪金、基本养老保险费、基本医疗保险费、失业保险费、工伤保险费、生育保险费和住房公积金 • 外聘研发人员的劳务费用

（二）直接投入费用对比

在直接投入费用方面，主要包括三方面内容：一是研发消耗的材料、燃料和动力费用的存货类投入；二是中间实验和产品试制阶段的相关费用投入；三是研发固定资产的租赁费及其运行维护、维修等费用，此处不包括折旧费。

对直接投入费用，三种口径归集内容几乎相同，差异主要体现在固定资产类别方面：会计口径涵盖所有与研发相关的固定资产类别，如仪器设备、房屋等；高企和加计扣除口径仅包括仪器设备类固定资产的相关费用，不包含房屋等其他类别的固定资产。具体差异对比如表3-6所示。

表3-6 研发费用不同归集口径对比

（直接投入费用）

类别	会计口径	高企口径	加计扣除口径
② 直接投入费用	• 研发活动直接消耗的材料、燃料和动力费用 • 用于中间试验和产品试制的模具、工艺装备开发及制造费，设备调整及检验费，样品、样机及一般测试手段购置费，试制产品的检验费等 • 用于研发活动的仪器、设备、房屋等固定资产的租赁费以及相关固定资产的运行维护、维修等费用	• 直接消耗的材料、燃料和动力费用 • 用于中间试验和产品试制的模具、工艺装备开发及制造费，不构成固定资产的样品、样机及一般测试手段购置费，试制产品的检验费 • 用于研发活动的仪器、设备的运行维护、调整、检验、检测、维修等费用，以及通过经营租赁方式租入的用于研发活动的固定资产租赁费	• 研发活动直接消耗的材料、燃料和动力费用 • 用于中间试验和产品试制的模具、工艺装备开发及制造费，不构成固定资产的样品、样机及一般测试手段购置费，试制产品的检验费 • 用于研发活动的仪器、设备的运行维护、调整、检验、维修等费用，以及通过经营租赁方式租入的用于研发活动的仪器、设备租赁费

（三）折旧费用与长期待摊费用对比

在折旧费用与长期待摊费用方面，涉及两部分内容。一是折旧费用。会计和高企口径相同，都涵盖仪器、设备、房屋等所有研发固定资产的折旧费；加计扣除口径较小，仅包括研发使用的仪器、设备折旧费，不包括房屋等其他固定资产折旧费。二是长期待摊费用，仅高企口径包括。从会计核算角度看，长期待摊费用是指研发设施的后续支出未能资本化增加固定资产成本且金额较大而被计入长期待摊费用予以分期摊销。具体差异对比如表3-7所示。

表3-7 研发费用不同归集口径对比

（折旧费用与长期待摊费用）

类别	会计口径	高企口径	加计扣除口径
③折旧费用与长期待摊费用	● 用于研发活动的仪器、设备、房屋等固定资产的折旧费	● 折旧费用：用于研发活动的仪器、设备和在用建筑物的折旧费 ● 长期待摊费用：研发设施的改建、改装、装修和修理过程中发生的长期待摊费用	● 用于研发活动的仪器、设备的折旧费

（四）无形资产摊销费用对比

在无形资产摊销费用方面，就归集口径具体内容的实质看，三种口径一致。具体差异对比如表3-8所示。

表3-8 研发费用不同归集口径对比

（无形资产待摊费用）

类别	会计口径	高企口径	加计扣除口径
④无形资产摊销费用	● 用于研发活动的软件、专利权、非专利技术等无形资产的摊销费用	● 用于研发活动的软件、知识产权、非专利技术（专有技术、许可证、设计和计算方法等）的摊销费用	● 用于研发活动的软件、专利权、非专利技术（包括许可证、专有技术、设计和计算方法等）的摊销费用

（五）设计费用、装备调试费用与试验费用对比

在设计费用、装备调试费用与试验费用方面，会计口径没有单独列支。其中设计费用方面，高企口径与加计扣除口径的实质内容相同；装备调试费用方面，仅指高企口径；试验费用方面，加计扣除口径列举了新药研制的临床试验费和勘探开发技术的现场试验费，而高企口径还包括田间试验费等。具体差异对比如表3-9所示。

表3-9 研发费用不同归集口径对比

（设计费用、装备调试费用与试验费用）

类别	会计口径	高企口径	加计扣除口径
⑤设计费用		● 为新产品和新工艺进行构思、开发和制造，进行工序、技术规范、规程制定、操作特性方面的设计等发生的费用 ● 包括为获得创新性、创意性、突破性产品进行的创意设计活动发生的相关费用	● 新产品设计费 ● 新工艺规程制定费
⑥装备调试费用与试验费用		● 装备调试费用：工装准备过程中研发活动所发生的费用，包括研制特殊、专用的生产机器，改变生产和质量控制程序或制定新方法及标准等活动所发生的费用。为大规模批量化和商业化生产所进行的常规性工装准备和工业工程发生的费用不能计入归集范围 ● 试验费用：包括新药研制的临床试验费、勘探开发技术的现场试验费、田间试验费等	● 新药研制的临床试验费 ● 勘探开发技术的现场试验费

（六）其他费用对比

在其他费用这一兜底内容方面，会计口径没有比例限制，只要跟研发相关的其他必要的合理、合法、合规的费用都算；高企口径则限制在研发费用总额的20%以内；加计扣除口径更严格，既要限制在列举的四项其他费用之内，又有比例限制不超过可加计扣除研发费用总额的10%。具体差异对比如表3-10所示。

表3-10 研发费用不同归集口径对比

（其他费用）

类别	会计口径	高企口径	加计扣除口径
⑦ 其他费用	● 与研发活动直接相关的其他费用，包括： 1）技术图书资料费、资料翻译费、专家咨询费、高新科技研发保险费用 2）研发成果的论证、评审、验收、评估费等 3）知识产权的申请费、注册费、代理费等 4）会议费、差旅费、办公费、外事费、研发人员培训费、培养费等	● 上述费用之外与研发活动直接相关的其他费用，包括： 1）技术图书资料费、资料翻译费、专家咨询费、高新科技研发保险费 2）研发成果的检索、论证、评审、鉴定、验收费用 3）知识产权的申请费、注册费、代理费 4）会议费、差旅费、通信费等 ● 此项费用一般不得超过研发总费用的20%，另有规定的除外	● 与研发活动直接相关的其他费用，如： 1）技术图书资料费、资料翻译费、专家咨询费、高新科技研发保险费 2）研发成果的检索、分析、评议、论证、鉴定、评审、评估、验收费用 3）知识产权的申请费、注册费、代理费 4）差旅费、会议费 5）职工福利费、补充养老保险费、补充医疗保险费 ● 此项费用总额不得超过可加计扣除研发费用总额的10%

（七）委托外部研究开发费用对比

在委托外部研究开发费用方面，差异主要体现在两方面。一是对受托方是否有限制。会计口径和高企口径均无限制，可以是委托境内外的机构或个人；加计扣除口径则有限制，不包括委托境外个人。二是对委外研发费用金额是否有比例限制。这一点会计口径100%计入无限制；高企口径和加计扣除口径均不超过实际发生额的80%；此外，加计扣除口径对委托境外研发费用还要求不超过境内符合条件研发费用的2/3。具体差异对比如表3-11所示。

表3-11 研发费用不同归集口径对比

（委托外部研究开发费用）

类别	会计口径	高企口径	加计扣除口径
⑧委托外部研发费用	通过外包、合作研发等方式，委托其他单位、个人或者与之合作进行研发而支付的费用	• 企业委托境内外其他机构或个人进行研发活动所发生的费用（研发活动成果为委托方企业拥有，且与该企业的主要经营业务紧密相关） • 委托外部研发费用的实际发生额应按照独立交易原则确定，按照实际发生额的80%计入委托方研发费用总额	• 委托境内外机构或境内个人进行研发活动所发生的费用，按照实际发生额的80%计入委托方研发费用并计算加计扣除，受托方不得再进行加计扣除。同时，委托境外研发费用不超过境内符合条件研发费用的2/3 • 委托方与受托方存在关联关系的，受托方应向委托方提供研发项目费用支出明细情况 • 委托外部研发费用实际发生额应按照独立交易原则确定 • 委托个人研发的，应凭个人出具的发票等合法有效凭证做加计扣除 • 委托开发合同需做技术合同登记

第五节 研发成果的后续计量、处置与披露

一、研发成果（自创无形资产）的后续计量

（一）基本原则

企业自行研发形成无形资产，从其达到预定用途开始，在其后使用该项自创无形资产期间内，应以成本减去累计摊销额和累计减值损失后的余额进行后续计量。其应遵循的基本原则如下所示。

1. 区分使用寿命有限的自创无形资产和具有不确定使用寿命的自创无形资产

《企业会计准则第6号——无形资产》第16条规定："企业应当于取得无形资产时分析判断其使用寿命。无形资产的使用寿命为有限的，应当估计该使用寿命的年限或者构成使用寿命的产量等类似计量单位数量；无法预见无形资产为企业带来经济利益期限的，应当视为使用寿命不确定的无形资产。"因此，企业自行研发形成的无形资产，从其达到预定用途开始，就应对其使用寿命进行慎重的分析和判断：对使用寿命有限的自创无形资产需要摊销，而对于使用寿命不确定的自创无

形资产则不需要摊销，而是在会计期末进行减值测试。

（1）对于使用寿命有限的自创无形资产，可以认为或假设其价值会随着使用和时间的流逝而逐渐降低，因此对于使用寿命有限的无形资产按照年限进行系统的摊销是合乎逻辑的。

（2）对于使用寿命不确定的自创无形资产，由于缺乏明确、有效的证据证明其价值会随着使用或时间的流逝而逐渐降低，且因为没有明确的摊销年限，所以不应该逐期摊销，而应该在每个资产负债表日，通过判断是否存在减值的迹象从而比较其可回收额与账面价值，以决定是否计提减值准备。

2. 考虑自创无形资产使用寿命的因素

无形资产的使用寿命包括法定寿命和经济寿命。其中法定寿命是受法律、规章、合同的限制，如我国法律规定发明专利权有效期为 20 年，商标权的有效期为 10 年。经济寿命是指无形资产可以为企业带来经济利益的年限，如非专利技术、永久性特许经营权。由于受技术进步、市场竞争等因素的影响，无形资产的经济寿命往往短于法定寿命。因此确定无形资产使用寿命的原则是"合同年限与法律规定年限孰低"，具体原则如下。

（1）如果合同规定中有明确年限，而法律没有规定有效年限的，那么以合同规定的年限为基础确定使用寿命；

（2）如果合同规定中没有明确年限，而法律规定了有效年限的，那么按照法律规定的有效年限确定使用寿命；

（3）如果合同规定中有明确年限，而法律也规定了有效年限的，那么按照"合同规定的年限和法律规定的年限孰低"原则确定使用寿命。

企业在估计自创无形资产的使用寿命时，应当综合考虑各方面相关因素的影响，合理确定自创无形资产的使用寿命。通常企业应考虑以下因素：该资产通常的产品寿命周期以及可获得的类似资产使用寿命的信息；技术、工艺等方面的现实情况及对未来发展的估计；以该资产生产的产品或服务的市场需求情况；现在或潜在竞争者预期采取的行动；为维护该资产产生未来经济利益的能力以及企业预计支付有关支出的能力；对该资产的控制期限、对该资产使用的法律或类似限制，如特许使用期间、租赁期间等；与企业持有的其他资产使用寿命的关联性等。

3. 自创无形资产使用寿命的确定

源自合同性权利或其他法定权利取得的无形资产，其使用寿命不应超过合同性权利或其他法定权利的期限。如果合同性权利或其他法定权利能够在到期时因续约延续，且当有证据表明企业续约不需要付出重大成本时，那么续约期才能够包括在使用寿命的估计中。例如，下列情况一般说明企业无须付出重大成本即可延续合同性权利或其他法定权利：有证据表明合同性权利或法定权利将被重新延续，如果在延续之前需要第三方同意，那么还需要有第三方将会同意的证据；有证据表明为获得重新延续所需要的所有条件将被满足，以及企业为延续持有无形资产付出的成本相对于预期从重新延续中流入企业的未来经济利益相比不具有重要性。如果企业在延续无形资产持有期间时付出的成本与预期流入企业的未来经济利益相比具有重要性，那么从本质上看是企业获得了一项新的无形资产。

对于没有明确的合同或法律规定的无形资产，企业应当综合各方面情况，如聘请相关专家进行论证、与同行业企业的情况进行比较以及分析企业的历史经验等，来确定无形资产为企业带来未来经济利益的期限，如果经过这些努力确实无法合理确定无形资产为企业带来经济利益期限，那么再将其作为使用寿命不确定的无形资产。

4. 无形资产使用寿命的复核

企业至少应当于每年年度终了，对无形资产的使用寿命进行复核，如果有证据表明无形资产的使用寿命不同于以前的估计，由于合同的续约或无形资产应用条件的改善延长了无形资产的使用寿命，企业应改变使用寿命有限的无形资产的摊销年限，并按照《企业会计准则第28号——会计政策、会计估计变更和差错更正》进行处理。

对于使用寿命不确定的无形资产，如果有证据表明其使用寿命是有限的，应当按照会计估计变更处理，并按照无形资产准则中关于使用寿命有限的无形资产的处理原则进行处理。

（二）使用寿命有限的无形资产摊销

无形资产的摊销期从其可供使用时（即其达到能够按管理层预定的方式运作所必需的状态）开始到确认时终止。在无形资产的使用寿命内系统地分摊其应摊销金额存在多种方法。这些方法包括直线法、生产总量法等。企业对某项无形资产摊销所使用的方法应依据从资产中获取的预期未来经济利益的预期消耗方式来选择，并将其一致地运用于不同会计期间。例如，企业对受技术陈旧因素影响较大的专利权和专有技术等自创无形资产，可采用类似固定资产加速折旧的方法进行摊销；对有特定产量限制的特许经营权或专利权，应采用产量法进行摊销。

无形资产的摊销一般应被计入当期损益，但如果某项无形资产专门用于生产某种产品，其所包含的经济利益通过转入到所生产的产品中体现。无形资产的摊销费用应构成产品成本的一部分。

无形资产的残值一般为 0，除非有第三方承诺在无形资产使用寿命结束时，愿意以一定的价格购买该项无形资产或是存在活跃的市场。企业通过市场可以得到无形资产使用寿命结束时的残值信息，并且从当前情况看，在无形资产使用寿命结束时，该市场还可能存在的情况下，无形资产可以存在残值。

【例 3-3】某公司自行开发一项专利权，开发成本为 200 万元。该专利权的使用寿命为 10 年，不考虑残值的因素。相关账务处理如下所示。

借：无形资产——专利权　　2 000 000

　贷：研发支出——资本化支出　　2 000 000

借：管理费用　　200 000

　贷：无形资产——专利权　　200 000

（三）使用寿命不确定的自创无形资产

根据可获得的情况判断，有确凿证据表明无法合理估计其使用寿命的无形资产，才能作为使用寿命不确定的无形资产。企业不能随意判断使用寿命不确定的无形资产。按照无形资产准则规定，对于使用寿命不确定的无形资产，在持有期间内不需要摊销，如果期末重新复核后仍为不确定的，则应当在每个会计期间进行减值测试。按照《企业会计准则第 8 号——资产减值》的规定，需要计提减值准备的，相应计提有关的减值准备。其相关的账务处理为：借记"资产减值损失"科目，贷记"无形资产减值准备"科目。

二、自创无形资产的处置

自创无形资产的处置主要是指无形资产出售、对外出租、对外捐赠，或者是无法为企业带来未来经济利益时，应予转销并终止确认。这里主要介绍自创无形资产的出售、出租及报废。

（一）自创无形资产的出售

企业出售自创无形资产时，应将所取得的价款与该自创无形资产账面价值的差额计入当期损益。如果企业是专门从事研发的研究机构，则自创无形资产的销售收入应作为主营业务收入处理，反之则按照持有待售非流动资产、处置组的相关规定进行会计处理，通过资产处置损益予以核算。

【例3-4】某公司将以前自行开发的一项非专利技术出售，取得收入6 000 000元（享受免征增值税优惠政策），该非专利技术的研发成本为2 000 000元，累计摊销额为800 000元，已计提的减值准备为100 000元。

账务处理如下所示。

借：银行存款　　　　　6 000 000
　　累计摊销　　　　　　800 000
　　无形资产减值准备　　100 000
　　贷：无形资产　　　　　　　　　　　　2 000 000
　　　　资产处置损益——处置非流动资产利得　4 900 000

（二）自创无形资产的出租

企业将所拥有的无形资产的使用权让渡给他人，并收取租金，属于与企业日常活动相关的其他经营活动取得的收入，在满足收入准则规定确认标准的情况下，应确认相关的收入及成本，并通过其他业务收支科目进行核算。

【例3-5】某企业将自行开发的一项专利权出租给另外一个企业使用，该专利权账面余额为7 000 000元，摊销期限为10年。出租合同规定，承租方每销售一件用该专利技术生产的产品，必须付给出租方10元专利技术使用费。假定承租方当年销售该产品 12 万件，假定不考虑其他相关税费，出租方的账务处理如下所示。

借：银行存款　　　1 200 000
　　贷：其他业务收入　　　　　1 200 000
借：其他业务成本　700 000
　　贷：累计摊销　　　　　　　700 000

（三）自创无形资产的报废

如果自创无形资产预期不能为企业带来未来经济利益，那么它就不再符合无形资产的定义，应将其转销。例如，该自创无形资产已被其他新技术所替代，不能为企业带来经济利益；该自创无形资产不再受法律保护，且不能给企业带来经济利益等。现实中的一个例子是某企业的一项自创无形资产法律保护期已过，用其生产的产品没有市场，则说明该自创无形资产无法为企业带来未来经济利益，应予转销。

自创无形资产预期不能为企业带来经济利益的，应按已摊销的累计摊销额，借记"累计摊销"科目；原已计提减值准备的，借记"无形资产减值准备"科目；按其账面余额，贷记"无形资产"科目；按其差额，借记"营业外支出"科目。

【例3-6】某企业自行开发的某项专利技术，其账面余额为600万元，摊销期限为10年，采用直线法摊销，已摊销了5年。假定该专利权的残值为0，计提的减值准备为16万元，今年用其生产的产品没有市场，应予转销。假定不考虑其他相关因素，其账务处理如下所示。

借：累计摊销　　　　　　　　　　　　3 000 000
　　无形资产减值准备　　　　　　　　1 600 000
　　营业外支出——处置非流动资产损失　1 400 000
　　贷：无形资产——专利权　　　　　　　　　6 000 000

三、研发成果（知识产权）的披露

（一）自主研发成果（知识产权）的会计确认类别

通过前面分析可知，企业投入人力、物力、财力等从事研发活动，目的是希望形成如专利、专有技术等新的知识产权,并通过对自创无形资产的出售、出租、内部使用等方式获取经济利益。但是从会计核算角度,根据《企业会计准则第6号——无形资产(2006)》相关规定,企业通过自行开发形成的知识产权包括两类:一是账上确认为无形资产的知识产权;二是未作为无形资产确认的知识产权,即指企业拥有或控制的、预期会给企业带来经济利益的,但由于不满足无形资产确认条件而未确认为无形资产的知识产权。

(二)知识产权的披露要求

为加强企业知识产权资产会计核算和管理,规范企业知识产权相关会计信息披露,2018年11月5日财政部、国家知识产权局联合印发了《知识产权相关会计信息披露规定》(财会〔2018〕30号)。该文件对知识产权资产提出了五项强制披露要求(针对确认为无形资产的知识产权)和一项自愿披露要求(针对未作为无形资产确认的知识产权),具体如下。

1. 确认为无形资产的知识产权:强制披露内容

对确认为无形资产的知识产权,企业必须在会计报表附注中对其相关会计信息强制披露下列内容。

(1)披露格式。企业应当按照类别对确认为无形资产的知识产权相关会计信息进行披露,具体披露格式如表3-12所示。

表3-12 确认为无形资产的知识产权相关会计信息披露格式

项目	专利权	商标权	著作权	其他	合计
一、账面原值					
1. 期初余额					
2. 本期增加额					
购置					
内部研发					
企业合并增加					
其他增加					
3. 本期减少金额					
处置					

（续）

项目	专利权	商标权	著作权	其他	合计
失效且终止确认的部分					
其他					
二、累计摊销					
1. 期初余额					
2. 本期增加金额					
计提					
3. 本期减少金额					
处置					
失效且终止确认的部分					
其他					
4. 期末余额					
三、减值准备					
1. 期初余额					
2. 本期增加金额					
3. 本期减少金额					
4. 期末余额					
四、账面价值					
1. 期末账面价值					
2. 期初账面价值					

为给财务报表使用者提供更多相关的信息，企业可以根据自身情况将无形资产的类别进行合并或者拆分。

（2）分类披露。对于使用寿命有限的无形资产，企业应当披露其使用寿命的估计情况及摊销方法；对于使用寿命不确定的无形资产，企业应当披露其账面价值及使用寿命不确定的判断依据。

（3）变更事项披露要求。企业应当按照《企业会计准则第28号——会计政策、会计估计变更和差错更正》的规定，披露对无形资产的摊销期、摊销方法或残值的变更内容、原因以及对当期和未来期间的影响力。

（4）企业应当单独披露对企业财务报表具有重要影响的单项无形资产的内容、

账面价值和剩余摊销期限。

（5）企业应当披露所有权或使用权受到限制的无形资产账面价值、当期摊销额等情况。

2. 未作为无形资产确认的知识产权：自愿披露内容

对未作为无形资产确认的知识产权，企业可以根据实际情况，自愿披露其以下相关信息。

（1）知识产权的应用情况，包括知识产权的产品应用、作价出资、转让许可等情况。

（2）重大交易事项中涉及的知识产权对该交易事项的影响及风险分析，重大交易事项包括但不限于企业的经营活动、投融资活动、质押融资、关联方及关联交易、承诺事项、或有事项、债务重组、资产置换、专利交叉许可等。

（3）处于申请状态的知识产权的开始资本化时间、申请状态等信息。

（4）知识产权权利失效的（包括失效后不继续确认的知识产权和继续确认的知识产权），披露其失效事由、账面原值及累计摊销、失效部分的会计处理，以及知识产权失效对企业的影响及风险分析。

（5）企业认为有必要披露的其他知识产权相关信息。

第 四 章
科技计划项目专项资金管理与财税处理

财政科技投入是政府支持研发创新的政策工具之一。企业作为自主创新的主体，通过积极申报各级政府科技计划项目，既可部分解决企业研发资金不足的问题，也可因获取政府资源而提升企业创新能力和品牌效应。但是，政府对科技计划项目在立项、研发过程、结题验收、绩效评价等环节均有一系列的监管政策，尤其是在专项资金管理和会计核算方面，要求专款专用、单独核算。这些趋严的监管措施和企业自主立项的研发项目相比，在具体管理措施和管理权限上都有很大的不同，稍有不慎，可能导致科研信用受损进而影响企业声誉。因此，如何对科技计划项目专项资金进行管理和会计核算以及税务处理成为多数企业关注的热点问题之一。本章的知识架构如图 4-1 所示。

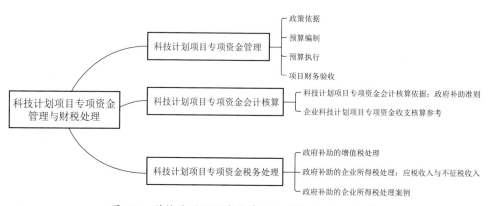

图 4-1　科技计划项目资金管理与财税处理知识架构

第一节　科技计划项目专项资金管理

一般来说，企业要用好管好政府科技计划项目专项资金，需从政策依据、预算编制、预算执行、财务验收四个方面加以管控。

一、政策依据

（一）熟知国家层面政策

改革开放以来，我国财政科技拨款经历了行政供给制（1978～1985年）、科学事业费制（1986～1999年）、部门归口制（2000～2013年）和集中统筹制（2014年至今）阶段。2014年，国务院先后发布了《关于改进加强中央财政科研项目和资金管理的若干意见》（国发〔2014〕11号）、《关于深化中央财政科技计划（专项、基金等）管理改革的方案》（国发〔2014〕64号），此次对科技计划管理改革的亮点是：建立公开统一的国家科技管理平台，要求各政府部门通过统一的科技管理平台，构建决策、咨询、执行、评价、监管等各环节职责清晰、协调衔接的新管理体系。具体内容包括三方面：①一个决策平台，即建立部际联席会议制度；②三大运行支柱，包括依托专业机构管理项目、发挥战略咨询与综合评审委员会的作用、统一的评估和监管机制；③一套管理系统，即国家科技管理信息系统。

在上述财政科技计划管理改革方案的大背景下，国家相继出台了一系列有关科技计划项目专项资金管理文件，具体如表4-1所示。企业申报科技计划项目的相关研发人员、科技管理人员和财务人员需要熟知下述政策文件要点，以便在政府科研项目申报、项目执行、结题验收等环节的管理中做到合法合规，避免不必要的政策风险。

表4-1　有关科技计划项目专项资金管理之国家层面政策

序号	文件名（文件号）
1	国务院《关于改进加强中央财政科研项目和资金管理的若干意见》（国发〔2014〕11号）
2	国务院《关于深化中央财政科技计划（专项、基金等）管理改革方案的通知》（国发〔2014〕64号）

（续）

序号	文件名（文件号）
3	中共中央办公厅 国务院办公厅《关于进一步完善中央财政科研项目资金管理等政策的若干意见》（中办发〔2016〕50号）
4	财政部 科学技术部 教育部 国家发展改革委《关于进一步做好中央财政科研项目资金管理等政策贯彻落实工作的通知》（财科教〔2017〕6号）
5	财政部 科学技术部《国家重点研发计划资金管理办法》（财科教〔2016〕113号）
6	科学技术部 财政部《国家重点研发计划管理暂行办法》（国科发资〔2017〕152号）
7	《国务院关于优化科研管理提升科研绩效若干措施的通知》（国发〔2018〕25号）
8	中共中央办公厅、国务院办公厅《关于进一步加强科研诚信建设的若干意见》
9	国务院办公厅《关于抓好赋予科研机构和人员更大自主权有关文件贯彻落实工作的通知》（国办发〔2018〕127号）
10	科学技术部办公厅关于印发《国家重点研发计划项目综合绩效评价工作规范（试行）》的通知（国科办资〔2018〕107号）
11	科学技术部 财政部《关于进一步优化国家重点研发计划项目和资金管理的通知》（国科发资〔2019〕45号）

（二）特定科技计划项目的政策关注点

对于申报的某项具体科技计划项目，首先，企业至少应熟知以下相关内容：①××科技项目管理办法；②××科技项目专项资金管理办法；③××科技项目申请书；④××科技项目合同书（或项目任务书）。

其次，企业需熟悉不同资助方式下的科研项目管理流程，并把握各环节的关注点。根据资金拨付时间不同，科研项目资助方式分为前补助项目（即事前立项、事前资助）和后补助项目（即事前立项、事后资助，也称预立项管理项目）两类。这两类资助项目的管理流程分别如图4-2、图4-3所示。

最后，企业需要熟知和领会科技计划项目专项资金使用的总体要求。这主要包括以下四点：①遵守国家财经纪律，执行国家统一财会制度；②专款专用，不得弄虚作假、截留、挤占、挪用；③项目经费实行合同制管理；④单独核算，单独列账，建立备查簿。

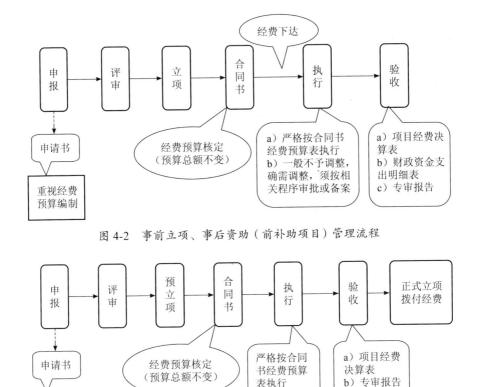

图 4-2　事前立项、事后资助（前补助项目）管理流程

图 4-3　预立项管理（后补助项目）流程

二、预算编制

项目预算由收入预算和支出预算构成。从企业申报政府科技计划项目的角度看，可先通过项目申报指南了解和熟知特定资助项目计划及专项资金管理的相关政策；然后结合拟申报项目的研究目标、研究任务、研究周期与进度计划、预期成果以及企业现有研发资源状况等，合理确定项目预算总额；最后，在项目预算总额合理确定基础上，申报企业应当按照政策相符性、目标相关性和经济合理性原则，科学、合理、真实地编制预算，包括资金来源预算和资金支出预算。对申报企业来说，合理编制经费预算，有助于未来期间项目执行、监督检查和结题验收等相关工作的开展以及风险管控。

（一）预算编制原则

项目预算编制时，申报应当根据项目任务的合理需要，始终坚持以下三个原则。

1. 政策相符性原则

项目预算科目的开支范围和开支标准，应符合国家财经法规和《资金管理办法》的相关规定。

2. 目标相关性原则

项目预算应以其任务目标为依据，预算支出应与项目研究开发任务密切相关，预算的总量、结构等应与设定的项目任务目标、工作内容、工作量及技术路线相符。

3. 经济合理性原则

项目预算应综合考虑国内外同类研发活动的状况以及我国相关产业行业特点等，与同类科研活动支出水平相匹配，并结合项目研发的现有基础、前期投入和支撑条件，在考虑技术创新风险和不影响项目任务的前提下进行安排，并提高资金的使用效益。

（二）资金来源预算

资金来源预算包括财政资金和自筹资金。

1. 财政资金

财政资金包括中央财政资金和地方财政资金，其中地方财政资金来自省、市、县（区）、镇（街道）等各级地方政府部门和政府派出机关资助的资金。

2. 自筹资金

自筹资金包括企业自筹资金和其他来源资金。其中，企业自筹资金是指来自企业历年来的积累资金，企业也可通过建立研发准备金制度来自筹研发资金；其他来源资金是指来自除企业自身积累资金以外的资金，如银行贷款、其他单位借款等。企业对其他来源资金应充分考虑各渠道的情况，须提供资金提供方的出资承诺，不得使用货币资金之外的资产（即非货币性资产）或其他财政资金作为来源。

（三）资金支出预算

资金支出预算应当按照资金开支范围确定的支出科目和不同资金来源分别编列，并对各项支出的主要用途和测算理由等进行详细说明。其中，企业应重点说明仪器设备购置、合作单位资质及拟外拨资金，并申明现有的实施条件和从单位外部可能获得的共享服务；对直接费用各项支出不得简单按比例编列。

（四）资金开支范围

根据有关政府科技计划项目资金管理办法的规定，项目资金由直接费用和间接费用组成。

1. 直接费用

直接费用是指在项目实施过程中发生的与之直接相关的费用，主要包括设备费、材料费、测试化验加工费、燃料动力费、出版/文献/信息传播/知识产权事务费、会议/差旅/国际合作交流费、劳务费、专家咨询费、其他支出等。各支出科目的具体含义如下所示。

（1）设备费。设备费是指在项目实施过程中购置或试制专用仪器设备，对现有仪器设备进行升级改造，以及租赁外单位仪器设备而发生的费用，即由设备购置费、试制设备费、设备改造费和设备租赁费构成。其中试制设备费是指现有仪器设备无法满足项目检测、实验、验证或示范等研究任务需要而试制专用仪器设备发生的费用，一般由零部件、材料等成本以及零部件加工、设备安装调试、燃料动力等费用构成；设备改造费是指由于项目任务目标需要，对现有设备进行局部改造以改善性能而发生的费用以及项目实施过程中相关设备发生损坏需维修而发生的费用，一般由零部件、材料等成本和安装调试等费用构成；设备租赁费是指项目研究过程中需要租用承担单位以外其他单位的设备而发生的费用，租赁费主要包括设备的租金、安装调试费、维修保养费及其他相关费用等。

此外，需注意的是，申报企业在编制设备费预算时，应当严格控制设备购置，鼓励开放共享、自主研制、租赁专用仪器设备以及对现有仪器设备进行升级改造，避免重复购置。

（2）材料费。材料费是指在项目实施过程中消耗的各种原材料、辅助材料等低值易耗品的采购及运输、装卸、整理等费用。

（3）测试化验加工费。测试化验加工费是指在项目实施过程中支付给外单位（包括承担单位内部独立经济核算单位）的检验、测试、化验及加工等费用。

（4）燃料动力费。燃料动力费是指在项目实施过程中直接使用的相关仪器设备、科学装置等运行产生的水、电、气、燃料消耗费用等。

（5）出版/文献/信息传播/知识产权事务费。这些费用是指在项目实施过程中，需要支付的出版费、资料费、专用软件购买费、文献检索费、专业通信费、专利申请及其他知识产权事务等费用。

（6）会议/差旅/国际合作交流费。这些费用是指在项目实施过程中产生的会议费、差旅费和国际合作交流费。在编制预算时，本科目支出预算不超过直接费用预算10%的，不需要编制测算依据；预算超过直接费用10%的，应对会议费、差旅费、国际合作交流费分别进行测算。

（7）劳务费。劳务费是指在项目实施过程中支付给参与项目的研究生、博士后、访问学者以及项目聘用的研究人员、科研辅助人员等的劳务性费用。项目聘用人员的劳务费开支标准，参照当地科学研究和技术服务业从业人员平均工资水平，根据其在项目研究中承担的工作任务确定，其社会保险补助纳入劳务费科目开支。劳务费预算应据实编制，不设比例限制。

（8）专家咨询费。专家咨询费是指在项目实施过程中支付给临时聘请的咨询专家的费用。专家咨询费不得支付给参与本项目及所属课题研究和管理的相关工作人员。专家咨询费的管理按照国家有关规定执行。

（9）其他支出。其他支出是指在项目实施过程中除上述支出范围之外的其他相关支出。其他支出，企业应当在申请预算时详细说明。

2. 间接费用

间接费用是指承担单位在组织实施项目过程中发生的无法在直接费用中列支的相关费用。它主要包括：承担单位为项目研究提供的房屋占用；日常水、电、气、暖消耗；有关管理费用的补助支出；激励科研人员的绩效支出等。

申报企业在编制间接费用预算时，应重点把握以下三点：

（1）间接费用实行总额控制。这是指按照不超过课题直接费用扣除设备购置费后的一定比例核定，具体比例为：500万元及以下部分为20%；超过500万元至1 000万元的部分为15%；超过1 000万元以上的部分为13%。

（2）间接费用由企业统筹安排使用。企业应当建立健全间接费用的内部管理办法，公开透明、合规合理使用间接费用，处理好分摊间接成本和对科研人员激励的关系。绩效支出安排应当与科研人员在项目工作中的实际贡献挂钩。

（3）项目中有多个单位的，间接费用在总额范围内由项目承担单位与参与单位协商分配。承担单位不得在核定的间接费用以外，再以任何名义在项目资金中重复提取、列支相关费用。

三、预算执行

企业申报项目一旦获得资助后即进入预算执行环节。该环节资金管理内容依次包括资金拨付、资金管理和使用、预算调剂、结转结余资金和经费决算等。

（一）资金拨付

如前所述，对前补助项目，财政资金是立项后拨付；对后补助项目，财政资金是在项目验收通过后一次拨付到位。如果项目有合作单位或参与单位，由主承担单位在收到政府财政资金后根据合同要求拨付给合作单位或参与单位。需注意的是，主承担单位应与参与单位另外签订合作协议。此外，承担单位、参与单位要按合同约定提供承诺的自筹经费。

（二）资金管理和使用

企业应当严格执行国家有关财经法规和财务制度，切实履行法人责任，建立健全项目资金内部管理制度和报销规定，明确内部管理权限和审批程序，完善内控机制建设，强化资金使用绩效评价，确保资金使用安全、规范、有效。具体如下所示。

1. 配备科研财务助理

企业可通过设置科研财务助理岗，为科研人员在项目预算编制和调剂、资金支出、财务决算和验收方面提供专业化服务。

2. 统一管理、单独核算、专款专用

企业应当将项目资金纳入单位财务统一管理,对财政资金和自筹资金分别单独核算,确保专款专用,按照承诺保证自筹资金及时足额到位。

3. 严格执行国家有关支出管理制度

企业在项目实施过程中,对财政资金的使用应当严格执行国家有关支出管理制度。例如对应当实行"公务卡"结算的支出,按照财政科研项目使用公务卡结算的有关规定执行;对于设备费、大宗材料费和测试化验加工费、劳务费、专家咨询费等,原则上应当通过银行转账方式结算;对野外考察、心理测试等科研活动中无法取得发票或者财政性票据的,在确保真实性的前提下,可按实际发生额予以报销。

4. 严格按照资金开支范围和标准办理支出,支出遵循真实、相关、合理、合规原则

企业应当严格按合同约定的预算开支范围和标准使用专项经费,经费开支应同时符合是否真实、是否相关、是否合理、是否合规等要求。企业不得擅自调整外拨资金,不得利用虚假票据套取资金,不得通过编造虚假劳务合同、虚构人员名单等方式虚报冒领劳务费和专家咨询费,不得通过虚构测试化验内容、提高测试化验支出标准等方式违规开支测试化验加工费,不得随意调账变动支出、随意修改记账凭证,严禁以任何方式使用项目资金列支应当由个人负担的有关费用和支付各种罚款、捐款、赞助、投资等。

(三)预算调剂

企业应当按照下达的预算执行。预算确有必要调剂时,应当按照以下调剂范围和权限,履行相关程序,管理要求如表4-2所示。

表4-2 财政专项资金预算调剂管理要求

预算科目	类别	预算调剂要求
(一)直接费用		● 直接费用实行分类总额控制(如左边分类所示)
1.设备费	单独作为一类管理	● 设备费预算总额一般不予调增,确需调增的应报项目管理专业机构审批 ● 将设备费预算总额调减、设备费内部预算结构调整、拟购置设备的明细发生变化以及其他科目的预算调剂权下放给承担单位

（续）

预算科目	类别	预算调剂要求
2. 材料费 3. 测试化验加工费 4. 燃料动力费 5. 出版/文献/信息传播/知识产权事务费	作为一类管理	• 左边所示两类支出科目之间的预算调剂应履行承担单位内部审批程序 • 同一类预算额度内，承担单位可结合实际情况进行审批或授权课题负责人自行调剂使用 • 承担单位应按照国家有关规定完善管理制度，及时为科研人员办理预算调剂手续 • 相关管理制度由单位主管部门报项目管理部门备案
6. 会议/差旅/国际合作交流费 7. 劳务费 8. 专家咨询费 9. 其他支出	作为一类管理	
（二）间接费用		• 间接费用预算总额不得调增，经承担单位与项目负责人协商一致后，可以调减用于直接费用

（四）结转结余资金

1. 结转资金

结转资金是指预算未全部执行或未执行，下年需按原用途继续使用的预算资金。因此，企业在政府资助科研项目实施期间，年度剩余资金可结转下一年度继续使用。

2. 结余资金

结余资金是指项目实施周期已结束、项目目标完成或项目提前终止，尚未列支的项目支出预算资金；因项目实施计划调整，不需要继续支出的预算资金；预算批复后连续两年未用完的预算资金。

根据政府资助项目资金管理办法的相关规定，项目完成任务目标并通过验收后，结余资金按规定留归项目承担单位使用，在2年内（自验收结论下达后次年的1月1日起计算）由项目承担单位统筹安排用于科研活动的直接支出；2年后未使用完的，按规定原渠道收回。未一次性通过验收的项目，结余资金按规定原渠道收回。

（五）经费决算

一般来说，政府资助科研项目实施全口径决算报告制度，即对按规定应列入项目决算的所有资金（包括财政专项资金和自筹资金），全部纳入项目决算。具体工作如下所示。

1. 项目资金支出明细表（含财政专项资金支出明细表）

企业应按照单独核算、专款专用原则分别设置专项资金辅助账和自筹资金辅助账，逐日逐笔序时登记项目资金支出明细表，尤其是财政专项资金支出明细表，这是企业后续编制项目资金年度财务决算表和项目验收时经费决算表以及专项审计的重要依据。

2. 年度财务决算报告

在项目实施期间的各会计年度内，企业需向项目专业管理机构提交年度财务决算报告。

3. 经专项审计的项目经费决算表

项目完成任务目标后，在结题验收前，需对项目资金使用情况出具专项审计鉴证报告，并提交项目经费决算表。

四、项目财务验收

财务验收前，企业应当选择符合要求的会计师事务所对项目资金支出情况进行财务专项审计，财务专项审计报告是财务验收的重要依据。

有下列行为之一的，不得通过财务验收：

（1）编报虚假预算，套取财政资金；

（2）未对专项资金进行单独核算；

（3）截留、挤占、挪用专项资金；

（4）违反规定转拨、转移专项资金；

（5）提供虚假财务会计资料；

（6）未按规定执行和调整预算；

（7）虚假承诺、自筹经费不到位；

（8）资金管理使用存在违规问题拒不整改；

（9）其他违反财经纪律的行为。

第二节　科技计划项目专项资金会计核算

一、科技计划项目专项资金会计核算依据：政府补助准则

企业与政府间的业务往来主要有三种类型：政府补助、政府资本性投入、政府购买商品或服务。对企业申报的各级政府科技计划项目来说，不管是前补助项目还是后补助项目，其获得的财政专项资金都属于政府补助业务，其会计核算需遵循《企业会计准则第16号——政府补助》（以下简称"政府补助准则"）的相关规定。

（一）企业与政府间业务区分：政府补助、政府资本性投入与政府购买商品或服务

通常情况下，企业取得来自政府的资源有政府拨付资源的相关文件，或者政府与企业签订的合同（协议），这些文件或合同通常会注明政府拨付企业资源的用途、企业获得政府资源应履行的义务或条件等。企业可根据这些文件或合同判断从政府取得的经济资源的性质，其究竟是无偿性的非互惠性交易还是有偿的互惠性交易，进而予以区分是政府补助、政府资本性投入还是政府购买商品或服务。

1. 政府补助

政府补助是指企业从政府无偿取得货币性资产或非货币性资产，但不包括政府对企业的资本性投入，也不包括政府购买商品或服务所支付的对价。

政府补助具有下列特征。

（1）来源于政府的经济资源。政府包括各级政府及其机构，国际的类似组织也在其范围之内。对企业收到的来自其他方的补助，如有确凿证据表明政府是补助的实际拨付者，其他方只起到代收代付作用的，则该项补助也属于来自政府的经济资源。例如，某集团公司母公司收到一笔政府补助款，有确凿证据表明该补助款实际的补助对象为该母公司下属的子公司，母公司只是起到代收代付作用，在这种情况下，该补助款属于对子公司的政府补助。

（2）无偿性。无偿性是政府补助的基本特征，即企业取得来源于政府的经济资源，不需要向政府交付商品或服务等对价，属于非互惠交易。因此，无偿性这

一特征将政府补助与政府作为企业所有者投入的资本、政府购买商品或服务等互惠性交易予以区别开来。

（3）通常附有条件。政府补助通常附有一定条件，这与政府补助的无偿性并不矛盾，只是政府为了推行其宏观经济政策，对企业使用政府补助的时间、使用范围和方向进行了限制。其主要包括以下两点。

1）政策条件。政府补助是政府为了鼓励或扶持某个行业、区域或领域的发展而给予企业的一种财政支持，具有很强的政策性。因此，政府补助的政策条件（即申报条件）是不可或缺的。企业只有符合相关政府补助政策的规定，才有资格申报政府补助。符合政策规定的，不一定都能够取得政府补助；不符合政策规定、不具备申报政府补助资格的，不能取得政府补助。例如，政府向企业提供的产业技术研发资金补助，其政策条件为企业申报的产品或技术必须是符合国家产业政策的新产品、新技术。

2）使用条件。企业已获批准取得政府补助的，应当按照政府相关文件等规定的用途使用政府补助。否则，政府有权按规定责令其改正、终止资金拨付，甚至收回已拨付的资金。

【例4-1】资料：甲企业是一家生产和销售重型机械的企业。为推动科技创新，甲企业所在地政府于2×20年12月向甲企业拨付了2 000万元资金，要求甲企业将此笔资金用于技术改造项目研究，研究成果归甲企业享有。

分析：

本例中，甲企业的日常经营活动是生产和销售重型机械，其从政府取得了2 000万元资金用于研发支出，且其成果归甲企业享有。因此该项财政拨款具有无偿性，甲企业收到的2 000万元资金应按照政府补助准则的规定进行会计处理。

2. 政府资本性投入

政府资本性投入即政府以企业所有者身份向企业投入资本，享有相应的所有者权益，政府与企业之间是投资者与被投资者的关系，属于互惠交易。

现实中，对于来自政府的资源，如果政府相关文件中注明是政府对企业的资本性投入，有证据表明实质上是政府向企业投资或增资，政府成为企业的股东或者以股东的身份向企业增资，接受政府资源的企业应当将其作为政府的资本性投入，在确认资产的同时确认实收资本（或股本）或（和）资本公积（资本或股本溢价）。但在实务中，有时企业取得的政府相关文件中要求政府给予企业计入资本公积的资源需要企业进一步判断政府投入企业资源时政府的身份，只有政府确实是以股东身份给予企业资本性投入的，才不属于政府补助的范畴。

如果企业取得政府作为企业所有者投入的用于研发项目的款项时，那么不适用政府补助准则，应通过"专项应付款"账户核算。具体如下所示。

（1）企业收到资本性拨款时
借：银行存款等科目
　　贷：专项应付款
（2）将专项或特定用途的拨款用于研发活动、工程项目时
借：在建工程/研发支出等科目
　　贷：银行存款/应付职工薪酬等科目
（3a）工程项目完工形成长期资产的部分
借：专项应付款
　　贷：资本公积——资本溢价
（3b）对未形成长期资产需要核销的部分
借：专项应付款
　　贷：研发支出/在建工程等科目
（3c）拨款结余需要返还的
借：专项应付款
　　贷：银行存款
（4）上述资本溢价转增实收资本或股本
借：资本公积——资本溢价/股本溢价
　　贷：实收资本/股本

"专项应付款"科目期末贷方余额，反映了企业尚未转销的专项应付款。

3. 政府购买商品或服务

政府购买商品或服务即企业从政府取得的经济资源，如果与企业销售商品或提供服务等活动密切相关，且来自政府的经济资源是企业商品或服务的对价或者

是对价的组成部分，应当按照《企业会计准则第 14 号——收入（2017 年修订）》的规定进行会计处理，不适用政府补助准则。

换言之，对于企业来自政府的资源，如果政府相关文件或合同中表明，政府给予企业的资源是为购买企业生产的商品或接受企业的服务而支付的对价，那么属于政府购买商品或服务，不属于政府补助的范畴。例如，新能源汽车价格补贴、家电下乡补贴等名义上是政府补贴，实际上与企业日常经营活动密切相关且构成了企业商品或服务对价的组成部分，应当作为收入进行会计处理。

【例 4-2】乙企业是一家生产和销售高效照明产品的企业。国家为了支持高效照明产品的推广使用，通过统一招标的形式确定中标企业、高效照明产品及其中标协议供货价格。乙企业作为中标企业，需以中标协议供货价格减去财政补贴资金后的价格将高效照明产品销售给终端用户，并按照高效照明产品实际安装数量、中标供货协议价格、补贴标准，申请财政补贴资金。2×20 年，乙企业因销售高效照明产品获得财政资金 4 000 万元。

分析：

本例中，甲企业虽然取得财政补贴资金，但最终受益人是从乙企业购买高效照明产品的大宗用户和城乡居民，相当于政府以中标协议供货价格购买了高效照明产品，再以中标协议供货价格减去财政补贴资金后的价格将产品销售给终端用户。实际操作时，政府并没有直接从事高效照明产品的购销，但以补贴资金的形式通过乙企业的销售行为实现了政府推广使用高效照明产品的目标。对乙企业而言，销售高新照明产品是其日常经营活动，乙企业仍按照中标协议供货价格销售了产品，其销售收入由两部分构成：一是终端用户支付的购买价格；二是财政补贴资金，财政补贴资金是乙企业产品对价的组成部分。因此，乙企业收到的补贴资金 4 000 万元应当按照收入准则的规定进行会计处理。

综上，对于来自政府的资源，企业应当根据交易或事项的经济实质，判断其究竟是属于政府补助，还是属于政府资本性投入、政府购买商品或服务。

（二）政府补助的主要形式

政府补助表现为政府向企业转移资产，包括货币性资产或非货币性资产，通常为货币性资产，但也存在非货币性资产的情况。在实际工作中，政府补助的形式主要有政府拨款、财政贴息、税收返还和无偿划拨非货币性资产等。

1. 财政拨款

财政拨款是政府无偿拨付给企业的资金，通常在拨款时就明确规定了资金用途。例如，财政部门拨付给企业用于购建固定资产或进行技术改造工程的专项资金，鼓励企业安置职工就业而给予的奖励款项，拨付企业的粮食定额补贴，拨付企业开展研发活动的研发经费等。

一般而言，企业申报政府科技计划项目所获得的政府资助，常属于这一形式。

2. 财政贴息

财政贴息是政府为支持特定领域或区域发展、根据国家宏观经济形势和政策目标，对承贷企业的银行贷款利息给予的补贴。

财政贴息主要有两种方式：①财政将贴息资金直接拨付给受益企业；②财政将贴息资金拨付给贷款银行，由贷款银行以政策性优惠利率向企业提供贷款，受益企业按照实际发生的利率计算和确认利息费用。

3. 税收返还

税收返还是政府按照先征后返（退）、即征即退等办法向企业返还的税款，属于以税收优惠形式给予的一种政府补助。

除税收返还外，税收优惠还包括直接减征、免征、增加计税抵扣额、抵免部分税额等形式。这类税收优惠体现了政策导向，政府并未直接向企业无偿提供资产，不作为《企业会计准则第16号——政府补助》规范的政府补助。

4. 无偿划拨非货币性资产

政府无偿划拨非货币性资产在实务中发生较少，有时会存在行政划拨土地使用权、天然起源的天然林等。

（三）政府补助的分类及会计处理方法

1. 政府补助的分类

企业在确定了来自政府的经济资源属于政府补助后，还应当对其进行恰当的分类。根据政府补助准则规定，政府补助分为以下两类。

（1）与资产相关的政府补助。它是指企业取得的、用于购建或以其他方式形成长期资产的政府补助。

（2）与收益相关的政府补助。它是指除与资产相关的政府补助之外的政府补助。

2. 政府补助的会计处理方法

从理论上讲，政府补助有两种会计处理方法：收益法和资本法。

（1）收益法。收益法是将政府补助计入当期收益或递延收益。因此，收益法又有两种具体方法：总额法和净额法。

1）总额法。总额法是在确认政府补助时，将其全额一次或分次单独在利润表中确认为收益，而不是作为相关资产账面价值或者成本费用等的扣减。

2）净额法。净额法是将政府补助确认为相关资产账面价值或者所补偿成本费用等的扣减。

（2）资本法。资本法是将政府补助计入所有者权益。

（四）我国政府补助会计准则的演变历程

政府补助会计是国际上比较关注的议题，国际会计准则委员会、英国、美国等都制定了专门准则对其进行了规范。相对而言，我国在这方面起步较晚。我国的相关规范始于1993年，其演变历程经历了以下三个阶段。

1. 政府补助会计处理的雏形（1993～2006年）

1993年财政部将政府补助列入了企业会计准则项目计划，1995年发布的《企业会计准则——捐赠和政府援助会计（征求意见稿）》系我国政府补助会计准则制定的第一次尝试；2002年发布的《企业会计准则——政府补助和政府援助（征求意见稿）》是我国在加入WTO后政府补助会计准则的第一次国际趋同。由于当时条件不成熟，财政部没有正式发布政府补助方面的会计准则，只是在《企业会计制度》《金融企业会计制度》《关于企业技术创新贴息资金财务处理的函》和《科技中小企业技术创新基金财务管理暂行办法》等相关制度文件中，吸收了当时的一些意见，对政府补助会计做出了规定。

这段时间针对政府补助的会计处理没有统一：有些采用收益法，如按销量或工作量收取的定额补助计入"补贴收入"；有些采用资本法，如无偿划拨的固定资产计入"资本公积"；有些采用总额法，如将先征后退的增值税计入"补贴收入";有些采用净额法,如将实际收到的财政贴息冲减"财务费用"或"在建工程"等。

2. 政府补助会计准则的正式出台与施行(2007～2016年)

2006年2月15日,财政部在2005年《企业会计准则第××号——捐赠与补助(征求意见稿)》基础上,发布了《企业会计准则第16号——政府补助(2006)》(简称"CAS16"),CAS16于2007年起正式施行。

为了更好地实现国际趋同,且基于我国加入WTO后应对反补贴反倾销诉讼的客观需要,与之前散见于相关制度文件中政府补助会计处理规定相比,新出台的政府补助会计准则在以下方面做出了重要改变。

(1)取消资本法,统一采用收益法中的总额法。由于《国际会计准则第20号——政府补助会计和政府援助的披露》(简称"IAS20")、英国会计准则以及美国相关的会计准则都采用收益法,因此我国CAS16也完全取消了资本法,即不再将特定情况下的政府补助计入资本公积,统一采用收益法中的总额法处理。

(2)引入公允价值计量模式。在准则正式发布前,我国企业按照《企业会计制度》等处理政府补助事项,该制度基于历史成本计量模式核算政府补助,但参照IAS20引入了公允价值计量模式。

(3)调整会计科目。相关会计科目的变化也可被视作我国应对反补贴诉讼的直接举措之一,即正式取消"补贴收入""应收补贴"等科目,前者代之以"当期损益(营业外收入)"和"递延收益"科目,后者则代之以"其他应收款"科目进行核算。至此,我国CAS16基本实现了与IAS20的协同一致。

3. 政府补助会计准则的第一次修订与施行(2017年至现在)

2017年5月,新修订的CAS16正式发布,实现了与IAS20的进一步实质性趋同。新修订的CAS16除了增设"其他收益"科目用以核算与日常经营活动相关的政府补助,还补充规定了贷款贴息类政府补助的会计处理,以及同时涉及资产相关和收益相关的一揽子政府补助的会计处理。更为重要的是,相比CAS16仅允许使用总额法的核算方法,新修订准则对于净额法的引入与IAS20更为契合。

（五）《企业会计准则第 16 号——政府补助（2017）》对政府补助的会计处理

1. 会计处理方法

（1）确认。根据政府补助准则的规定，政府补助同时满足下列条件的，才能予以确认：一是企业能够满足政府补助所附条件；二是企业能够收到政府补助。

（2）计量。在计量方面，政府补助为货币性资产的，应当按照收到或应收的金额计量。如果企业已经实际收到补助资金，应按实际收到的金额计量；如果资产负债表日企业尚未收到补助资金，但企业在符合相关政策规定后就相应获得了收款权，且与之相关的经济利益很可能流入企业，企业应在该补助成为应收款时按照应收的金额计量。

政府补助为非货币性资产的，应当按照公允价值计量；公允价值不能可靠取得的，按照名义金额计量。

（3）核算方法：总额法和净额法的选择。政府补助准则（2017）规定，企业取得的政府补助除了允许采用总额法外，也可以选择采用净额法进行会计处理。企业应当根据经济业务的实质，判断某一类政府补助应当采用总额法还是净额法进行会计处理。通常情况下，对同类或类似政府补助只能选用一种方法，并一贯地运用该方法，不得随意变更。也就是说，企业对于获得的不同性质的政府补助可以分别选择采用总额法或净额法，但对同类或类似性质的政府补助，如果选择总额法的，应一贯地采用总额法进行会计处理，如果选择采用净额法的，也应贯彻同一原则。

与企业日常活动相关的政府补助，应当按照经济业务实质，计入其他收益或冲减相关成本费用。与企业日常活动无关的政府补助，应当计入营业外收支。通常情况下，如果政府补助补偿的成本费用是营业利润之中的项目，或该补助与日常销售等经营行为密切相关（如增值税即征即退等），那么认为该政府补助与日常活动相关。

企业选择总额法对与日常活动相关的政府补助进行会计处理的，应增设"6117 其他收益"科目进行核算。"其他收益"科目核算总额法下与日常活动相关的政府补助以及其他与日常活动相关且应直接计入本科目的项目。对于总额法下与日常活动相关的政府补助，企业在实际收到或应收时，或者将先确认为"递延收益"的政府补助分摊计入收益时，借记"银行存款""其他应收款""递延收益"等科目，贷记"其他收益"科目。

2. 与资产相关的政府补助

根据政府补助准则的规定，与资产相关的政府补助，应当冲减相关资产的账面价值或确认为递延收益，即可选择净额法或总额法进行会计处理。具体选择哪种方法，由企业根据经济业务的实质予以判断和选择。

（1）选择总额法。选择总额法的，企业首先应将与资产相关的政府补助确认为递延收益；其次应在相关资产使用寿命内按照合理、系统的方法分期计入损益。但需注意的是，现实中，企业收到补助资金和将补助资金用于购买固定资产或无形资产等长期资产可能会存在跨期问题，故在具体应用总额法时要注意其差异性。具体来说，如果企业先收到补助资金再购买长期资产，则应在开始对相关资产计提折旧或摊销时，开始将递延收益分期计入损益；如果企业先开始购买长期资产再收到补助资金，则应在相关资产的剩余使用寿命内按照合理、系统的方法将递延收益分期计入损益。

此外，对于按照名义金额计量的政府补助，则直接计入当期损益。如果相关资产在使用寿命结束前被出售、转让、报废或发生毁损，那么应将尚未分配的相关递延收益余额一次性转入资产处置当期的损益，不再予以递延。

（2）选择净额法。采用净额法的，企业则应将补助冲减资产的账面价值，以反映资产的实际取得成本。

【例4-3】 2×21年1月5日，政府拨付甲企业450万元财政拨款（同日到账），要求用于购买大型科研设备一台。2×21年1月31日，甲企业购入大型设备（假设不需要安装），实际成本为480万元，其中30万元以自有资金支付，使用寿命10年，采用直线法计提折旧（假设无残值）。2×29年2月1日，甲企业出售了这台设备，取得价款120万元，假定不考虑其他因素。本例中不考虑相关税费。

方法一：甲企业选择总额法进行会计处理

（1）2×21年1月5日实际收到财政拨款，确认递延收益

借：银行存款　　4 500 000

贷：递延收益　　　　　4 500 000

（2）2×21年1月31日购入设备

　　借：固定资产　　4 800 000

　　　贷：银行存款　　　　4 800 000

（3）自2×21年2月起每个资产负债表日，计提折旧，同时分摊递延收益

① 计提折旧（月折旧额=4 800 000÷10÷12=40 000）

　　借：研发支出　　40 000

　　　贷：累计折旧　　　　40 000

② 分摊递延收益（月摊销额=4 500 000÷10÷12=37 500）

　　借：递延收益　　37 500

　　　贷：其他收益——政府补助　　37 500

（4）2×29年2月1日出售设备，同时转销递延收益余额

① 出售设备

　　借：固定资产清理　　　　960 000
　　　　累计折旧　　　　　3 840 000
　　　贷：固定资产　　　　　　　　4 800 000

　　借：银行存款　　　　　1 200 000
　　　贷：固定资产清理　　　　　　960 000
　　　　　资产处置损益——处置非流动资产利得　240 000

② 转销递延收益余额：递延收益余额=4 500 000-37 500×12×8=900 000

　　借：递延收益　　900 000

　　　贷：营业外收入——政府补助　　900 000

方法二：甲企业选择净额法进行会计处理

（1）2×21年1月5日实际收到财政拨款

　　借：银行存款　　4 500 000

　　　贷：递延收益　　　　4 500 000

（2）2×21年1月31日购入设备

　　借：固定资产　　4 800 000

　　　贷：银行存款　　　　4 800 000

借：递延收益　　4 500 000
　　贷：固定资产　　　　4 500 000

（3）自2×21年2月起每个资产负债表日，计提折旧
（月折旧额=300 000÷10÷12=2 500）

借：研发支出　　2 500
　　贷：累计折旧　　　2 500

（4）2×29年2月1日出售设备，同时转销递延收益余额

出售设备

借：固定资产清理　　　　　　　　60 000
　　累计折旧　　　　　　　　　　240 000
　　贷：固定资产　　　　　　　　　　　300 000

借：银行存款　　　　　　　　　1 200 000
　　贷：固定资产清理　　　　　　　　　300 000
　　　　资产处置损益——处置非流动资产利得　　900 000

3. 与收益相关的政府补助

对于与收益相关的政府补助，企业应选择总额法或净额法进行会计处理：选择总额法的，应计入其他收益或营业外收入；选择净额法的，应冲减相关成本费用或营业外支出。现分述之。

（1）用于补偿企业以后期间的相关成本费用或损失的，在收到时应当先判断企业能否满足政府补助所附条件。根据政府补助准则的规定，只有满足政府补助确认条件的才能予以确认。客观情况通常表明企业能够满足政府补助所附条件，企业应当将补助确认为递延收益，并在确认相关成本费用或损失的期间，计入当期损益或冲减相关成本。

【例4-4】甲企业于2×18年3月15日与企业所在地地方政府签订合作协议，根据协议规定，当地政府将向甲企业提供1 000万元奖励资金，用于企业的人才激励和人才引进奖励，甲企业必须按年向当地政府报送详细的资金使用计划并按规定用途使用资金。协议还约定，甲企业自获得奖励起10年内注册地址不迁离本区，否则政府有权追回奖金。

甲企业于 2×18 年 4 月 10 日收到 1 000 万元补助资金，分别在 2×18 年 12 月、2×19 年 12 月、2×20 年 12 月使用了 400 万元、300 万元和 300 万元，用于发放给总裁级别高管年度奖金。

分析：

本例中，甲企业应在实际收到补助资金时先判断是否满足递延收益确认条件。如果客观情况表明甲企业在未来 10 年内离开该地区的可能性很小，不如通过成本效益分析认为甲企业迁离该地区的成本大大高于收益，则甲企业在收到补助资金时应计入"递延收益"科目，实际按规定用途使用补助资金时，再计入当期损益。

甲企业选择净额法对此类补助进行会计处理，账务处理如下所示。

（1）2×18 年 4 月 10 日甲企业实际收到 1 000 万元补助资金：

借：银行存款　　　10 000 000

　　贷：递延收益　　　　　10 000 000

（2）2×18 年 12 月、2×19 年 12 月、2×20 年 12 月甲企业将补助资金用作高管奖金并发放，相应结转递延收益如下所示。

时间	2×18 年 12 月	2×19 年 12 月	2×20 年 12 月
账务处理	借：递延收益　400 000 　贷：管理费用　　400 000	借：递延收益　300 000 　贷：管理费用　　300 000	借：递延收益　300 000 　贷：管理费用　　300 000

如果甲企业在收到补助资金时暂时无法确定能否满足政府补助所附条件（即在未来 10 年内不得离开该地区），那么应将收到的补助资金先计入"其他应收款"科目，待客观情况表明企业能够满足政府补助所附条件后再转入"递延收益"科目。

（2）用于补偿企业已发生的相关成本费用或损失的，直接计入当期损益或冲减相关成本。这类补助通常与企业已经发生的行为有关，是对企业已发生的成本费用或损失的补偿，或是对企业过去行为的奖励。

【例 4-5】 甲企业销售其自主开发生产的动漫软件，按照国家有关规定，该企业的这种产品适用增值税即征即退政策，按13%的税率征收增值税后，对其增值税实际税负超过3%的部分，实行即征即退。甲企业在2×20年8月进行纳税申报时，对归属于7月的增值税即征即退提交退税申请，经主管税务机关审核后的退税额为50万元。软件企业即征即退增值税与企业的日常销售密切相关，属于与企业日常活动相关的政府补助。甲企业在2×20年8月申请退税并确定了增值税退税额，账务处理如下所示。

借：其他应收款　　500 000

贷：其他收益　　　　500 000

【例4-6】 2×20年7月甲企业遭受了重大自然灾害，并于2×20年12月10日收到了政府补助资金300万元。

分析：2×20年12月10日，甲企业实际收到补助资金并选择按总额法进行会计处理，其账务处理如下所示。

借：银行存款　　2 000 000

贷：营业外收入　　　2 000 000

【例4-7】 甲企业是集芳烃技术研发、生产于一体的高新技术企业。芳烃的原料是石脑油。石脑油按成品油项目在生产环节征消费税。根据国家有关规定，对使用燃料油、石脑油生产乙烯芳烃的企业购进并用于生产乙烯、芳烃类化工产品的石脑油、燃料油的，按实际耗用数量退还所含消费税。假设甲企业石脑油单价为5.333元/吨（其中，消费税2.105元/吨）。本期将115吨石脑油投入生产，石脑油转换率为1.15：1（即1.15吨石脑油可生产1吨乙烯芳烃），共生产乙烯芳烃100吨。甲企业根据当期产量及所购原料供应商的消费税证明，申请退还相应的消费税。

分析：

当期应退消费税=100×1.15×2.105=242 075（元）

甲企业在期末结转存货成本和主营业务成本之前，账务处理如下所示。

借：其他应收款　　242 075

贷：生产成本　　　　242 075

4. 综合性项目政府补助

政府补助的对象常常是综合性项目，可能既包括设备、技术等长期资产的购置，也包括人工费、材料费、测试化验加工费、会议费、差旅费等费用化支出的补偿，这种政府补助与资产和收益均相关。换言之，综合性项目政府补助是指同时包含与资产相关的政府补助和与收益相关的政府补助。对于综合性项目政府补助，企业需要将其进行分解并分别进行会计处理；难以区分的，企业应当将其整体归类为与收益相关的政府补助进行处理。

【例4-8】2×19年6月15日，某市科技创新委员会与甲企业签订了科技计划项目合同书，拟对甲企业的新药临床研究项目提供研究补助资金。该项目预算为600万元，其中，市科技创新委员会资助200万元，甲企业自筹400万元。政府资助的200万元用于补助设备费60万元，材料费15万元，测试化验加工费95万元，差旅费/会议费15万元，专家咨询费8万元，管理费用7万元，本例中除设备费外的其他各项费用都被计入研发支出。市科技创新委员会应当在合同签订之日起30日内将资金拨付给甲企业。根据双方约定，甲企业应当按照合同规定的开支范围，对市科技创新委员会资助的经费实行专款专用。项目实施期限为合同签订之日起2.5年，期满后甲企业如未通过验收，在该项目实施期满后3年内不得再向市政府申请科技补贴资金。

甲企业于2×19年7月10日收到补助资金，在项目期内按照合同约定的用途使用了补助资金。其中，甲企业于2×19年7月25日按照项目合同书的约定购置了相关设备，设备成本150万元，其中使用补助资金60万元，该设备使用年限为10年，采用直线法计提折旧（不考虑净残值）。假设本例中不考虑相关税费。

分析： 本例中，甲企业收到的政府补助是综合性项目政府补助，需要区分与资产相关的政府补助和与收益相关的政府补助并分别进行处理。假设甲企业对收到的与资产相关的政府补助选择净额法进行会计处理。甲企业的账务处理如下所示。

（1）2×19年7月10日甲企业实际收到补贴资金时

借：银行存款　　2 000 000

贷：递延收益　　　　　　2 000 000

（2）2×19年7月25日购入设备

借：固定资产　　　1 500 000
　　贷：银行存款　　　　　1 500 000

借：递延收益　　　 600 000
　　贷：固定资产　　　　　 600 000

（3）自2×19年8月起每个资产负债表日（月末）计提折旧，折旧费计入研发支出

月折旧费=（1 500 000-600 000）÷10÷12=7 500（元）

借：研发支出　　　 7 500
　　贷：累计折旧　　　　　 7 500

（4）对于其他与收益相关的政府补助，甲企业应当按照相关经济业务的实质确定是计入其他收益还是冲减相关成本费用，在企业规定用途实际使用补助资金时计入损益，或者在实际使用的当期期末根据当期累计使用的金额计入损益，借记"递延收益"科目，贷记有关损益科目。

5. 政府补助退回

根据政府补助准则规定，已确认的政府补助需要退回的，应当在需要退回的当期分情况按照以下规定进行会计处理。

（1）初始确认时冲减相关资产账面价值的，调整资产账面价值。

（2）存在相关递延收益的，冲减相关递延收益账面余额，并将超出部分计入当期损益。

（3）属于其他情况的，直接将其计入当期损益。

此外，对于属于前期差错的政府补助退回，应当按照前期差错更正进行追溯调整。

【例4-9】（接例4-3）假设2×22年2月，有关部门在对甲企业的检查中发现，甲企业不符合申请补助的条件，要求甲企业退回补助款。甲企业于当月退回了补助款450万元。

甲企业的账务处理如下所示。

方法一：甲企业选择总额法进行会计处理，应当结转递延收益，并将超出部分计入当期损益。因为以前期间计入其他收益，所以本例中这部分退回的补助冲减应退回当期的其他收益。

2×22 年 2 月甲企业退回补助款时

借：递延收益　　4 050 000

　　其他收益　　　450 000

　贷：银行存款　　　　4 500 000

方法二：甲企业选择净额法进行会计处理，视同一开始就没有收到政府补助，调整固定资产的账面价值，将实际退回金额与账面价值调整数之间的差额计入当期损益。因为本例中以前期间实际冲减了研发支出，所以，本例中这部分退回的补助补记退回当期的研发支出。

2×22 年 2 月丁企业退回补助款时

借：固定资产　　4 050 000

　　研发支出　　　450 000

　贷：银行存款　　　　4 500 000

【例 4-10】甲企业于 2×20 年 11 月与某开发区政府签订合作协议，在开发区内投资设立生产基地。协议约定，开发区政府自协议签订之日起 6 个月内向甲企业提供 300 万元产业补贴资金用于奖励该企业在开发区的投资，甲企业自获得补贴起 5 年内注册地址不迁离本区。如果甲企业在此期限内提前迁离本区，开发区政府允许甲企业按照实际留在本区的时间保留部分补贴，并按剩余时间退回补贴资金。甲企业于 2×21 年 1 月 3 日收到补贴资金。

假设甲企业在实际收到补助资金时，客观情况表明甲企业在未来 5 年内搬离开发区的可能性很小，甲企业应当在收到补助资金时计入"递延收益"科目。由于协议约定如果甲企业提前搬离开发区，开发区政府有权追回部分补助，说明企业每留在开发区内一年，就有权取得与这一年相关的补助，与这一年补助有关的不确定性基本消除，补贴收益得以实现，所以甲企业应当将该补助在 5 年内平均摊销结转计入损益。

甲企业的账务处理如下。

（1）2×21年1月3日甲企业实际收到补贴资金。

借：银行存款　　　3 000 000

　　贷：递延收益　　　　　　3 000 000

（2）2×21年12月31日及以后年度，甲企业分期将递延收益结转入当期损益。

借：递延收益　　　600 000

　　贷：其他收益　　　　　　600 000

假设2×23年1月，因甲企业重大战略调整，搬离开发区，开发区政府根据协议要求甲企业退回补贴180万元。

借：递延收益　　　1 800 000

　　贷：其他应付款　　　　　1 800 000

（六）政府补助的列报

1. 政府补助的利润表上的列示

企业应当在利润表中的"营业利润"项目之上单独列报"其他收益"项目，并将计入其他收益的政府补助在该项目中反映出来（见表4-3）。对于冲减相关成本费用的政府补助，企业应在相关成本费用项目中反映出来。而对于与企业日常经营活动无关的政府补助，企业应在利润表的营业外收支项目中列报。

表4-3　"其他收益"项目在利润表中的列报格式

项目	本期金额	上期金额
一、营业收入		
减：营业成本		
税金及附加		
销售费用		
管理费用		
研发费用		
财务费用		
其他收益		
投资收益（损失以"-"号填列）		
其中：对联营企业和合营企业的投资收益		

（续）

项目	本期金额	上期金额
以摊余成本计量的金融资产终止确认收益（损失以"-"号填列）		
公允价值变动损益		
信用减值损失		
资产减值损失		
资产处置收益（损失以"-"号填列）		
二、营业利润（亏损以"-"号填列）		

2. 政府补助的附注披露

企业应当在附注中披露与政府补助有关的下列信息：政府补助的种类、金额和列报项目；计入当期损益的政府补助金额；本期退回的政府补助金额及原因。

因政府补助涉及递延收益、其他收益、营业外收入以及成本费用等多个报表项目，为了全面反映政府补助情况，企业应当在附注中单设项目披露政府补助的相关信息。参考披露格式如表4-4、表4-5所示。

表4-4 计入"递延收益"的政府补助的明细表

补助项目	种类	期初余额	本期新增金额	本期结转计入损益或冲减相关成本的金额	期末余额	本期结转损益或冲减相关成本的列报项目
科技项目经费	财政拨款					
……						

表4-5 计入当期损益或冲减相关成本的政府补助的明细表

补助项目	种类	本期计入损益或冲减相关成本的金额	本期计入损益或冲减相关成本的列报项目
科技项目经费	财政拨款		
……			

二、企业科技计划项目专项资金收支核算参考

（一）日常会计核算示范

基于前述政府补助准则的相关规定，结合企业申报的各级政府科技计划项目的业务特点，其日常会计核算参考如下（以下业务均不考虑税费）。

（1）收到科技计划项目"专项资金"时。

借：银行存款

    贷：递延收益（或其他收益、营业外收入、相关资产成本费用账户等）

（2）专项资金支出：购置设备、技术等资本性支出。

借：固定资产、无形资产等长期资产账户

    贷：银行存款

（3）专项资金支出：采购原材料、支付人工、水电费等收益性支出。

① 采购原材料等。

借：原材料

    贷：银行存款

② 研发耗用原材料、支付研发人员工资、水电费等（直接计入）。

借：研发支出——××研发项目

    贷：原材料、应付职工薪酬、银行存款等

（4）研发耗用长期资产（分摊计入）。

借：研发支出——××研发项目

    贷：累计折旧、累计摊销

（二）专项资金辅助账设置参考

前述已知，政府在对科技计划项目专项资金管理和会计核算的监管方面，要求专款专用、单独核算。为此，建议企业在对其按照政府补助准则进行日常核算的基础上，设置科技计划项目专项资金辅助账，逐日逐笔序时登记专项资金的收入、支出情况明细表，如表4-6所示。此外，如科技计划项目有自筹资金预算，其收入、支出情况明细表辅助账的参考格式与专项资金收入、支出情况明细表类似。

表4-6 政府科技计划项目专项资金收支情况明细表（参考模板）

单位：ABC有限公司　　项目名称及编号：　　　　　　研发同期：　　　　　　金额单位：元（现金制）

按合同预算科目列支

时间	凭证号	摘要	会计科目	收入	专项资金支出明细									
					合计	设备费	材料费	测试化验加工费	燃料动力费	出版/文献/信息传播/知识产权事务费	会议/差旅/国际合作交流费	劳务费	专家咨询费	其他支出	间接费用
		本月合计													
		本年累计													

第三节　科技计划项目专项资金税务处理

企业科技计划项目专项资金的会计核算遵循政府补助会计准则。对于税法上企业收到的政府补助资金是否涉及增值税和企业所得税，本节予以说明。

一、政府补助的增值税处理

根据国家税务总局《关于取消增值税扣税凭证认证确认期限等增值税征管问题的公告》（国家税务总局公告 2019 年第 45 号）第七条规定：纳税人取得的财政补贴收入，与其销售货物、劳务、服务、无形资产、不动产的收入或者数量直接挂钩的，应按规定计算缴纳增值税。纳税人取得的其他情形的财政补贴收入，不属于增值税应税收入，不征收增值税。

鉴于上述政策规定，企业申报取得的科技计划项目专项资金，不属于增值税应税收入，不征收增值税。

二、政府补助的企业所得税处理：应税收入与不征税收入

（一）概念区分：收入总额、应税收入、不征税收入、免税收入

企业所得税是以法人所得额为征税对象的一类税。所得额通常是指纳税人由于提供劳务，从事生产、经营、投资等活动而取得收入，扣除为取得收入所支付的成本、费用后的余额。根据我国《企业所得税法》的相关规定，应纳税所得额的计算方法有以下两种。

一是直接计算法。应纳税所得额 = 收入总额 - 不征税收入 - 免税收入 - 各项扣除 - 允许弥补的以前年度亏损。

二是间接计算法。应纳税所得额 = 会计利润总额 ± 纳税调整项目金额，此为企业所得税年度纳税申报表的设计依据。

为便于企业理解政府补助的所得税业务，且基于上述应纳税所得额的计算公式，本书有必要明确以下概念。

1. 收入总额

《企业所得税法》中的收入总额，是指企业以货币形式和非货币形式从各种来源取得的收入。它包括九大类：①销售货物收入；②提供劳务收入；③转让财产收入；④股息、红利等权益性投资收益；⑤利息收入；⑥租金收入；⑦特许权使用费收入；⑧接受捐赠收入；⑨其他收入。其中，"其他收入"为兜底条款，是指企业取得的除第一项至第八项规定的收入外的其他收入，主要包括企业资产溢余收入、逾期未退包装物押金收入、确实无法偿付的应付款项、已作坏账损失处理后又收回的应收款项、债务重组收入、补贴收入、违约金收入、汇兑收益等。

2. 应税收入与不征税收入

从税法原理上看，企业所得税的收入总额可分为应税收入与不征税收入。

应税收入是指企业从事营利性活动带来的经济利益，是企业应依法纳税的全部收入。

不征税收入是相对于应税收入而言的，是我国《企业所得税法》中新创设的一个概念。从前述分析的"应纳税所得额＝收入总额－不征税收入－免税收入－各项扣除－允许弥补的以前年度亏损"的计算公式看，不征税收入是从应纳税所得额中排除并且永久不列为征税范围的收入范畴。

我国《企业所得税法》规定不征税收入，其主要目的是对非经营活动或非营利活动带来的经济利益流入从应税总收入中排除。目前，我国组织形式多样，除企业外，有半政府机构（如事业单位）、公益慈善组织、社会团体和民办非企业单位等。严格地讲，这些机构不以营利活动为目的，其收入的形式主要靠财政拨款以及为承担行政性职能所收取的行政事业性收费等，对这类组织取得的非营利性收入征税没有实际意义。因此，税法中规定的"不征税收入"概念，不属于税收优惠的范畴，是指企业取得的专门从事特定目的的收入，不属于企业营利性活动带来的经济利益。从企业所得税原理上讲，这些收入应永远不被列为征税范围。

根据《企业所得税法》第七条规定，收入总额中的下列收入为不征税收入。

（1）财政拨款。财政拨款是指各级人民政府对纳入预算管理的事业单位、社会团体等组织拨付的财政资金，但国务院和国务院财政、税务主管部门另有规定的除外。

（2）行政事业性收费。行政事业性收费是指依照法律法规等有关规定，按照国务院规定程序批准，在实施社会公共管理以及在向公民、法人或者其他组织提供特定公共服务过程中，向特定对象收取并纳入财政管理的费用。

（3）政府性基金。政府性基金是指企业依照法律、行政法规等有关规定，代政府收取的具有专项用途的财政资金。

上述行政事业性收费和政府性基金都属于非税收入，所不同的是行政事业性收费是企业提供公共服务的补偿，属于先支出后收偿；政府性基金则是企业为用于某项事业而收取的，属于先收取后支出。规定行政事业性收费和政府性基金为不征税收入，主要基于以下考虑：①行政事业性收费和政府性基金的组织或机构一般是承担行政性职能或从事公共事务的，不以营利为目的，一般不作为应税收入的主体；②行政事业性收费和政府性基金一般通过财政的"收支两条线"管理，封闭运行，对其征税没有实际意义。

（4）国务院规定的其他不征税收入。国务院规定的其他不征税收入是指企业取得的，由国务院财政、税务主管部门规定专项用途并经国务院批准的财政性资金。它需要具备两方面的条件：①在设定主体上，应当经国务院批准，由国务院财政、税务主管部门规定，实践中通常是由国务院财政、税务主管部门制定，报国务院批准后执行；②属于具有专项用途的财政性资金。设置"其他不征税收入"这一兜底条款，主要是为了适应社会发展的需要，承担公共管理职能的非营利性组织或者企业由于向社会提供公共产品可能会取得一些新的不征税收入。

3. 免税收入

免税收入是指属于企业的应税所得但按照税法规定免予征收企业所得税的收入。《企业所得税法》规定的免税收入包括以下几种。

（1）国债利息收入。它是指企业持有国务院财政部门发行的国债取得的利息收入。

（2）符合条件的居民企业之间的股息、红利等权益性投资收益。它是指居民企业直接投资于其他居民企业取得的投资收益。

（3）在中国境内设立机构、场所的非居民企业从居民企业取得与该机构、场所有实际联系的股息、红利等权益性投资收益。

需注意的是，上述第 2 项和第 3 项所称股息、红利等权益性投资收益，不包括连续持有居民企业公开发行并上市流通的股票不足 12 个月取得的投资收益。

（4）符合条件的非营利组织的收入。其免税收入不包括非营利组织从事营利性活动取得的收入，但国务院财政、税务主管部门另有规定的除外。

免税收入是纳税人应纳税收入的重要组成部分，只是国家为了实现某些经济和社会目标，在特定时期和对特定项目取得的经济利益给予的税收优惠照顾，而在一定时期以后也有可能恢复征税。

4. 不征税收入与免税收入在对应支出扣除规定方面的差异性

（1）不征税收入形成的支出不得在企业所得税税前扣除。《企业所得税法实施条例》第二十八条第二款规定："企业的不征税收入用于支出所形成的费用或财产，不得扣除或者计算对应的折旧、摊销扣除。"换言之，企业的不征税收入用于支出所形成的费用，不得在计算应纳税所得额时扣除；企业的不征税收入用于支出所形成的资产，其计算的折旧、摊销不得在计算应纳税所得额时扣除。

（2）免税收入支出所形成的资产或费用都可以在税前扣除。国家税务总局《关于贯彻落实企业所得税法若干税收问题的通知》（国税函〔2010〕79号）第六条"关于免税收入所对应的费用扣除问题"规定：根据《实施条例》第二十七条、第二十八条的规定，企业取得的各项免税收入所对应的各项成本费用，除另有规定者外，可以在计算企业应纳税所得额时扣除。

综上，不征税收入与免税收入的主要差别："不征税收入"虽然可以不计入应纳税所得额，但其支出所形成的资产或费用也不可在税前扣除；而"免税收入"既可以不计入应纳税所得额，而且其支出所形成的资产或费用都可以在税前扣除。

（二）政府补助：属于《企业所得税法》收入界定的"其他收入"中的"补贴收入"

根据《企业会计准则第16号——政府补助（2017）》规定，政府补助是指企业从政府无偿取得货币性资产或非货币性资产。它具有两大特征：一是来源于政府的经济资源；二是无偿性，即企业取得来源于政府的经济资源，不需要向政府交付商品或服务等对价。

从《企业所得税法》中对收入总额的概念界定及划分的九大收入类别看，企业获取的科技计划项目专项资金在《企业所得税法》界定的收入类别中，被归类为第九大类的"其他收入"类别中的"补贴收入"。

（三）符合条件的政府补助：可作为不征税收入，也可选择应税收入

1. 政府补助作为不征税收入处理：需同时满足三个条件

根据财政部、国家税务总局《关于专项用途财政性资金企业所得税处理问题的通知》（财税〔2011〕70号）规定，企业从县级以上各级人民政府财政部门及其他部门取得的应计入收入总额的财政性资金，凡同时符合以下三个条件的，可以作为不征税收入，在计算应纳税所得额时从收入总额中减除：

（1）企业能够提供规定资金专项用途的资金拨付文件；

（2）财政部门或其他拨付资金的政府部门对该资金有专门的资金管理办法或具体管理要求；

（3）企业对该资金以及以该资金发生的支出单独进行核算。

需注意的是，企业将符合上述三个条件的财政性资金做不征税收入处理后，还需特别关注两点：

1）不征税收入用于支出所形成的费用，不得在计算应纳税所得额时扣除；用于支出所形成的资产，其计算的折旧、摊销不得在计算应纳税所得额时扣除。

2）不征税收入在5年（60个月）内未发生支出且未缴回财政部门或其他拨付资金的政府部门的部分，应计入取得该资金第六年的应税收入总额；计入应税收入总额的财政性资金发生的支出，允许在计算应纳税所得额时扣除。

2. 符合条件的政府补助：是否作为不征税收入，企业有选择权

前面财税〔2011〕70号文的"企业从县级以上各级人民政府财政部门及其他部门取得的应计入收入总额的财政性资金，凡同时符合以下条件的，可以作为不征税收入，在计算应纳税所得额时从收入总额中减除"规定，是一条授权性规范。授权性规范是规定人们可以做出一定的行为，或者要求他人做出或不做出某种行为的规范。据此，企业考虑到取得不征税收入在税务管理上要求较高，且其用不征税收入支出所形成的费用，不得在计算应纳税所得额时扣除，所形成的资产，其计算的折旧、摊销不得在计算应纳税所得额时扣除。这样，无论是后续管理成本还是涉税风险都比较高，因此，企业可以根据自身情况自行选择对"专项用途财政性资金"的税务管理，即可以不按财税〔2011〕70号的规定管理，而是选择作为当期的应税收入处理。

因此，在实践中并非所有的财政性资金都属于不征税收入，只有同时具备三个条件，才能作为不征税收入；即使具备了三个条件，企业也可以选择将其作为当期应税收入来处理。

（四）符合条件的政府补助：选择作为应税收入所形成的支出可享加计扣除

国家税务总局《关于企业研究开发费用税前加计扣除政策有关问题的公告》（国家税务总局公告 2015 年第 97 号》第二条第五款"财政性资金的处理"规定：企业取得作为不征税收入处理的财政性资金用于研发活动所形成的费用或无形资产，不得计算加计扣除或摊销。

国家税务总局《关于研发费用税前加计扣除归集范围有关问题的公告》（国家税务总局公告 2017 年第 40 号）第七条第一款规定：企业取得的政府补助，会计处理时采用直接冲减研发费用方法且税务处理时未将其确认为应税收入的，应按冲减后的余额计算加计扣除金额。

综上，对企业取得的符合不征税收入条件的有关激励研发的政府补助，如果选择作为不征税收入处理，那么其支出所形成的费用或无形资产，不得计算加计扣除或摊销；如果作为应税收入处理，那么可享受研发费用加计扣除的优惠政策。

（五）政府补助的企业所得税纳税申报处理

通过前面的分析可知，企业取得的符合不征税收入条件的政府补助，在进行企业所得税纳税申报时，可以根据自身情况选择作为不征税收入或应税收入处理。正是由于在企业所得税处理上的选择差异，进而在纳税申报相关报表填报上也会有所差异。

1. 政府补助作为不征税收入的纳税申报

政府补助作为不征税收入时，对不征税收入用于费用化支出的部分，需填报《专项用途财政性资金纳税调整明细表》（A105040）进行纳税调整，如表 4-7 所示；对不征税收入用于资本化支出的部分，则通过《资产折旧、摊销情况及纳税调整明细表》（A105080）将会计上对不征税收入形成的资产计提的折旧、摊销进行纳税调整。

与此同时，上述两张表所反映的纳税调整事项，还需要归集到《纳税调整项目明细表》（A105000）中有关不征税收入填报的相关栏目中。

表4-7 专项用途财政性资金纳税调整明细表（A105040）

行次	项目	取得年度	财政性资金	其中：符合不征税收入条件的财政性资金		以前年度支出情况					本年支出情况		本年结余情况		
				金额	其中：计入本年损益的金额	前五年度	前四年度	前三年度	前二年度	前一年度	支出金额	其中：费用化支出金额	结余金额	其中：上缴财政金额	应计入本年应税收入金额
			1	2	3	4	5	6	7	8	9	10	11	12	13	14
1	前五年度														
2	前四年度					—									
3	前三年度					—	—								
4	前二年度					—	—	—							
5	前一年度					—	—	—	—						
6	本年					—	—	—	—	—					
7	合计（1+2+…+6）	—													

备注：此表适用于对不征税收入用于费用化支出的部分进行纳税调整，对不征税收入用于资本化支出的部分则通过《资产折旧、摊销情况及纳税调整明细表》（A105080）进行纳税调整。

2.政府补助作为应税收入的纳税申报

政府补助作为应税收入时,对于会计处理按权责发生制确认收入而税法上于收到时确认收入的政府补助,需填报《未按权责发生制确认收入纳税调整明细表》(A105020)对会计上的政府补助递延收入进行纳税调整,如表4-8所示。

此外,政府补助作为应税收入时,由于其形成的费用或折旧、摊销能够在税前加计扣除,因此还需填报《研发费用加计扣除优惠明细表》(A107014)。

表4-8 未按权责发生制确认收入纳税调整明细表(部分)

行次	项目	合同金额(交易金额)	账载金额		税收金额		纳税调整金额
			本年	累计	本年	累计	
		1	2	3	4	5	6(4-2)
	...						
9	三、政府补助递延收入(10+11+12)						
10	(一)与收益相关的政府补助						
11	(二)与资产相关的政府补助						
12	(三)其他						
	...						

三、政府补助的企业所得税处理案例

会计上,政府补助划分为与资产相关的政府补助和与收益相关的政府补助两类,账务处理有总额法和净额法两种会计处理方法可供选择。

在企业所得税处理上,符合条件的政府补助可选择作为应税收入或不征税收入处理,具体如下:

(1)选择作为应税收入处理,其形成的支出允许在企业所得税税前扣除;如为激励研发创新的政府补助,则其形成的支出还可享受研发费用加计扣除政策优惠;因其会计处理和税务处理的差异,需填报《未按权责发生制确认收入纳税调整明细表》(A105020)、《纳税调整项目明细表》(A105000)及《研发费用加计扣除优惠明细表》（A107014）的相关栏目进行纳税调整。

（2）选择作为不征税收入处理，其支出所形成的费用或财产，不得扣除或者计算对应的折旧、摊销扣除，也不可享受加计扣除；如不征税收入在5年（60个月）内未发生支出且未缴回财政部门或其他拨付资金的政府部门的部分，应计入取得该资金第6年的应税收入总额；计入应税收入总额的财政性资金发生的支出，允许在计算应纳税所得额时扣除；因其会计处理和税务处理的差异，对不征税收入用于费用化支出的部分，需填报《专项用途财政性资金纳税调整明细表》（A105040）进行纳税调整；对不征税收入用于资本化支出的部分，则通过《资产折旧、摊销情况及纳税调整明细表》（A105080）进行纳税调整；此两种纳税调整事项均需要归集到《纳税调整项目明细表》（A105000）中有关不征税收入填报的相关栏目中。

（一）与资产相关的政府补助

1. 总额法下作为应税收入和不征税收入的对比分析

【例4-11】2×21年1月5日，政府拨付A企业480万元财政拨款，并于当日到账，要求用于购买大型科研设备1台。2×21年1月31日，A企业购入了一台大型研发设备（假设不需要安装），实际成本480万元（假设未取得增值税专用发票），使用寿命10年，采用直线法计提折旧（假设无残值）。

会计处理：此例为与资产相关的政府补助，选择总额法进行会计处理。以下会计分录及分析以"万元"为单位。

（1）2×21年1月5日实际收到财政拨款，确认政府补助时。

借：银行存款　　480
　贷：递延收益　　　480

（2）2×21年1月31日购入设备时。

借：固定资产　　480
　贷：银行存款　　　480

（3）自2×21年2月起计提折旧，同时分摊递延收益时，则各年度会计分录如表4-9所示。

表4-9　各年度会计分录

项目	2×21年2月~2×21年12月	2×22~2×30年	2×31年1月
计提折旧	借：研发支出　44 　贷：累计折旧　44	借：研发支出　48 　贷：累计折旧　48	借：研发支出　4 　贷：累计折旧　4
分摊递延收益	借：递延收益　44 　贷：其他收益　44	借：递延收益　48 　贷：其他收益　48	借：递延收益　4 　贷：其他收益　4

税务处理一：与资产相关的政府补助（总额法）作为应税收入处理，不考虑研发费用加计扣除情况

A企业选择将取得的与资产相关的政府补助（总额法）作为应税收入处理，根据《企业所得税法》，应于实际收到年度确认为应税收入。2×21年实际收到财政拨款480万元，由于会计上已确认收入44万元，所以税收上调增应纳税所得额436（480-44）万元；2×22~2×30年每年会计上确认收入48万元，所以税收上调减应纳税所得额48万元，9年共计调减应纳税所得额432万元；2×31年会计上确认收入4万元，税收上调减应纳税所得额4万元。具体会计处理和纳税调整如表4-10所示。

表4-10　与资产相关的政府补助（总额法）作为应税收入的纳税调整分析表

（不考虑研发费用加计扣除情况）

项目	2×21年				2×22~2×30年				2×31年			
	会计处理		纳税调整		会计处理		纳税调整		会计处理		纳税调整	
	收入总额	成本费用	调增	调减	收入总额	成本费用	调增	调减	收入总额	成本费用	调增	调减
取得的财政资金	44		436		48			48	4			4
补偿相关费用或损失		44				48				4		
应纳税所得额	（44-44）+436=436				（48-48）×9+(-48×9)=-432				(4-4)+(-4)=-4			
10年中对应纳税所得额影响	0											

如表4-10所示，在此种作为应税收入的情况下，企业取得的政府补助需在取得的当年缴纳企业所得税，但在以后资产使用期间所计提的折旧或摊销需要调减

应税收入，进而少交企业所得税；在不考虑时间价值情况下，在整个资产使用期间对企业总体应纳税所得额的影响为0。

税务处理二：与资产相关的政府补助（总额法）作为应税收入处理，享受研发费用加计扣除情况

A企业选择将取得的与资产相关的政府补助（总额法）作为应税收入处理，按《企业所得税法》规定，应于实际收到的年度确认为应纳收入。有关财政拨款的纳税调整事项同上述税务处理一，与之不同的是财政拨款支出所形成的成本费用可享受加计扣除。具体会计处理和纳税调整如表4-11所示。

表4-11 与资产相关的政府补助（总额法）作为应税收入的纳税调整分析表

（享受研发费用加计扣除情况）

项目	2×21年				2×22～2×30年				2×31年			
	会计处理		纳税调整		会计处理		纳税调整		会计处理		纳税调整	
	收入总额	成本费用	调增	调减	收入总额	成本费用	调增	调减	收入总额	成本费用	调增	调减
取得的财政资金	44		436		48			48	4			4
补偿相关费用或损失		44				48				4		
研发费用加计扣除（75%）				33				36				3
应纳税所得额	（44-44）+（436-33）=403				（48-48）×9+（-48×9-36×9）=0-432-324=-756				（4-4）+（-4-3）=-7			
10年中对应纳税所得额影响	-360（由于享受加计扣除75%，10年总计调减480×75%=360万元）											

如表4-11所示，在此种作为应税收入且又享受加计扣除优惠的情况下，除了要表5-3要求的内容外，因为可享受加计扣除优惠，所以对企业来说更为有利。

税务处理三：与资产相关的政府补助（总额法）作为不征税收入处理

A企业选择将取得的与资产相关的政府补助（总额法）作为不征税收入处理，则2×21年补助收入调减应纳税所得额480万元，其支出形成的折旧费用不允许税前扣除，调增应纳税所得额44万元，2×21年合计调减应纳税所得额-436万元；

同理，2×22～2×30年每年其支出形成的折旧费用不允许税前扣除，每年调增应纳税所得额48万元，9年共计调增纳税所得额432万元；2×31调增应纳税所得额4万元。具体会计处理和纳税调整如表4-12所示。

表4-12　与资产相关的政府补助（总额法）作为不征税收入的纳税调整分析表

项目	2×21年				2×22～2×30年				2×31年			
	会计处理		纳税调整		会计处理		纳税调整		会计处理		纳税调整	
	收入总额	成本费用	调增	调减	收入总额	成本费用	调增	调减	收入总额	成本费用	调增	调减
取得的财政资金	44			480	48				4			
补偿相关费用或损失		44	44			48	48			4	4	
应纳税所得额	（44-44）+(-480+44)=-436				（48-48）×9+48×9=432				（4-4）+4=4			
10年中对应纳税所得额影响	0											

如表4-12所示，在此种作为不征税收入的情况下，企业取得的政府补助需在取得的当年调减收入总额进而不交企业所得税，但因在以后资产使用期间所计提的折旧或摊销不可税前扣除，应调增应纳税所得额进而多交企业所得税；在不考虑时间价值的情况下，在整个资产使用期间对企业总体应纳税所得额的影响为0。

2. 净额法下作为应税收入和不征税收入的对比分析

【例4-12】资料信息与例4-11相同。

会计处理：选择净额法进行会计处理。以下会计分录及分析以"万元"为单位。

（1）2×21年1月5日实际收到财政拨款，确认政府补助时。

借：银行存款　　480
　　贷：递延收益　　　480

（2）2×21年1月31日购入设备时。

借：固定资产　　480
　　贷：银行存款　　480

借：递延收益   480
　　贷：固定资产   480

税务处理一：与资产相关的政府补助（净额法）作为应税收入处理。

A企业选择将取得的与资产相关的政府补助（净额法）作为应税收入处理，根据《企业所得税法》，应于实际收到年度确认为应税收入。2×21年实际收到财政拨款480万元，由于会计上采用净额法将补助冲减了固定资产账面价值，所以会计上未确认收入，又因固定资产账面价值为0，会计上也未确认其折旧费；税法上应将2×21年收到的财政拨款确认为应税收入，调增应纳税所得额480万元；同理，税法上允许扣除折旧费，由此调增应纳税所得额44万元；综合这两项，2×21年共计调增应纳税所得436万元；2×22～2×30年每年税法计提折旧调增应纳税所得额48万元，9年共计调增应纳税所得额432万元；2×31年计提折旧调增应纳税所得额4万元。具体会计处理和纳税调整如表4-13所示。

表4-13　与资产相关的政府补助（净额法）作为应税收入的纳税调整分析表

项目	2×21年				2×22～2×30年				2×31年			
	会计处理		纳税调整		会计处理		纳税调整		会计处理		纳税调整	
	收入总额	成本费用	调增	调减	收入总额	成本费用	调增	调减	收入总额	成本费用	调增	调减
取得的财政资金			480									
补偿相关费用或损失												
冲减资产折旧摊销的税收金额				44				48				4
应纳税所得额	480-44=436				-48×9=-432				-4			
10年中对应纳税所得额影响	0											

税务处理二：与资产相关的政府补助（净额法）作为不征税收入处理。

A企业选择将取得的与资产相关的政府补助（净额法）作为不征税收入处理，因会计上采用净额法将补助冲减了固定资产账面价值，由此会计上既没确认收入也不计提折旧,无会计利润形成;同时税法上又选择将补助作为不征税收入处理,所以无须进行纳税调整。但需注意的是,企业要做好不征税收入的备查相关资料。

(二)与收益相关的政府补助

1. 总额法下作为应税收入和不征税收入的对比分析

【例4-13】大华公司2×20年12月申请某国家级研发补贴。申请报告书中的有关内容如下:本公司于2×20年1月启动数字印刷技术开发项目,预计总投资450万元,为期4年,已投入资金150万元。项目还需新增投资300万元(其中,购置固定资产120万元、场地使用费60万元、人员费100万元、市场营销20万元),计划自筹资金120万元、申请财政拨款180万元,且财政拨款不可用于购置固定资产等资本性的支出,满足不征税收入的三个条件。

2×21年1月1日,主管部门批准了大华公司的申请,签订的补贴协议规定:批准大华公司补贴申请,共补贴款项180万元,分两次拨付。合同签订日拨付120万元,项目2×23年结束并通过验收且于2×23年12月支付60万元(如果不能通过验收,则不支付第二笔款项);此外,假定该研发项目在2×21~2×23年期间每年支出额均为60万元。

会计处理:此例为与收益相关的政府补助,选择总额法进行会计处理。以下会计分录及分析以"万元"为单位。

(1)2×21年1月1日,实际收到拨款120万元时。

借:银行存款　　120

　　贷:递延收益　　120

(2)自2×21~2×22年分别分摊递延收益。

借:递延收益　　60

　　贷:其他收益　　60

(3)2×23年项目完工且通过验收,于12月31日实际收到拨付60万元时。

借:银行存款　　60

　　贷:其他收益　　60

（4）2×21～2×23年期间，每年支付60万元各类研发费用时。

借：研发支出　　60

贷：银行存款　　60

税务处理一：与收益相关的政府补助（总额法）作为应税收入处理，不考虑研发费用加计扣除情况。

大华公司选择将取得的与收益相关的政府补助（总额法）作为应税收入处理，按《企业所得税法》规定，应于实际收到的年度确认为应税收入。2×21年实际收到财政拨款120万，因会计上已确认收入60万元，故应调增应纳税所得额60万元；2×22年调减应纳税所得额60万元；2×23年又收到第二期财政拨款60万元，因会计上已确认收入60万元，与税务处理一致，不再做纳税调整。具体会计处理和纳税调整如表4-14所示。

表4-14　与收益相关的政府补助（总额法）作为应税收入的纳税调整分析表

（不考虑研发费用加计扣除情况）

项目	2×21年				2×22年				2×23年			
	会计处理		纳税调整		会计处理		纳税调整		会计处理		纳税调整	
	收入总额	成本费用	调增	调减	收入总额	成本费用	调增	调减	收入总额	成本费用	调增	调减
取得的财政资金	60		60		60			60	60			
补偿相关费用或损失		60				60				60		
应纳税所得额	（60-60）+60=60				（60-60）+（-60）=-60				60-60=0			
3年中对应纳税所得额影响	0											

税务处理二：与收益相关的政府补助（总额法）作为应税收入处理，享受研发费用加计扣除情况。

大华公司选择将取得的与收益相关的政府补助（总额法）作为应税收入处理，按《企业所得税法》规定，应于实际收到的年度确认为应税收入。有关财政拨款的纳税调整事项同上述税务处理一，与之不同的是财政拨款支出所形成的成本费用可享受加计扣除。具体会计处理和纳税调整如表4-15所示。

表4-15 与收益相关的政府补助（总额法）作为应税收入的纳税调整分析表

（享受研发费用加计扣除情况）

项目	2×21年				2×22年				2×23年			
	会计处理		纳税调整		会计处理		纳税调整		会计处理		纳税调整	
	收入总额	成本费用	调增	调减	收入总额	成本费用	调增	调减	收入总额	成本费用	调增	调减
取得的财政资金	60			60	60			60	60			
补偿相关费用或损失		60				60				60		
研发费用加计扣除（75%）				45				45				45
应纳税所得额	（60-60）+（60-45）=15				（60-60）+(-60-45)=-105				（60-60）+(-45)=-45			
3年中对应纳税所得额影响	-135（因享受加计扣除75%，3年总计调减180×75%=135万元）											

税务处理三：与收益相关的政府补助（总额法）作为不征税收入处理。

大华公司选择将取得的与收益相关的政府补助（总额法）作为不征税收入处理，则2×21年实际收到财政拨款120万元作为不征税收入调减应纳税所得额120万元，同时其形成的费用支出不允许税前扣除，调增应纳税所得额60万元，2×21年合计调减应纳税所得额-60万元；同理，2×22年其支出形成的折旧费用不允许税前扣除，调增应纳税所得额60万元；2×31年实际收到的第二期财政补助60万元作为不征税收入调减应纳税所得额60万元，同时其形成的费用支出不允许税前扣除，调增应纳税所得额60万元。具体会计处理和纳税调整如表4-16所示。

表4-16 与收益相关的政府补助（总额法）作为不征税收入的纳税调整分析表

项目	2×21年				2×22年				2×23年			
	会计处理		纳税调整		会计处理		纳税调整		会计处理		纳税调整	
	收入总额	成本费用	调增	调减	收入总额	成本费用	调增	调减	收入总额	成本费用	调增	调减
取得的财政资金	60			120	60				60			60
补偿相关费用或损失		60	60			60	60			60	60	
应纳税所得额	（60-60）+(-120+60)=-60				（60-60）+60=60				（60-60）+(-60+60)=0			
3年中对应纳税所得额影响	0											

2. 净额法下作为应税收入和不征税收入的对比分析

【例4-14】资料信息与例4-13相同。

会计处理：选择净额法进行会计处理。以下会计分录及分析以"万元"为单位。

（1）2×21年1月5日实际收到财政拨款，确认政府补助时。

借：银行存款　　120

　　贷：递延收益　　　　120

（2）2×21～2×22年将财政拨款用于研发项目费用支出时。

借：递延收益　　60

　　贷：研发支出　　　　60

（3）2×23年先用自筹资金垫付研发项目费用支出时。

借：研发支出　　60

　　贷：银行存款

（4）2×23年末项目通过验收收到第二期财政拨款60万元时。

借：银行存款　　60

　　贷：研发支出　　　　60

税务处理一：与收益相关的政府补助（净额法）作为应税收入处理。

大华公司取得的与收益相关的政府补助（净额法）选择作为应税收入处理，按《企业所得税法》规定，应于实际收到的年度确认应税收入。2×21年实际收到财政拨款120万元，因会计上采用净额法核算即冲减相关成本费用而未确认收入，同时按权责制本年度会计上只冲减相关成本费用60万元，由此2×21年会计利润为60万元；税法上应确认应税收入120万元，所以财政拨款调增应纳税所得额60万元，同时税法上允许扣除财政拨款支出形成的成本费用60万元即纳税调减60万元；综合2×21年会计事项和纳税调整，总计影响应纳税所得额60万元。2×22年会计上冲减相关成本费用60万元由此会计利润为60万元；税法上调减财政拨款应税收入60万元，调减财政拨款支出形成的成本费用60万元；由此2×22年合计影响应纳税所得额-60万元。

2×23年又收到第二期财政拨款60万元，因为会计上采用净额法核算冲减了以前已发生的相关成本费用，所以会计利润为 0；税法上收到的第二期财政拨款应调增应纳税所得额 60 万元；同时调减财政拨款支出形成的成本费用 60 万元，故 2×23 年总计影响应纳税所得额为 0。具体会计处理和纳税调整如表 4-17 所示。

表4-17　与收益相关的政府补助（净额法）作为应税收入的纳税调整分析表

项目	2×21年				2×22年				2×23年			
	会计处理		纳税调整		会计处理		纳税调整		会计处理		纳税调整	
	收入总额	成本费用	调增	调减	收入总额	成本费用	调增	调减	收入总额	成本费用	调增	调减
取得的财政资金			60				60		60	60		
冲减相关成本费用		-60				-60				-60		
财政资金支出费用的税收金额				60				60				60
应纳税所得额	-(-60)+(60-60)=60				-(-60)+(-60-60)=-60				-(60-60)+(60-60)=0			
3年中对应纳税所得额影响	0											

税务处理二：与收益相关的政府补助（净额法）作为不征税收入处理。

大华公司选择取得的与收益相关的政府补助（净额法）作为不征税收入处理，按《企业所得税法》规定，其支出形成的成本费用不允许税前扣除。2×21 年实际收到财政拨款 120 万元，如税务处理一所述，会计上因采用净额法核算使会计利润为 60 万元，税法上调减 120 万元不征税收入，由此 2×21 年总计影响应纳税所得额 -60 万元。2×22 年会计利润 60 万元，无纳税调整事项，故影响应纳税所得额 60 万元；2×23 年又收到第二期财政拨款 60 万元，会计上采用净额法核算冲减已发生的相关成本费用，所以会计利润为 0；税务上调减 60 万元不征税收入，调减不可扣除的已发生成本 60 万元；综合看 2×23 年总计影响应纳税所得额为 0。具体会计处理和纳税调整如表 4-18 所示。

表4-18 与收益相关的政府补助（净额法）作为不征税收入的纳税调整分析表

项目	2×21年 会计处理		2×21年 纳税调整		2×22年 会计处理		2×22年 纳税调整		2×23年 会计处理		2×23年 纳税调整	
	收入总额	成本费用	调增	调减	收入总额	成本费用	调增	调减	收入总额	成本费用	调增	调减
取得的财政资金				120						60		60
冲减相关成本费用		-60				-60				-60	60	
应纳税所得额	－(-60)-120=-60				－(-60)=60				－(60-60)+(-60+60)=0			
3年中对应纳税所得额影响	0											

第五章

企业研发费用加计扣除政策解读与财税处理

企业研发费用加计扣除是企业所得税支持创新的"牛鼻子"政策,从激励创新各项税收优惠政策之间的关系看,研发费用加计扣除政策已经内嵌于其他政策中,凡是激励创新的所得税优惠政策,基本都设定了研发费用条款。该政策不仅本身能促进企业加大研发投入,还能带动针对高新技术企业、软件企业、集成电路企业、动漫企业、科技型中小企业、初创科技型企业、创业投资企业等一系列企业所得税优惠政策的落实。换言之,是否发生研发费用、研发费用的比例是多少,某种意义上已经成为企业科技含量的"标签"。因此,落实好该项政策,就抓住了"牛鼻子",进而能够捋顺并带动其他研发创新税收优惠政策的落实。

本章在熟悉了企业研发费用加计扣除的政策依据与优惠内容基础上,重点阐释了申报享受加计扣除需满足的三个条件,最后简要介绍了研发费用加计扣除的纳税申报与备查资料以及税务机关后续管理等相关财税问题。本章的知识架构如图 5-1 所示。

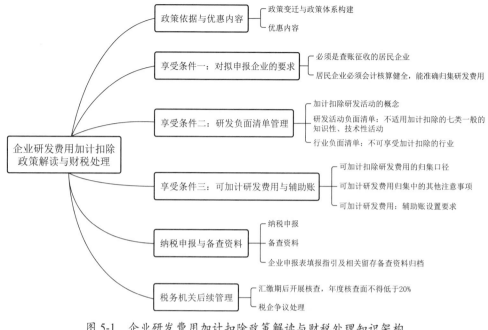

图 5-1　企业研发费用加计扣除政策解读与财税处理知识架构

第一节　政策依据与优惠内容

加计扣除是企业所得税的一种税基式优惠方式，一般是指按照税法规定在实际发生支出数额的基础上，再加成一定比例，作为计算应纳税所得额时的扣除数额。如对企业的研发支出实施加计扣除，则被称为研发费用加计扣除。

在众多激励研发活动的税收政策中，企业研发费用加计扣除是国际通行的引导和激励企业开展研发活动最强有力的税收政策工具，具有普惠性、公平性、含金量高等特征，世界各国普遍都实行这一政策。例如，俄罗斯、南非规定，研发费用可以按照150%进行加计扣除；巴西规定，研发费用可以按照160%加计扣除，对新增科研人员、新注册专利的情况还有额外的加计扣除比例；加拿大的科研和试验发展计划则对企业研发费用给予200%的加计扣除。

一、政策变迁与政策体系构建

我国企业研发费用加计扣除政策始于1996年，纵观其20多年的变迁史，大致可分为探索起步阶段（1996～2007年）、依法提升阶段（2008～2015年）、不断完善阶段（2016年至今）三个阶段。

（一）探索起步阶段（1996～2007年）

1996～2007年，我国将企业因研发活动而产生的研发费用称为技术开发费，并将其在一个纳税年度的发生额全部计入管理费用，在符合有关条件的基础上，允许在100%据实扣除的基础上，享受加计50%扣除的税收优惠。

1. 享受主体最初仅限于国有、集体工业企业（1996～1998年）

1996年4月7日，财政部、国家税务总局为了贯彻落实《中共中央 国务院关于加速科学技术进步的决定》，积极推进经济增长方式的转变，提高企业经济效益，联合下发了《关于促进企业技术进步有关财务税收问题的通知》（财工字〔1996〕41号），首次就研发费用税前加计扣除问题进行了明确：国有、集体工业企业研究开发新产品、新技术、新工艺所发生的各项费用，增长幅度在10%以上的，经主管税务机关审核批准，可再按实际发生额的50%抵扣应税所得额。企业为开发新技术、研制新产品所购置的试制用关键设备、测试仪器，单位价值在10万元以下的，可一次或分次摊入管理费用，其中达到固定资产标准的应单独管理，不再提取折旧。

为贯彻落实财工字〔1996〕41号文，1996年9月3日，国家税务总局颁布了《关于促进企业技术进步有关税收问题的补充通知》（国税发〔1996〕152号），对研发费用加计扣除政策执行口径进行了细化。

2. 确立了审批程序，享受主体扩至外商投资企业（1999～2002年）

为了正确落实财工字〔1996〕41号文有关研发费用加计扣除政策和有利于征收管理，加强和规范其管理工作，1999年3月25日，国家税务总局颁布了《企业技术开发费税前扣除管理办法》（国税发〔1999〕49号），明确了税务机关对企业技术开发费税前扣除的审核批准程序。

1999年9月17日，国家税务总局颁布了《关于外商投资企业技术开发费抵扣应纳税所得额有关问题的通知》（国税发〔1999〕173号）。该文件又将企业范围扩大到外商投资企业，同时要求外商投资企业的技术开发费必须是在中国境内发生的。

2001年6月8日,国家税务总局颁布了《关于外商投资企业技术开发费抵扣应纳税所得额的补充通知》(国税函〔2001〕405号)。该文件对外商投资企业技术开发费税前扣除政策进行了细化。

3. 享受主体扩至各种所有制工业企业,审批制改为备案制(2003～2005年)

2003年11月27日,为鼓励更多的企业加强技术创新,营造企业间公平竞争的纳税环境,财政部和国家税务总局颁布了《关于扩大企业技术开发费加计扣除政策适用范围的通知》(财税〔2003〕244号),将研发费用加计扣除的享受主体扩大到了"所有财务核算制度健全、实行查账征收企业所得税的各种所有制的工业企业"。

2004年6月30日,国家税务总局颁布了《关于做好已取消和下放管理的企业所得税审批项目后续管理工作的通知》(国税发〔2004〕82号),将技术开发费加计扣除由税务机关审批制改为备案制,即改为由纳税人根据有关税收优惠政策规定自主申报扣除,主管税务机关进行后续管理。

4. 享受主体扩至内外资企业、科研机构、大专院校等,且不再限定增长比例和盈利,扣除金额可5年递延(2006～2007年)

2006年2月7日,国务院发布了《国务院关于印发实施〈国家中长期科学和技术发展规划纲要(2006—2020年)〉若干配套政策的通知》(国发〔2006〕6号)。该文规定:允许企业按当年实际发生的技术开发费用的150%抵扣当年应纳税所得额。实际发生的技术开发费用当年抵扣不足部分,可按税法规定在5年内结转抵扣。企业用于研究开发的仪器和设备,单位价值在30万元以下的,可一次或分次摊入管理费用,其中达到固定资产标准的应单独管理,但不提取折旧;单位价值在30万元以上的,可采取适当缩短固定资产折旧年限或加速折旧的政策。

2006年9月8日,财政部和国家税务总局颁布了《关于企业技术创新有关企业所得税优惠政策的通知》(财税〔2006〕88号)。该文对国发〔2006〕6号文的技术开发费税前扣除政策进一步予以明确。

(二)依法提升阶段(2008～2015年)

2008年新《企业所得税法》及其实施条例的实施,将研发费用加计扣除优惠政策以法律形式予以确认,政策的刚性大大增强。与原技术开发费加计扣除政策相比,有3处较为明显的变化:①概念变迁,将"技术开发费"概念改为"研究开发费用",

名称更为规范化和国际化；②研发费用会计核算方法变迁，由"费用化处理"改为"有条件资本化处理"；③加计扣除受益期限变迁，由当年一次加计扣除模式到当年一次加计扣除和分年加计摊销共存模式。换言之，企业在一个纳税年度发生的研发费用，未形成无形资产计入当期损益的，在按照规定实行100%扣除的基础上，按照研发费用的50%加计扣除；形成无形资产的，按照无形资产成本的150%摊销。

本阶段的具体变迁过程如下所示。

1. 加计扣除政策逐步系统化和体系化（2008～2012年）

为贯彻落实2006年全国科技大会上提出的自主创新、建设创新型国家战略，2007年3月颁布的《企业所得税法》（主席令第63号）第一次以法律形式对研发费用加计扣除政策予以确定，其第三十条第（一）项规定：开发新技术、新产品、新工艺发生的研究开发费用可以在计算应纳税所得额时加计扣除。

为明确《企业所得税法》中研发费加计扣除比例，2007年12月发布的《企业所得税法实施条例》（国务院令512号）第九十五条规定："企业所得税法第三十条第（一）项所称研究开发费用的加计扣除，是指企业为开发新技术、新产品、新工艺发生的研究开发费用，未形成无形资产计入当期损益的，在按照规定据实扣除的基础上，按照研究开发费用的50%加计扣除；形成无形资产的，按照无形资产成本的150%摊销。"其中，自行开发形成无形资产的研究开发费用的计税基础在《企业所得税法实施条例》的第六十六条第（二）项规定："自行开发的无形资产，以开发过程中该资产符合资本化条件后至达到预定用途前发生的支出为计税基础"；其摊销方法和摊销年限在第六十七条规定："无形资产按照直线法计算的摊销费用，准予扣除。无形资产的摊销年限不得低于10年"。

为便于纳税人享受政策，2008年12月，国家税务总局印发了《企业研究开发费用税前扣除管理办法（试行）》（国税发〔2008〕116号），对研发费用加计扣除政策做出了系统而详细的规定，为全国各地税务机关、科技部门、企业、中介机构全面贯彻落实该政策提供了统一的细则管理规范和具体操作程序，且受惠面扩大，只要有研发创新活动且财务健全的居民企业均可享受；同时，为确保新旧政策的有效衔接，2009年《国家税务总局关于企业所得税若干税务事项衔接问题的通知》（国税函〔2009〕98号）第八条"关于技术开发费的加计扣除形成的亏损的处理"明确规定："企业技术开发费加计扣除部分已形成企业年度亏损，可以用以后年度所得弥补，但结转年限最长不得超过 5 年"。

至此，我国已初步构建起较为完善规范的，且涵盖法律、法规、规章等多个层次的企业研发投入税前扣除的制度框架体系。

2. 研发费用加计扣除范围渐次扩大（2013～2015 年）

2013 年年初，国家决定在中关村、东湖、张江三个国家自主创新示范区和合芜蚌自主创新综合试验区开展扩大研究开发费用加计扣除范围政策试点。当年 9 月，在总结中关村国家自主创新示范区试点经验基础上，财政部、国家税务总局发布《关于研究开发费用税前加计扣除有关政策问题的通知》（财税〔2013〕70号），将试点政策推广到全国。

此次政策变化的要点体现在三个方面：①扩大了加计扣除范围，将研发人员的"五险一金"，研发仪器设备运行维护、调整、检验、维修等费用，不构成固定资产的样品、样机及一般测试手段购置费、新药研制临床试验费、研发成果鉴定费等纳入了加计扣除范围；②允许中介鉴证，企业可以聘请具有资质的会计师事务所或税务师事务所，出具当年可加计扣除研发费用专项审计报告或鉴证报告；③简化了申报程序，主管税务机关对企业申报的研发项目有异议的，可要求企业提供地市级（含）以上政府科技部门出具的研发项目鉴定意见书。

（三）不断完善阶段（2016 年至今）

自 2016 年开始，研发费用加计扣除优惠政策与管理进入了新的阶段，具体如下所示。

1. 废止国税发〔2008〕116 号和财税〔2013〕70 号文，出台新政

2015 年 11 月，为进一步鼓励企业加大研发投入，有效促进企业研发创新活动，经国务院批准，财政部、国家税务总局和科学技术部联合下发了里程碑式的研发费用加计扣除新政，即《关于完善研究开发费用税前加计扣除政策的通知》（财税〔2015〕119 号），自 2016 年 1 月 1 日起开始实施。新政放宽了享受优惠的企业研发活动及研发费用的范围，大幅减少了研发费用加计扣除口径与高新技术企业认定研发费用归集口径的差异，并首次明确了负面清单制度。

2015 年 12 月，进一步明确政策执行口径和管理要求，国家税务总局发布了《关于企业研究开发费用税前加计扣除政策有关问题的公告》（国家税务总局公告 2015 年第 97 号），简化了研发费用在税务处理中的归集、核算及备案管理，进一步降低了企业享受优惠的门槛，适用于 2016 年度及以后年度企业所得税汇算清缴。

2017 年 11 月，为进一步做好研发费用加计扣除优惠政策的贯彻落实工作，切实解决政策落实过程中存在的问题，国家税务总局下发了《关于研发费用税前加计扣除归集范围有关问题的公告》（国家税务总局公告 2017 年第 40 号），聚焦研发费用归集范围，完善和明确了部分研发费用归集口径，废止了 97 号公告的部分条款。

2. 科技型中小企业加计扣除比例提高至 75%（试行期 2017～2019 年）

2017 年 5 月，为进一步鼓励科技型中小企业加大研发费用投入，根据国务院常务会议决定，财政部、国家税务总局、科学技术部联合印发了《关于提高科技型中小企业研究开发费用税前加计扣除比例的通知》（财税〔2017〕34 号），将科技型中小企业享受研发费用加计扣除比例由 50% 提高到 75%。国家税务总局同时下发了《关于提高科技型中小企业研究开发费用税前加计扣除比例有关问题的公告》（国家税务总局公告 2017 年第 18 号），进一步明确了政策执行口径，保证了优惠政策的贯彻实施。三部门还印发了《科技型中小企业评价办法》，明确了科技型中小企业评价标准和程序。

3. 符合条件的委托境外研发费用允许加计扣除（自 2018 年起施行）

随着我国经济的持续快速发展，一些企业逐步走向全球，其研发活动也随之遍布全球，并且委托境外机构进行研发创新活动也成为企业研发创新的重要形式。为了进一步加大对企业研发活动的支持，2018 年 4 月 25 日，国务院常务会议决定，取消企业委托境外研发费用不得加计扣除的限制，允许符合条件的委托境外研发费用加计扣除。2018 年 6 月，财政部、国家税务总局、科学技术部据此制发了《关于企业委托境外研究开发费用税前加计扣除有关政策问题的通知》（财税〔2018〕64 号），明确了相关政策口径，自 2018 年 1 月 1 日起执行。

4. 所有企业加计扣除比例提高至 75%（首次试行期 2018～2020 年；再延期至 2023 年）

为进一步激励企业加大研发投入，支持科技创新，2018 年 7 月 23 日，国务院常务会议决定，将企业研发费用加计扣除比例提高到 75% 的政策由科技型中小企业扩大至所有企业。财政部、国家税务总局据此制发了《关于提高研究开发费用税前加计扣除比例的通知》（财税〔2018〕99号），明确了相关政策口径，即企业开展研发活动中实际发生的研发费用，未形成无形资产计入当期损益的，在按规定据实扣除的基础上，2018年1月1日至2020年12月31日，再按照实际发生额的75%在税前加计扣除；形成无形资产的，在上述期间按照无形资产成本的175%在税前摊销。

根据2021年3月《关于延长部分税收优惠政策执行期限的公告》（财政部 国家税务总局公告2021年第6号）规定，上述2018～2020年试行75%加计扣除比例的优惠政策即财税〔2018〕99号文的执行期限延长至2023年12月31日。

5. 制造业企业加计扣除比例提高至100%（自2021年1月1日起执行）

根据2021年3月《关于进一步完善研发费用税前加计扣除政策的公告》（财政部 国家税务总局公告2021年第13号）的规定，自2021年1月1日起，将制造业企业研发费用加计扣除比例由75%提高至100%。

综上，截至当前，我国已构建的企业研发费用加计扣除政策框架体系如图5-2所示。

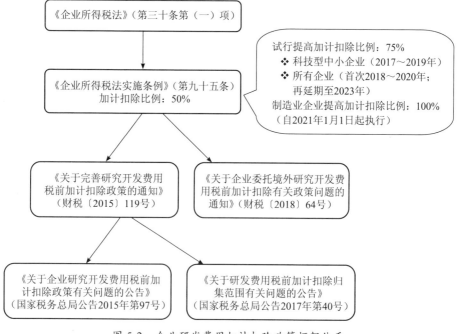

图5-2 企业研发费用加计扣除政策框架体系

二、优惠内容

（一）总体规定

1.《企业所得税法》：以法律形式确立研发费用加计扣除政策

《企业所得税法》第三十条第（一）项规定：开发新技术、新产品、新工艺发生的研究开发费用可以在计算应纳税所得额时加计扣除。这是我国第一次以法律形式对研发费用加计扣除政策予以确定，实实在在贯彻了我国建设创新型国家的战略。

2.《企业所得税法实施条例》确定的加计扣除比例为 50%

《企业所得税法实施条例》规定：企业为开发新技术、新产品、新工艺发生的研究开发费用，未形成无形资产计入当期损益的，在按照规定据实扣除的基础上，按照研究开发费用的 50% 加计扣除（即当年一次加计扣除）；形成无形资产的，按照无形资产成本的 150% 摊销（即分年加计摊销）。其中，自行开发的无形资产，以开发过程中该资产符合资本化条件后至达到预定用途前发生的支出为计税基础。无形资产按照直线法计算的摊销费用，准予扣除。无形资产的摊销年限不得低于 10 年。

3. 试行加计扣除比例 75% 优惠（2017～2023 年）

2017 年为进一步鼓励科技型中小企业加大研发投入，对其在 2017 年 1 月 1 日至 2019 年 12 月 31 日期间开展研发活动中实际发生的研发费用，将税前加计扣除比例提高至 75%；2018 年又将该 75% 税前加计扣除政策扩至所有企业，试行期限为 2018 年 1 月 1 日至 2020 年 12 月 31 日；2021 年又将 75% 税前加计扣除优惠政策的执行期限延长至 2023 年 12 月 31 日。

4. 制造业企业加计扣除比例提高至 100%（2021 年至现在）

根据 2021 年 3 月发布的《关于进一步完善研发费用税前加计扣除政策的公告》（财政部 国家税务总局公告 2021 年第 13 号）的规定：制造业企业开展研发活动中实际发生的研发费用，未形成无形资产计入当期损益的，在按规定据实扣除的基础上，自 2021 年 1 月 1 日起，再按照实际发生额的 100% 在税前加计扣除；形成无形资产的，自 2021 年 1 月 1 日起，按照无形资产成本的 200% 在税前摊销。

其中，制造业企业是指以制造业业务为主营业务，当年主营业务收入占收入总额的比例达到50%以上的享受优惠的企业。制造业的范围按照《国民经济行业分类》（GB/T 4574—2017）确定，如国家有关部门更新《国民经济行业分类》，从其规定。收入总额按照《企业所得税法》第六条规定执行。

【例5-1】华为2019年年报显示，研发费用为1 317亿元（全部费用化），销售收入为8 588亿元，研发费用占销售收入的15.3%。假定研发费用都为可加计研发费用，加计扣除比例为75%，企业所得税税率按高新技术企业优惠税率15%测算。

2019年加计扣除优惠计算：

加计扣除额 =1317×75%=987.75（亿元）

减免企业所得税 =987.75×15%=148.16（亿元）

【例5-2】广汽集团2019年年报显示，研发投入为50.41亿元（其中费用化9.59亿元，资本化40.82亿元），营业收入为592.34亿元。假定研发费用均为可加计研发费用，加计扣除比例为75%，企业所得税税率按高新技术企业优惠税率15%测算；假定资本化部分均于2020年1月形成无形资产，按10年摊销。

（1）2019年费用化部分：

2019年加计扣除额 =9.59×75%=7.19（亿元）

2019年减免企业所得税 =7.19×15%=1.08（亿元）

（2）2019资本化部分：

自2020年起分10年加计摊销75%，即

10年加计摊销 =40.82×75%=30.62（亿元）

每年加计摊销 =30.62÷10=3.06（亿元）

每年减免企业所得税 =3.06×15%=0.46（亿元）

（二）不同研发方式的加计扣除政策

企业可以根据实际情况和经济实力，选择不同的研发方式。企业研发形式一般分为自主研发、合作研发、委托研发、集中研发四种类型。

1. 自主研发

自主研发是指企业主要依靠自己的资源、技术、人力，自行投入资金独立进行研发，并在研发项目的主要方面拥有完全独立的知识产权。

在自主研发方式下，政策申报主体是开展研发活动的企业自身。换言之，对于企业自主研发的项目，由企业自身就其在一个纳税年度实际发生的研发费用按照规定计算加计扣除。

【例 5-3】 甲公司经过董事会会议讨论，决定投入 1 000 万元，从 2018 年起用 3 年时间，对某一个技术难题进行研发。在整个研发过程中，2018 年、2019 年、2020 年 3 年分别使用的研发经费为 500 万元、300 万元、200 万元。

分析： 对该自主研发项目，由甲公司在企业所得税年度汇算清缴时，分别就年度符合规定的可加计研发费用申报享受加计扣除。

2. 合作研发

合作研发是指立项企业通过契约的形式与其他企业共同对同一项目的不同领域分别投入资金、技术、人力等，共同参与产生智力成果的创作活动并共同完成研发项目。合作研发共同完成的知识产权，其归属由合同约定，如果合同没有约定的，由合作研发方共同所有。

在合作研发方式下，政策申报主体是合作各方，即由合作各方就自身承担的研发费用分别按照规定计算加计扣除。

【例 5-4】 甲公司和乙公司通过签订合作协议，决定分别投入 400 万元和 600 万元，共同组成一个研发团队，用 3 年时间共同对一个新药品研发项目中的几个技术难点进行攻关。在整个研发过程中，双方要履行合作协议中约定的各自义务，共同拥有该新药品的知识产权。

分析： 对该合作研发项目，甲、乙公司双方各自就自身实际承担的研发费用在相应年度分别计算加计扣除。此外，甲、乙公司签订的该合作研发项目合同需经科技行政主管部门登记。

3. 委托研发

委托研发是指被委托人基于企业委托而开发的项目。企业以支付报酬的形式获得被委托人的研发成果的所有权。换言之，委托研发项目，其研发经费由委托人提供，项目成果必须体现委托人的意志和实现委托人的使用目的。因此，对委托研发协议，除了委托指向的具体技术指标、研发时间和合同的常规条款外，最后还须有一条关于知识产权的归属问题，或规定双方共有，或规定委托方拥有。只有委托方部分或全部拥有时，才可按照委托研发享受加计扣除政策。如果知识产权最后属于受托方，那么不能按照委托研发享受加计扣除政策。

在该委托研发方式下，企业申报加计扣除时，应把握以下几点（见图5-3）。

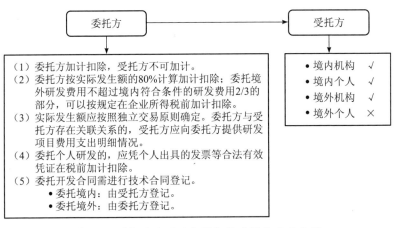

图 5-3　委托研发项目加计扣除政策要点示意图

（1）委托方申报加计扣除，而非受托方；且受托方只允许是境内机构、境内个人以及境外机构，委托境外个人暂不允许。

（2）委托方按照费用实际发生额的80%计入委托方研发费用并计算加计扣除，其中委托境外研发费用不超过境内符合条件的研发费用2/3的部分，可以按规定在企业所得税前加计扣除。

（3）委托外部研发费用实际发生额应按照独立交易原则确定。委托方与受托方存在关联关系的，受托方应向委托方提供研发项目费用支出明细情况。

（4）委托个人研发的，应凭个人出具的发票等合法有效凭证在税前加计扣除。

（5）委托开发合同需进行技术合同登记，其中委托境内的，由受托方登记；委托境外的，由委托方登记。

【例5-5】甲公司与其控股80%的乙公司签订了委托开发协议，甲公司将

1 000万元研发经费交付给乙公司，委托乙公司用3年时间对某新药产品研发项目中的技术难点进行攻关。

分析：对该委外研发项目，由甲公司申报加计扣除，假定研发费用均为可加计研发费用，则按实际发生额的80%计算加计扣除；由于甲乙公司为关联企业，因此需要乙公司提供该研发项目费用支出明细情况，同时该委托开发合同需要由乙公司进行技术合同登记。

4. 集中研发

集中研发是指企业集团根据生产经营和科技开发的实际情况，对技术要求高、投资数额大、单个企业难以独立承担，或者研发力量集中在企业集团，由企业集团统筹管理研发的项目进行集中开发。

对于集中研发项目，其实际发生的研发费用，可以按照权利和义务相一致、费用支出和收益分享相配比的原则，合理确定研发费用的分摊方法，在受益成员企业间进行分摊，由相关成员企业分别计算加计扣除。

（三）创意设计活动发生的相关费用可享受加计扣除政策

为了落实《国务院关于推进文化创意和设计服务与相关产业融合发展的若干意见》（国发〔2014〕10号）的规定精神，财税〔2015〕119号文特别规定了企业为获得创新性、创意性、突破性的产品进行创意设计活动而发生的相关费用可以按照规定进行加计扣除。需注意的是，这并不意味着此类"创意设计活动"就是研发活动。

创意设计活动是指：多媒体软件、动漫游戏软件开发，数字动漫、游戏设计制作；房屋建筑工程设计（绿色建筑评价标准为三星）、风景园林工程专项设计；工业设计、多媒体设计、动漫及衍生产品设计、模型设计等。

第二节 享受条件一：对拟申报企业的要求

研发费用加计扣除是支持企业研发创新的核心政策之一，具有普惠性。申报享受研发费用加计扣除，需重点关注以下三个问题：①哪些企业可以申报，即拟申报企业需满足什么条件；②哪些研发项目可以享受；③哪些研发费用允许加计扣除。政策实施关键点如图5-4所示。

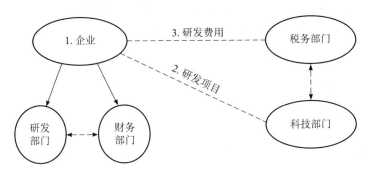

图5-4　研发费用加计扣除享受条件（或政策实施关键点）示意图

对于有关上述三个享受条件的释义，我们将分三节予以分别阐释，本节先分析享受条件一，即对拟申报企业有哪些要求。

根据财税〔2015〕119号文的规定，加计扣除政策适用于会计核算健全、实行查账征收并能够准确归集研发费用的居民企业。具体分析如下所示。

一、必须是查账征收的居民企业

（一）必须是居民企业

企业所得税纳税义务人分居民企业和非居民企业（见图5-5），只有居民企业才可申报研发费用加计扣除，非居民企业不可申报。

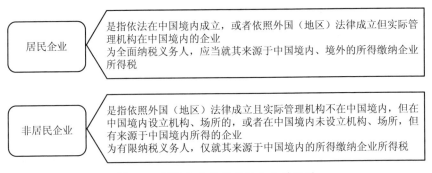

图5-5　居民企业与非居民企业对比图

（二）居民企业的企业所得税征收方式必须是采取查账征收的方式

企业所得税征收方式包括查账征收和核定征收，只有查账征收的居民企业才可申报研发费用加计扣除，采取核定征收的居民企业不可享受加计扣除。

◆ 小资料 ◆

1. 查账征收
- 税务机关根据纳税人的会计账册资料，依照税法规定计算征收税款的一种方式。
- 适于经营规模较大、财务会计制度健全、能够如实核算和提供生产与经营状况以及正确计算应纳税款并认真履行纳税义务的纳税人。计算公式如下所示。
  - 直接计算法：

    应纳税所得额 = 收入总额 − 不征税收入 − 免税收入 − 各项扣除 − 允许弥补的以前年度亏损

  - 间接计算法：应纳税所得额 = 会计利润总额 ± 纳税调整项目金额

2. 核定征收
- 由税务机关根据纳税人情况，在正常生产经营条件下，对其生产的应税产品查实核定产量和销售额，然后依照税法规定的税率征收税款的征收方式。
- 核定征收又分为两种。

（1）核定应税所得率征收。
- 税务机关按照一定的标准、程序和方法，预先核定纳税人的应税所得率，由纳税人根据纳税年度内的收入总额或成本费用等项目的实际发生额，按预先核定的应税所得率计算缴纳企业所得税的办法。
- 这种办法比较常见，适于企业能够正确核算收入总额、成本费用或者通过合理方法能计算和推定企业收入总额或成本费用总额的情况。计算公式如下所示。

    应纳税所得额 = 收入总额 × 应税所得率

    = 成本费用支出额 /（1− 应税所得率）× 应税所得率

（2）定额征收。

- 税务机关按照一定的标准、程序和办法，直接核定纳税人年度应纳企业所得税额，由纳税人按规定进行申报缴纳的办法。
- 适用于不能正确核算或者计算与推定收入总额、成本费用总额的情况。

二、居民企业必须会计核算健全，能准确归集研发费用

企业申报研发费用加计扣除的有关会计核算与管理要求如下所述。

（一）研发费用日常会计核算：遵照国家统一会计制度

企业应按照国家财务会计制度要求，对研发支出进行会计处理。换言之，企业对研发费用的日常会计核算，遵循《企业会计准则》或《小企业会计准则》，按研发费用会计口径，通过"研发支出"账户归集各研发项目的成本费用支出。只要是与研发项目相关的一切合理必要的合法合规支出，均符合研发费用会计口径的要求。

有关企业研发费用会计核算的具体内容，详见本书第三章第三节。

（二）对可加计研发费用：设置研发支出辅助账

因研发费用归集的会计口径与加计扣除口径相比有差异（详见本书第三章第四节），而日常会计核算是以会计口径为准，所以对享受加计扣除的研发费用，在立项时应按研发项目设置辅助账，准确归集、核算当年可加计扣除的各项研发费用实际发生额。企业在一个纳税年度内进行多项研发活动的，应按照不同研发项目分别归集可加计扣除的研发费用。

有关研发支出辅助账的参考样式可查阅国家税务总局公告2015年第97号，也可参见本章第四节。

（三）研发与生产分别核算

企业应对研发费用和生产经营费用分别核算，准确、合理归集各项费用支出，对划分不清的，不得实行加计扣除。

第三节 享受条件二：研发负面清单管理

根据财税〔2015〕119号文的规定，研发活动的认定包括两方面。一是定性判断，即从定义上界定了开发新产品、新技术、新工艺活动中"新"的含义。二是采取反列举（或负面清单）管理办法，即除规定不适用加计扣除的研发活动和行业外，其余企业发生的研发活动均可享受。

一、加计扣除研发活动的概念

根据财税〔2015〕119号文的规定，研发活动是指企业为获得科学与技术新知识，创造性运用科学与技术新知识，或实质性改进技术、产品（服务）、工艺而持续进行的具有明确目标的系统性活动。具体而言，我们可从以下四个方面进行理解。

（1）科学与技术，包括自然科学、人文与社会科学等领域。

（2）研发活动分为基础研究、应用研究、试验发展三类活动。其中，获得科学与技术新知识，属于基础研究；创造性运用科学与技术新知识，属于应用研究；实质性改进技术、产品（服务），属于试验发展。

（3）研发活动是持续进行的，不是零散的，能支撑企业的持续发展。

（4）研发活动具有明确目标，即为解决企业生产经营中的具体技术、工艺问题或研发新产品等而进行立项研究。

二、研发活动负面清单：不适用加计扣除的七类一般的知识性、技术性活动

根据研发活动的定义，企业发生的以下一般的知识性、技术性活动不属于税收意义上的研发活动，其支出不适用研发费用加计扣除优惠政策。具体包括以下七类一般的知识性、技术性活动，如表5-1所示。

表5-1 研发活动负面清单

序号	不可加计扣除的研发活动
1	企业产品（服务）的常规性升级

(续)

序号	不可加计扣除的研发活动
2	对某项科研成果的直接应用,如直接采用公开的新工艺、材料、装置、产品、服务或知识等
3	企业的研发成果在商品化后为顾客提供的技术支持活动
4	对现存产品、服务、技术、材料或工艺流程进行的重复或简单改变
5	市场调查研究、效率调查或管理研究
6	作为工业(服务)流程环节或常规的质量控制、测试分析、维修维护
7	社会科学、艺术或人文学方面的研究

上述所列举的七类活动,仅是采取反列举的方法,对什么活动属于研发活动所做的有助于理解和把握的说明,并不意味着上述七类活动以外的活动都属于研发活动。企业开展的可适用研发费用加计扣除政策的活动,必须符合财税〔2015〕119号文有关研发活动的基本定义等相关条件。

三、行业负面清单:不可享受加计扣除的行业

财税〔2015〕119号文第四条列举了七个不适用研发费用加计扣除政策的行业:①烟草制造业;②住宿和餐饮业;③批发和零售业;④房地产业;⑤租赁和商务服务业;⑥娱乐业;⑦财政部和国家税务总局规定的其他行业。上述行业以《国民经济行业分类》(GB/T 4754—2017)为准,并随之更新。其具体内容如表5-2所示。

表5-2 不可享受加计扣除的行业

序号	代码	行业	说明
1	C16	制造业-烟草制造业	
2	F	批发业和零售业	● 左侧列举的不可享受加计扣除的行业是以《国民经济行业分类》(GB/T 4754—2017)为准,并随之更新
	F51	批发业	
	F52	零售业	
3	H	住宿和餐饮业	
	H61	住宿业	
	H62	餐饮业	

（续）

序号	代码	行业	说明
4	K	房地产业	• 企业所属行业判定标准：是指以左侧所列行业业务为主营业务，其研发费用发生当年的主营业务收入占企业按《企业所得税法》第六条规定计算的收入总额减除不征税收入和投资收益的余额50%（不含）以上的企业 • 在判定主营业务时，应将企业当年取得的各项不适用加计扣除行业业务收入汇总确定 • 收入总额按《企业所得税法》第六条的规定计算。从收入总额中减除的投资收益包括税法规定的股息、红利等权益性投资收益以及股权转让所得
	K70	房地产业	
	K701	房地产开发经营	
	K702	物业管理	
	K703	房地产中介服务	
	K704	房地产租赁经营	
	K709	其他房地产业	
5	L	租赁和商务服务业	
	L71	租赁业	
	L72	商务服务业	
	L721	组织管理服务	
	L722	综合管理服务	
	L723	法律服务	
	L724	咨询与调查	
	L725	广告业	
	L726	人力资源服务	
	L727	安全保护服务	
	L728	会议、展览及相关服务	
	L729	其他商务服务业	
6	R90	娱乐业	
7		财政部和国家税务总局规定的其他行业	

第四节　享受条件三：可加计研发费用与辅助账

根据财税〔2015〕119号文和97号公告、40号公告的规定，允许加计扣除的研发费用范围采取的是正列举方式，即政策规定中没有列举的加计扣除项目，不可以享受加计扣除优惠。但从核算角度看，研发费用是基于研发项目的开展而产生的，只要是与研发项目相关的一切合理必要、合法合规、真实发生的支出均是研发费用。由此可见，研发费用归集的会计口径与加计扣除口径相比存有差异，具体差异对比详见本书第三章第四节。

一、可加计扣除研发费用的归集口径

可加计扣除研发费用主要包括六大类：人员人工费用，直接投入费用，折旧费用，无形资产摊销费用，新产品设计、新工艺规程制定、新药研制的临床试验、勘探开发技术的现场试验费用以及其他相关费用。现在分别予以介绍。

（一）人员人工费用

直接从事研发活动的人员的工资薪金（包括按规定可以在税前扣除的对研发人员股权激励的支出），基本养老保险费、基本医疗保险费、失业保险费、工伤保险费、生育保险费和住房公积金（即五险一金），以及外聘研发人员的劳务费用。

1. 直接从事研发活动的人员

该类人员包括研究人员、技术人员、辅助人员。研究人员是指主要从事研究开发项目的专业人员；技术人员是指具有工程技术、自然科学和生命科学中一个或一个以上领域的技术知识和经验，在研究人员指导下参与研发工作的人员；辅助人员是指参与研发活动的技工。

2. 外聘研发人员

该类人员是指与本企业或劳务派遣企业签订劳务用工协议（合同）和临时聘用的研究人员、技术人员、辅助人员。

3. 外聘研发人员的劳务费用

该类人员是指接受劳务派遣的企业按照协议（合同）约定支付给劳务派遣企业，且由劳务派遣企业实际支付给外聘研发人员的工资薪金等费用。

4. 共同人员人工费用的处理原则

直接从事研发活动的人员、外聘研发人员同时从事非研发活动的，企业应对其人员活动情况做必要记录，并将其实际发生的相关费用按实际工时占比等合理方法在研发费用和生产经营费用间分配，未分配的不得加计扣除。

（二）直接投入费用

直接投入费用是指研发活动直接消耗的材料、燃料和动力费用；用于中间试验和产品试制的模具、工艺装备开发及制造费，不构成固定资产的样品、样机及一般测试手段购置费，试制产品的检验费；用于研发活动的仪器、设备的运行维护、调整、检验、维修等费用，以及通过经营租赁方式租入的用于研发活动的仪器、设备租赁费。

1. 经营租赁仪器设备的共同租赁费处理原则

以经营租赁方式租入的用于研发活动的仪器、设备，同时用于非研发活动的，企业应对其仪器设备使用情况做必要记录，并将其实际发生的租赁费按实际工时占比等合理方法在研发费用和生产经营费用间分配，未分配的不得加计扣除。

2. 研发形成产品外销情况下对应材料费用的处理原则

现实中，生产单机、单品的企业，研发活动直接形成产品或作为组成部分形成的产品对外销售，产品所耗用的料、工、费全部计入研发费用加计扣除不符合政策鼓励本意。考虑到材料费用占比较大且易于计量，因此，对企业研发活动直接形成产品或作为组成部分形成的产品对外销售的，研发费用中对应的材料费用不得加计扣除。产品销售与对应的材料费用发生在不同纳税年度且材料费用已计入研发费用的，可在销售当年以对应的材料费用发生额直接冲减当年的研发费用，不足冲减的，结转以后年度继续冲减，即采用未来适用法进行相应处理。

（三）折旧费用

折旧费用是指用于研发活动的仪器、设备的折旧费。

1. 研发共同折旧费处理原则

用于研发活动的仪器、设备同时用于非研发活动的，企业应对其仪器、设备使用情况做必要记录，并将其实际发生的折旧费按实际工时占比等合理方法在研发费用和生产经营费用间分配，未分配的不得加计扣除。

2. 可叠加享受加速折旧优惠

企业用于研发活动的仪器、设备，符合税法规定且选择加速折旧优惠政策的，在享受研发费用税前加计扣除政策时，就税前扣除的折旧部分计算加计扣除。

【例5-6】某企业2×19年12月花费1 200万元购入并投入使用一台专门用于研发活动的设备。企业会计处理按4年折旧，采用平均法，不考虑残值；纳税申报方面，税法规定的最低折旧年限为10年，不考虑残值；该企业选择缩短折旧年限的加速折旧方式，折旧年限缩短为6年。

分析：

2×20年会计处理计提折旧=1 200/4=300（万元）

税收上享受加速折旧优惠可以税前扣除的折旧额=1 200/6=200（万元）

申报研发费加计扣除时，按税法规定的税前扣除金额200万元计算加计扣除，假定加计扣除比例为75%，即2×20年可加计扣除额=200×75%=150（万元）

（四）无形资产摊销

无形资产摊销是指用于研发活动的软件、专利权、非专利技术（包括许可证、专有技术、设计和计算方法等）的摊销费用。

1. 无形资产摊销共同研发费的处理原则

用于研发活动的无形资产同时用于非研发活动的，企业应对其无形资产使用情况做必要记录，并将其实际发生的摊销费按实际工时占比等合理方法在研发费用和生产经营费用间分配，未分配的不得加计扣除。

2. 可叠加享受加速摊销优惠

用于研发活动的无形资产，符合税法规定且选择缩短摊销年限的，在享受研发费用税前加计扣除政策时，就税前扣除的摊销部分计算加计扣除。此原理同叠加享受加速折旧优惠一样。

（五）新产品设计、新工艺规程制定、新药研制的临床试验、勘探开发技术的现场试验费用

该类费用是指企业在新产品设计、新工艺规程制定、新药研制的临床试验、勘探开发技术的现场试验过程中发生的与开展该项活动有关的各类费用。

（六）其他相关费用

1. 概念及构成

其他相关费用是指与研发活动直接相关的其他费用。它主要包括：①技术图书

资料费、资料翻译费、专家咨询费、高新科技研发保险费；②研发成果的检索、分析、评议、论证、鉴定、评审、评估、验收费用；③知识产权的申请费、注册费、代理费；④差旅费、会议费；⑤职工福利费、补充养老保险费、补充医疗保险费。此类费用总额不得超过可加计扣除研发费用总额的10%。

2. 其他相关费用限额的计算公式

具体而言，企业在一个纳税年度内进行多项研发活动的，应按照不同研发项目分别归集可加计扣除的研发费用。在计算每个项目其他相关费用的限额时，企业应当按照以下公式计算。

$$其他相关费用限额 = 前述第1至5项费用之和 \times 10\% / (1-10\%)。$$

当其他相关费用实际发生金额小于限额时，按实际发生金额计算税前加计扣除金额；当其他相关费用实际发生金额大于限额时，按限额计算税前加计扣除金额。

二、可加计研发费用归集中的其他注意事项

（一）财政性资金的处理

企业取得作为不征税收入处理的财政性资金用于研发活动所形成的费用或无形资产，不得计算加计扣除或摊销。企业取得的政府补助，会计处理时采用直接冲减研发费用方法且税务处理时未将其确认为应税收入的，应按冲减后的余额计算加计扣除金额。

（二）特殊收入的扣减

企业开展研发活动中实际发生的研发费用可按规定享受加计扣除政策，实务中常有已归集计入研发费用但在当期取得的研发过程中形成的下脚料、残次品、中间试制品等特殊收入，此类收入均为与研发活动直接相关的收入，应冲减对应的可加计扣除的研发费用。为简便操作，企业取得研发过程中形成的下脚料、残次品、中间试制品等特殊收入，在计算确认收入当年的加计扣除研发费用时，应从已归集研发费用中扣减该特殊收入，不足扣减的，加计扣除研发费用按0计算。

（三）研发费用的资本化时点

企业开展研发活动中实际发生的研发费用形成无形资产的，其资本化的时点与会计处理保持一致。

（四）失败的研发费用

失败的研发活动所发生的研发费用也可享受税前加计扣除政策。

（五）不允许加计扣除的费用

对于法律、行政法规和国务院财税主管部门规定不允许企业税前扣除的费用和支出项目，企业不得计算加计扣除。已计入无形资产但不属于财税〔2015〕119号文中允许加计扣除研发费用范围的，企业摊销时不得计算加计扣除。

三、可加计研发费用：辅助账设置要求

由前面的分析可知，企业研发费用的日常会计核算遵循《企业会计准则》或《小企业会计准则》，按会计口径归集各研发项目发生的研发费用，与加计扣除口径相比，存有差异。为此，根据财税〔2015〕119号文、2015年国家税务总局公告第97号的相关规定，企业应按照国家财务会计制度要求，对研发支出进行会计处理；同时，对享受加计扣除的研发费用按研发项目设置辅助账，准确归集、核算当年可加计扣除的各项研发费用实际发生金额。企业在一个纳税年度内进行多项研发活动的，应按照不同研发项目分别归集可加计扣除的研发费用。

由此可见，企业申报享受加计扣除，"研发支出"辅助账是难点和重点，它源于企业财务系统中按会计口径归集、核算的研发费用。企业在自身账内会计数据基础上，再依照可加计研发费用归集口径，采用国家税务总局公告2015年第97号提供的"研发支出"辅助账参考模板予以归集。表5-3为自主研发"研发支出"辅助账样式参考，委外研发、合作研发、集中研发"研发支出"辅助账样式与之类似。年末，企业还需汇总、分析、填报本年度"研发支出辅助账汇总表"，如表5-4所示。

表5-3 自主研发"研发支出"辅助账（参考样式）

项目名称：　　　　　　　　　项目编号：　　　　　　　　　资本化、费用化支出选项：○资本化 ○费用化　　　　　　　　　项目实施状态选项：○未完成 ○已完成
研发成果：　　　　　　　　　研发成果证书号：　　　金额单位：元（列至角分）

时间	凭证号	摘要	借方金额	贷方金额	借或贷	余额	费用明细（借方）										
							一、人员人工费用			二、直接投入费用					三、折旧费用	
							直接从事研发活动人员		外聘研发人员的劳务费用	研发活动直接消耗			用于中间试验和产品试制的模具、工艺装备开发及制造费	用于不构成固定资产的样品、样机及一般测试手段购置费	用于试制产品的检验费	用于研发活动的仪器、设备的运行维护、调整、检验、维修等费用	通过经营租赁方式租入的用于研发活动的仪器、设备租赁费	用于研发活动的仪器的折旧费	用于研发活动的设备的折旧费
							工资薪金	五险一金		材料	燃料	动力费用							
序号							1.1	1.2	1.3	2.1	2.2	2.3	2.4	2.5	2.6	2.7	2.8	3.1	3.2
期初余额																			
期末余额																			

（续）

时间	凭证号	摘要	借方金额	贷方金额	借或贷	余额	费用明细（借方）											
							四、无形资产摊销			五、新产品设计费等					六、其他相关费用			
							用于研发活动的软件的摊销费用	用于研发活动的专利权的摊销费用	用于研发活动的非专利技术（包括许可证、专有技术、设计和计算方法等）的摊销费用	新产品设计费	新工艺规程制定费	新药研制的临床试验费	勘探开发技术的现场试验费	技术图书资料费、资料翻译费、专家咨询费、高新科技研发保险费	研发成果的检索、分析、评议、论证、鉴定、评审、评估、验收费用	知识产权的申请费、注册费、代理费	职工福利费、补充养老保险费、补充医疗保险费	差旅费、会议费	…
		序号					4.1	4.2	4.3	5.1	5.2	5.3	5.4	6.1	6.2	6.3	6.4	6.5	…
		期初余额																	
		期末余额																	

表5-4 "研发支出"辅助账汇总表（参考样式）

纳税人名称（盖章）： 20××年度

纳税人识别号： 金额单位：元（列至角分）

项目行次	序号	项目名称	项目编号	研发形式	资本化、费用化支出选项	委托方与受托方是否存在关联关系选项	是否委托境外选项	研发成果形式	研发成果证书号	一、人员人工费用				二、直接投入费用						三、折旧费用	
										直接从事研发活动人员		外聘研发人员的劳务费用		研发活动直接消耗			用于中间试验和产品试制的模具、工艺装备开发及制造费	用于不构成固定资产的样品、样机及一般手段购置费	用于试制产品的检验费	用于研发活动的仪器、设备的运行维护、调整、检验、维修等费用	通过经营租赁方式租入的用于研发活动的仪器、设备租赁费	用于研发活动的仪器的折旧费	用于研发活动的设备的折旧费
										工资薪金	五险一金			材料	燃料	动力费用							
										1.1	1.2	1.3		2.1	2.2	2.3	2.4	2.5	2.6	2.7	2.8	3.1	3.2
1	期初余额																						
2	本期借方发生额																						
3	本期贷方发生额																						
4	其中：结转管理费用																						
5	结转无形资产																						
6	期末余额																						
项目明细（填写项目贷方发生额）	1																						
	2																						
	3																						
	...																						

（续）

序号行次	项目编号	项目名称	研发形式	资本化、费用化支出选项	项目实施状态选项	委托方与受托方是否存在关联关系选项	是否委托境外选项	研发成果	研发成果证书号	四、无形资产摊销			五、新产品设计费等				六、其他相关费用				
										用于研发活动的软件的摊销费用	用于研发活动的专利权的摊销费用	用于研发的非专利技术（包括许可证、专有技术、设计和计算方法等）的摊销费用	新产品设计费	新工艺规程制定费	新药研制的临床试验费	勘探开发技术的现场试验费	技术图书资料费、资料翻译费、专家咨询费、高新科技研发保险费	研发成果的检索、分析、评议、论证、鉴定、评审、评估、验收费用	知识产权的申请费、注册费、代理费	职工福利费、补充养老保险费、补充医疗保险费	差旅费、会议费	…
										4.1	4.2	4.3	5.1	5.2	5.3	5.4	6.1	6.2	6.3	6.4	6.5	…
1	期初余额																					
2	本期借方发生额																					
3	本期贷方发生额																					
4	其中：结转管理费用																					
5	结转无形资产																					
6	期末余额																					
项目明细（填写项目贷方发生额）	1																					
	2																					
	3																					
	…																					

第五节 纳税申报与备查资料

根据《企业所得税优惠政策事项办理办法（2018年修订）》（国家税务总局公告2018年第23号）的规定，企业享受优惠事项采取"自行判别、申报享受、相关资料留存备查"的办理方式。基于此税务管理方式，有关研发费用加计扣除纳税申报与备查资料的相关内容如下所示。

一、纳税申报

（一）申报享受时间：允许企业选择在10月预缴时享受或汇缴时一次享受

根据2021年3月《财政部 国家税务总局关于进一步完善研发费用税前加计扣除政策的公告》（财政部 国家税务总局公告2021年第13号）规定，企业预缴申报当年第3季度（按季预缴）或10月（按月预缴）企业所得税时，可以自行选择就当年上半年研发费用享受加计扣除优惠政策，采取"自行判别、申报享受、相关资料留存备查"的办理方式。

企业办理第3季度或10月预缴申报时，未选择享受研发费用加计扣除优惠政策的，可在次年办理汇算清缴时统一享受。

（二）申报享受方式：自行判别、申报享受、相关资料留存备查

按照23号公告，企业享受优惠事项采取"自行判别、申报享受、相关资料留存备查"的办理方式。换言之，企业应当根据经营情况以及相关税收规定自行判断是否符合优惠事项规定的条件，符合条件的可以按规定的时间自行计算减免税额，并通过填报企业所得税纳税申报表享受税收优惠，同时按规定归集和留存相关资料备查。

1. 自行判断

企业应自行判断其是否符合研发费用加计扣除政策规定的条件，即企业是不是查账征收的居民企业、会计核算健全且能准确归集研发费用；研发项目是否具有创新性、新颖性且不在负面清单范围内；研发费用是否属于可加计扣除的归集口径内。

2. 申报享受

企业在自行判断符合加计扣除享受条件基础上，如果选择在10月预缴时享受上半年研发费用加计扣除优惠的，可以自行计算加计扣除金额，填报《中华人民共和国企业所得税月（季）度预缴纳税申报表（A类）》享受税收优惠，并根据享受加计扣除优惠的研发费用情况（上半年）填写《研发费用加计扣除优惠明细表》（A107012）。《研发费用加计扣除优惠明细表》（A107012）与相关政策规定的其他资料一并留存备查。

如果企业选择在汇缴时一次享受，那么在汇缴时自行计算加计扣除额，并通过填报企业所得税年度纳税申报表之附表《免税、减计收入及加计扣除优惠明细表》（A107010）相关栏目和附表《研发费用加计扣除优惠明细表》（A107012），享受加计扣除税收优惠。

3. 相关资料留存备查

留存备查资料是指与企业享受优惠事项有关的合同、协议、凭证、证书、文件、账册、说明等资料。留存备查资料分为主要留存备查资料和其他留存备查资料两类。主要留存备查资料由企业按照《企业所得税优惠事项管理目录》列示的资料清单准备，其他留存备查资料由企业根据享受优惠事项情况自行补充准备。

（三）追溯享受

企业符合财税〔2015〕119号规定的研发费用加计扣除条件而在2016年1月1日以后未及时享受该项税收优惠的，可以追溯享受并履行备案手续，追溯期限最长为3年。

二、备查资料

（一）留存备查资料清单

按照23号公告，企业在年度纳税申报及享受加计扣除优惠事项之前，无须履行备案手续，也无须向税务机关报送备案资料，而是按规定归集和留存相关资料备查。其主要留存备查资料清单如表5-5所示。

表5-5 研发费用加计扣除主要留存备查资料

备查资料清单	说明
（1）自主、委托、合作研发项目计划书和企业有关部门关于自主、委托、合作研发项目立项的决议文件	研发项目计划书 研发立项决议文件
（2）自主、委托、合作研发专门机构或项目组的编制情况和研发人员名单	
（3）经科技行政主管部门登记的委托、合作、委托境外研发项目的合同	委托境内：由受托方登记 委托境外：由委托方登记
（4）从事研发活动的人员（包括外聘人员）和用于研发活动的仪器、设备、无形资产的费用分配说明（包括工作使用情况记录及费用分配计算证据材料）	共同研发费用的分配说明
（5）集中研发项目研发费决算表、集中研发项目费用分摊明细情况表和实际分享收益比例等资料	针对集中研发项目
（6）"研发支出"辅助账及汇总表	可加计研发费用的归集
（7）企业如果已取得地市级（含）以上科技行政主管部门出具的鉴定意见，应作为资料留存备查	针对政府资助项目
（8）委托境外研发银行支付凭证和受托方开具的收款凭据	针对委托境外研发项目
（9）当年委托境外研发项目的进展情况等资料	
（10）科技型中小企业取得的入库登记编号证明资料	针对科技型中小企业

（二）留存备查资料管理规定

有关留存备查资料管理的相关规定如下所示。

（1）主要留存备查资料由企业按照列示的资料清单准备，其他留存备查资料由企业根据享受优惠事项情况自行补充准备。

（2）企业享受优惠事项的，应当在完成年度汇算清缴后，将留存备查资料归集齐全并整理完成，以备税务机关核查。

（3）企业同时享受多项优惠事项或者享受的优惠事项按照规定分项目进行核算的，应当按照优惠事项或者项目分别归集留存备查资料。

（4）设有非法人分支机构的居民企业以及实行汇总纳税的非居民企业机构、场所享受优惠事项的，由居民企业的总机构以及汇总纳税的主要机构、场所负责统一归集并留存备查资料。分支机构以及被汇总纳税的非居民企业机构、场所按照规定可独立享受优惠事项的，由分支机构以及被汇总纳税的非居民企业机构、场所负责归集并留存备查资料，同时分支机构以及被汇总纳税的非居民企业机构、场所应在当完成年度汇算清缴后将留存的备查资料清单送总机构以及汇总纳税的主要机构、场所汇总。

（5）企业对优惠事项留存备查资料的真实性、合法性承担法律责任。

（6）企业留存备查资料应从企业享受优惠事项当年的企业所得税汇算清缴期结束次日起保留10年。

三、企业申报表填报指引及相关留存备查资料归档

如前所述，年度终了，在进行企业所得税年度申报的汇缴期内，针对研发费用加计扣除优惠的申报享受，企业需根据自身研发项目开展及可加计研发费用归集情况，自行判别是否符合优惠条件，正确填报企业所得税年度纳税申报表之附表《免税、减计收入及加计扣除优惠明细表》（A107010）相关栏目和附表《研发费用加计扣除优惠明细表》（A107012），以及整理归档研发费用加计扣除留存备查资料。

（一）企业申报表填报指引

根据研发费用加计扣除相关申报表之间的逻辑关系，企业只需填报好附表《研发费用加计扣除优惠明细表》（A107012），其加计扣除额就会自动汇总至附表《免税、减计收入及加计扣除优惠明细表》（A107010）的相关栏目。

1. 先填报《研发费用加计扣除优惠明细表》（A107012）

企业根据有关研发费用加计扣除政策体系的要求，填报本年发生的研发费用加计扣除优惠情况及结转情况，相关金额数据来源于留存备查资料中的"研发支出"辅助账及汇总表。具体填报内容如表5-6所示。

表5-6 研发费用加计扣除优惠明细表（A107012）

行次	项目	金额（数量）
1	本年可享受研发费用加计扣除项目数量	
2	一、自主研发、合作研发、集中研发（3+7+16+19+23+34）	
3	（一）人员人工费用（4+5+6）	

（续）

行次	项目	金额（数量）
4	1.直接从事研发活动人员工资薪金	
5	2.直接从事研发活动人员五险一金	
6	3.外聘研发人员的劳务费用	
7	（二）直接投入费用（8+9+10+11+12+13+14+15）	
8	1.研发活动直接消耗材料费用	
9	2.研发活动直接消耗燃料费用	
10	3.研发活动直接消耗动力费用	
11	4.用于中间试验和产品试制的模具、工艺装备开发及制造费	
12	5.用于不构成固定资产的样品、样机及一般测试手段购置费	
13	6.用于试制产品的检验费	
14	7.用于研发活动的仪器、设备的运行维护、调整、检验、维修等费用	
15	8.通过经营租赁方式租入的用于研发活动的仪器、设备租赁费	
16	（三）折旧费用（17+18）	
17	1.用于研发活动的仪器的折旧费	
18	2.用于研发活动的设备的折旧费	
19	（四）无形资产摊销（20+21+22）	
20	1.用于研发活动的软件的摊销费用	
21	2.用于研发活动的专利权的摊销费用	
22	3.用于研发活动的非专利技术（包括许可证、专有技术、设计和计算方法等）的摊销费用	
23	（五）新产品设计费等（24+25+26+27）	
24	1.新产品设计费	
25	2.新工艺规程制定费	
26	3.新药研制的临床试验费	
27	4.勘探开发技术的现场试验费	
28	（六）其他相关费用（29+30+31+32+33）	
29	1.技术图书资料费、资料翻译费、专家咨询费、高新科技研发保险费	
30	2.研发成果的检索、分析、评议、论证、鉴定、评审、评估、验收费用	
31	3.知识产权的申请费、注册费、代理费	
32	4.职工福利费、补充养老保险费、补充医疗保险费	

（续）

行次	项目	金额（数量）
33	5.差旅费、会议费	
34	（七）经限额调整后的其他相关费用	
35	二、委托研发（36+37+39）	
36	（一）委托境内机构或个人进行研发活动所发生的费用	
37	（二）委托境外机构进行研发活动发生的费用	
38	其中：允许加计扣除的委托境外机构进行研发活动发生的费用	
39	（三）委托境外个人进行研发活动发生的费用	
40	三、年度研发费用小计（2+36×80%+38）	
41	（一）本年费用化金额	
42	（二）本年资本化金额	
43	四、本年形成无形资产摊销额	
44	五、以前年度形成无形资产本年摊销额	
45	六、允许扣除的研发费用合计（41+43+44）	
46	减：特殊收入部分	
47	七、允许扣除的研发费用抵减特殊收入后的金额（45-46）	
48	减：当年销售研发活动直接形成产品（包括组成部分）对应的材料部分	
49	减：以前年度销售研发活动直接形成产品（包括组成部分）对应材料部分结转金额	
50	八、加计扣除比例（%）	
51	九、本年研发费用加计扣除总额（47-48-49）×50	
52	十、销售研发活动直接形成产品（包括组成部分）对应材料部分结转以后年度扣减金额（当47-48-49≥0，本行=0；当47-48-49<0，本行=47-48-49的绝对值）	

2.加计扣除额自动汇总至附表《免税、减计收入及加计扣除优惠明细表》（A107010）相关栏目

企业在填报好附表《研发费用加计扣除优惠明细表》（A107012）之后，该表第51行的"本年研发费用加计扣除总额"数据会自动汇总至附表《免税、减计收入及加计扣除优惠明细表》（A107010）第26或27行。具体如表5-7所示。

表5-7 免税、减计收入及加计扣除优惠明细表（A107010）

行次	项目	金额
...	...	
...	...	
25	三、加计扣除（26+27+28+29+30）	
26	（一）开发新技术、新产品、新工艺发生的研发费用加计扣除（填写A107012）	
27	（二）科技型中小企业开发新技术、新产品、新工艺发生的研发费用加计扣除（填写A107012）	
28	（三）企业为获得创新性、创意性、突破性的产品进行创意设计活动而发生的相关费用加计扣除	
...	...	
...	...	
31	合计（1+17+25）	

注：为了方便读者阅读，本书省略了表5-7的不相关内容。

（二）整理归档研发费用加计扣除留存备查资料

研发费用加计扣除留存备查资料清单如本章表5-5所示。其清单内容可分为三类：①有关研发项目的资料，如研发项目计划书、研发立项决议文件、委外（合作）研发项目合同、研发进展情况、研发成果等；②有关可加计研发费用辅助账，如"研发支出"辅助账及汇总表、共同研发费用分配说明等；③其他类。

在这些留存备查资料中，"研发支出"辅助账是难点和重点，它源于企业财务系统中按会计口径归集、核算的研发费用，在企业自身财务账内会计数据基础上，再依照可加计研发费用归集口径，采用国家税务总局2015年97号公告提供的"研发支出"辅助账参考模板予以归集。本章表5-3为自主研发"研发支出"辅助账样式参考，委外研发、合作研发、集中研发"研发支出"辅助账样式与之类似。年末，企业还需汇总、分析、填报本年度"研发支出辅助账汇总表"，如本章表5-4所示。

第六节 税务机关后续管理

企业享受研发费用加计扣除优惠事项后，税务机关将适时开展后续管理。后续管理主要涉及以下内容。

一、汇缴期后开展核查，年度核查面不得低于 20%

企业在汇缴期内自行判别、申报享受加计扣除后，税务机关将开展相关后续管理工作。其中最为重要的是开展核查，且政策要求年度核查面不得低于 20%。为此，企业应当根据税务机关管理服务的需要，按照规定的期限和方式提供留存备查资料，以证实享受加计扣除优惠事项符合条件。

企业如果未能按照税务机关要求提供留存备查资料，或者提供的留存备查资料与实际生产经营情况、财务核算情况、相关技术领域、产业、目录、资格证书等不符，无法证实符合优惠事项规定条件的，或者存在弄虚作假情况的，税务机关将依法追缴其已享受的企业所得税优惠，并按照税收征管法等相关规定处理。

二、税企争议处理

在加计扣除后续管理中，税企争议主要体现在两方面。

政策明确规定，税企间对享受优惠的研发项目存在异议（包括事中异议项目和事后核查异议项目），由税务机关转请相应级别的科技行政部门，由其出具鉴定意见，科技部门也应及时回复意见。具体鉴定程序如下所示。

1. 研发异议项目鉴定申请主体：税务机关

税务部门对企业享受加计扣除优惠的研发项目有异议的，应及时通过县（区）级科技部门将项目资料送地市级（含）以上科技部门进行鉴定；由省直接管理的县/市，可直接由县级科技部门进行鉴定。

2. 科技部门组织鉴定

鉴定部门在收到税务部门的鉴定需求后，应及时组织专家进行鉴定，并在规定时间内通过原渠道将鉴定意见反馈给税务部门。鉴定时，应由 3 名以上相关领域的产业、技术、管理等专家参加。

3. 异议鉴定意见处理程序

税务部门对鉴定部门的鉴定意见有异议的，可转请省级人民政府科技行政管理部门出具鉴定意见。

4. 不需鉴定项目

企业承担省部级（含）以上科研项目的，以及以前年度已鉴定的跨年度研发项目，不再需要鉴定。

综上所述，这一争议解决机制由税务机关主动作为。税务机关直接转请科技部门出具意见，免去了企业在不同政府部门之间来回跑的辛苦；科技部门的责任也得到了明确。

（二）可加计研发费用的争议处理

政策明确赋权于税务机关，企业对各研发项目的可加计研发费用实际发生额归集不准确、汇总额计算不准确的，税务机关有权合理调整。

第六章

综合案例：A 公司研发费用加计扣除申报

A 公司是专业生产可移式灯具电子节能灯、LED 小夜灯、高功率 LED 家居照明和商业照明的厂家。公司设有独立的研发技术中心，配有一批专业的在职研发技术人员，拥有先进的研发设备、检测仪器和生产设备。在同行业内，公司率先拥有 EMC 电磁兼容测试系统和 PMS-50 光谱分析系统，并率先通过了"ISO9001 2000 国际质量管理体系认证"和"ISO14001 2004 国际环境管理体系认证"。

本章以 A 公司研发项目为例，按照"业务—财务—税务"的路径，阐述了研发费用加计扣除政策的申报实务，具体包括研发项目的业务描述、会计处理及加计扣除的税务处理。本章的知识架构如图 6-1 所示。

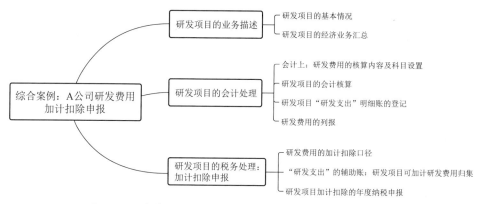

图 6-1 综合案例：A 公司研发费用加计扣除申报知识架构

第一节　研发项目的业务描述

一、研发项目的基本情况

2×21年1月1日，A公司经董事会批准启动节能发光二极管集成灯管（项目编号RD01）研发项目。

（一）项目的研发内容

研发的节能发光二极管集成灯管由外壳体、印制电路板、多个发光二极管和通用电插口构成，其中印制电路板设于壳体内，多个发光二极管排列安装在印制电路板上，印制电路板连接通用电插口。该节能发光二极管集成灯管具有亮度高、光线均匀、使用方便、互换性较强的特点。

（二）项目采用的关键技术

发光二极管的散热是本项目的关键技术问题之一。为了提高发光二极管的散热效果，在印制电路板背面上设有散热装置，并在壳体基座上设置散热口。散热装置优选铝板，铝板贴在印制电路板背面上。

另外，项目运用配光软件进行电脑模拟配光以及合理的二次光学设计，使得每颗LED所发出的光都得到有效的利用。

（三）项目的技术创新点

（1）本项目的发光二极管集成灯管，克服了单个发光二极管存在的不足，将多个发光二极管集合起来使用，具有发光亮度高且光线均匀等优点。

（2）本项目的发光二极管集成灯管，采用通用的电插口，可与各种灯体配合使用，非常方便，可被广泛用于各种灯具，例如台灯、壁灯、吸顶灯、栅栏灯或日常照明灯，尤其适用于台灯。

（3）本项目的发光二极管集成灯管，可被设计成各种美观的形状，或各种不同规格，包括灯管的功率、亮度或颜色，具有很好的观赏价值和装饰作用。

本项目的发光二极管集成灯管，灯管与灯体之间是可拆卸配合的，灯管本身也是可拆卸结构。当发光二极管烧坏时，只需将已损坏了的发光二极管灯管取下，换上新的发光二极管灯管，即可继续使用；或者只需将发光二极管灯管取下后，将灯壳打开，换上新的发光二极管，即可继续使用，无须换掉整个发光二极管或整个灯具。这样大大节省了消费者的使用成本，从而增加了消费者对发光二极管的使用价值的认可，加快了发光二极管的推广速度和推广力度。

（四）项目的研发进度计划

本项目于 2×21 年 1 月 1 日启动，研发周期 1 年。根据项目计划书和其他相关资料判断，2×21 年 1～5 月为研究阶段，2×21 年 6～12 月为开发阶段，于 2×21 年 12 月申请专利并交付使用，且开发阶段支出都满足资本化确认条件。

特别说明，这里假定该研发项目符合研发费用税前扣除政策规定的研发活动的认定条件，不再阐述研发项目的认定。另外，以下有关该研发项目的费用支出金额均为假设数据，不考虑数据的合理性问题。

二、研发项目的经济业务汇总

（一）研究阶段发生的有关经济业务汇总（2×21 年 1～5 月）

（1）在研究阶段，总计采购五金材料 80 000 元，LED 灯珠 220 000 元，塑料 50 000 元，其他材料 30 000 元，买价合计 380 000 元，取得增值税专用发票（增值税税率 13%），进项税额 49 400 元；本研发项目研究耗用五金材料计 75 000 元，LED 灯珠 200 000 元，塑料 46 000 元，其他材料 28 000 元。

（2）在研究阶段，在职研发人员应付工资总计 280 000 元，代扣个人所得税 38 000 元，代扣个人社会保险费 22 000 元，代扣个人住房公积金 40 000 元，实付工资 180 000 元，以银行存款支付；应计提、支付外聘研发人员的劳务费 50 000 元，代扣个税 12 000 元，实付劳务费 38 000 元。

（3）在研究阶段，计提在职研发人员单位负担的社会保险费 43 000 元和住房公积金 40 000 元；代付社会保险费 65 000 元（其中单位负担 43 000 元，个人负担 22 000 元）和住房公积金 80 000 元（其中单位负担 40 000 元，个人负担 40 000 元）。

（4）在研究阶段，购买该项目有关的图书资料费 2 000 元，支付新产品设计费 30 000 元、新工艺规程制定费 20 000 元，在职研发人员培训费 3 000 元、会议费 2 500 元和差旅费 3 500 元。

（5）1 月，购买专门用于该研发项目的仪器 48 000 元，采取一次计入研发成本费用的会计政策，但作为固定资产单独管理，以后不再提取折旧费。

（6）1 月，研发中心购买专门用于研发活动的设备一台，价款 330 000 元，采取直线法计提折旧，预计残值率 5%，预计使用年限 10 年，月折旧额 2 612.50 元，本研究期间（即 2~5 月）共提取折旧费 10 450 元，本研发项目使用该设备，该项目结束后，该设备还可用于其他研发项目。

（7）1 月，分别租赁仪器、设备各一台，每月租金分别为 1 200 元和 1 800 元，租期 1 年。本研究期间共计支付租金 15 000 元（1 200×5+1 800×5），以银行存款支付。

（8）在研究阶段，除以上仪器、设备外，以前年度购买并用于本研发项目的仪器、设备折旧费分别为 6 800 元和 9 500 元；研发中心办公楼折旧费为 12 000 元。

（9）在研究阶段，以现金支付设备维修费 1 300 元。

（10）2 月，收到地方政府部门对该研发项目的无偿资助款 100 000 元。

（11）在研究阶段，该项目用于研究试验的产品模具和塑料模具的制造费（包含材料费、人工费及其他间接费等）总计 780 000 元，并假设该批模具只用于该项目的研究。限于篇幅，这里不再归集核算模具的制造费用，模具制造成本的核算和产品成本的核算方法相同，可根据其用途通过"生产成本""制造费用"或"在建工程"等成本账户核算。

（12）在研究阶段，用于本研发项目的非专利技术无形资产的摊销费 9 000 元。

（13）结转研究阶段的费用化支出计入管理费用账户。

（二）开发阶段发生的有关经济业务汇总（2×21 年 6~12 月）

（14）在开发阶段，支付新产品设计改进费 4 000 元、新工艺规程制定的改进费 3 000 元，在职研发人员会议费 2 800 元和差旅费 4 000 元。

（15）在开发阶段，该项目用于试生产的产品模具和塑料模具的制造费（包含材料费、人工费及其他间接费等）总计 620 000 元，假设该批模具只用于该项目的开发。限于篇幅，这里不再归集核算模具的制造费用，模具制造成本的核算和产品成本的核算方法相同，可根据其用途通过"生产成本""制造费用"或"在建工程"等成本账户核算。

（16）在开发阶段，总计采购五金材料 130 000 元，LED 灯珠 260 000 元，塑料 100 000 元，其他材料 57 000 元，买价合计 547 000 元，取得增值税专用发票（增值税税率 13%），进项税额 71 110 元，以银行存款支付；本研发项目试生产耗用五金材料 132 000 元，LED 灯珠 270 000 元，塑料 102 000 元，其他材料 58 000 元。

（17）在开发阶段，在职研发人员应付工资总计 392 000 元，代扣个人所得税 53 000 元，代扣个人社会保险费 30 800 元，代扣个人住房公积金 56 000 元，实付工资 252 200 元，以银行存款支付；应计提、支付外聘研发人员的劳务费 80 000 元，代扣个税 14 000 元，实付劳务费 66 000 元。

（18）在开发阶段，计提在职研发人员单位负担的社会保险费 60 200 元和住房公积金 56 000 元；代付社会保险费 91 000 元（其中单位负担 60 200 元，个人负担 30 800 元）和住房公积金 112 000 元（其中单位负担 56 000 元，个人负担 56 000 元）。

（19）1 月所购设备计提折旧费 18 287.50 元（2 612.50×7）。

（20）在开发阶段，1 月所租赁仪器、设备共计支付租金 21 000 元（1 200×7+1 800×7），以银行存款支付。

（21）在开发阶段，除以上仪器、设备外，以前年度购买并用于本研发项目的仪器、设备折旧费分别为 9 520 元和 13 300 元；研发中心办公楼折旧费 16 800 元。

（22）在开发阶段，以现金支付设备维修费 1 800 元。

（23）以现金支付试制产品的检验费 800 元。

（24）在开发阶段，用于本研发项目的非专利技术无形资产的摊销费 12 600 元。

（25）本研发项目验收合格，以银行存款支付评审验收费 8 000 元，专利申请费 1 000 元。

（26）12 月，该项目完工形成专利权已达到预定用途，结转资本化支出。

（27）12 月，直线法摊销该专利权，假设摊销年限为 10 年。

第二节　研发项目的会计处理

一、会计上：研发费用的核算内容及科目设置

（一）会计上研发费用的核算内容

根据财政部发布的《关于企业加强研发费用财务管理的若干意见》（财企〔2007〕194号）的规定，企业研发费用是指企业在产品、技术、材料、工艺、标准的研究、开发过程中发生的各项费用，包括以下几种。

（1）研发活动直接消耗的材料、燃料和动力费；

（2）企业在职研发人员的工资、奖金、津贴、补贴、社会保险费、住房公积金等人工费用以及外聘研发人员的劳务费；

（3）用于研发活动的仪器、设备、房屋等固定资产的折旧费或租赁费以及相关固定资产的运行维护、维修等费用；

（4）用于研发活动的软件、专利权、非专利技术等无形资产的摊销费用；

（5）用于中间试验和产品试制的模具、工艺装备开发及制造费，设备调整及检验费，样品、样机及一般测试手段购置费，试制产品的检验费等；

（6）研发成果的论证、评审、验收、评估以及知识产权的申请费、注册费、代理费等费用；

（7）通过外包、合作研发等方式，委托其他单位、个人或者与之合作进行研发而支付的费用；

（8）与研发活动直接相关的其他费用，包括技术图书资料费、资料翻译费、会议费、差旅费、办公费、外事费、研发人员培训费、培养费、专家咨询费、高新科技研发保险费用等。

（二）研发费用核算的科目设置

A企业作为科技创新的规模以上企业，不管是享受有关支持科技创新的财税政策，如政府科技项目申报、高新技术企业认定和加计扣除，还是完成每年的研发投入统计，都离不开研发费用的准确归集。为统筹利用会计上对研发费用的归集并兼顾各政策对研发费用的口径界定（详见本书第五章），A企业通过"研发支出"归集、核算各个研发项目的费用开支，以高新技术企业认定划分的研发费用类别即"人员人工费用、直接投入费用、折旧费用与长期待摊费用、无形资产摊销费用、设计费用、装备调试费用与试验费用、其他费用、委外研发费用"作为成本费用项目进行

明细核算，每一个费用项目类别可再根据更具体的费用内容如在职研发人员工薪、五险一金、外聘研发人员劳务费等进行更细致的核算与归集，科目设置如下所示。

研发支出—××RD项目—费用化支出—人员人工费用（工薪、社保、住房公积金）等；

研发支出—××RD项目—资本化支出—人员人工费用（工薪、社保、住房公积金）等。

限于篇幅，以下会计核算中"研发支出"科目略去五级明细科目。当然，实际中，企业可将具体的五级科目通过Excel辅助账的形式予以反映。

二、研发项目的会计核算

（一）研究阶段支出的会计核算（2×21年1～5月）

根据前述经济业务编制以下会计分录（编号规则："业务编号+分录号"，如1-1表示第1笔业务的第1笔会计分录，依此类推）：

1-1：采购研发材料。

  借：原材料——五金材料 80 000
     ——LED灯珠 220 000
     ——塑料 50 000
     ——其他材料 30 000
   应交税费——应交增值税（进项税额） 49 400
  贷：银行存款 429 400

1-2：研究耗用材料。

  借：研发支出——RD01——费用化支出——
    直接投入费用（材料） 349 000
  贷：原材料——五金材料 75 000
     ——LED灯珠 200 000
     ——塑料 46 000
     ——其他材料 28 000

2-1：计提在职研发人员人工费。

  借：研发支出——RD01——费用化支出——
    人员人工费用（工薪） 280 000
  贷：应付职工薪酬——工资 280 000

2-2：支付在职人员人工费。

  借：应付职工薪酬——工资 280 000

　　　　　贷：应交税费——应交个人所得税　　　　　　　　　38 000
　　　　　　　其他应付款——社会保险费　　　　　　　　　22 000
　　　　　　　　　　　　——住房公积金　　　　　　　　　40 000
　　　　　　　银行存款　　　　　　　　　　　　　　　　180 000
2-3：计提外聘研发人员劳务费。
　　　借：研发支出——RD01——费用化支出——人员人工费用
　　　（劳务费）　　　　　　　　　　　　　　　　　　50 000
　　　　　贷：应付职工薪酬——工资　　　　　　　　　　50 000
2-4：支付外聘人员劳务费。
　　　借：应付职工薪酬——工资　　　　　　　　　　　　50 000
　　　　　贷：应交税费——应交个人所得税　　　　　　　　12 000
　　　　　　　银行存款　　　　　　　　　　　　　　　　38 000
3-1：计提在职研发人员社保费和住房公积金（单位负担部分）。
　　　借：研发支出——RD01——费用化支出——
　　　　　人员人工费用（社保费）　　　　　　　　　　　43 000
　　　　　研发支出——RD01——费用化支出——
　　　　　人员人工费用（住房公积金）　　　　　　　　　40 000
　　　　　贷：应付职工薪酬——社会保险费　　　　　　　43 000
　　　　　　　　　　　　——住房公积金　　　　　　　　40 000
3-2：代付在职研发人员社保费和住房公积金。
　　　借：应付职工薪酬——社会保险费　　　　　　　　　43 000
　　　　　　　　　　　　——住房公积金　　　　　　　　40 000
　　　　　其他应付款——社会保险费　　　　　　　　　　22 000
　　　　　　　　　　——住房公积金　　　　　　　　　　40 000
　　　　　贷：银行存款　　　　　　　　　　　　　　　145 000
4-1：支付与研发图书资料费、新产品及工艺设计费、培训费、会议费和差旅费。
　　　借：研发支出——RD01——费用化支出——其他费用
　　　（图书资料费）　　　　　　　　　　　　　　　　2 000
　　　　　研发支出——RD01——费用化支出——
　　　　　设计费用（新产品设计费）　　　　　　　　　30 000
　　　　　研发支出——RD01——费用化支出——
　　　　　设计费用（新工艺规程制定费）　　　　　　　20 000
　　　　　研发支出——RD01——费用化支出——
　　　　　其他费用（培训费）　　　　　　　　　　　　3 000

　　　　研发支出——RD01——费用化支出——
　　　　　其他费用（会议费）　　　　　　　　　　　　2 500
　　　　研发支出——RD01——费用化支出——
　　　　　其他费用（差旅费）　　　　　　　　　　　　3 500
　　　贷：银行存款　　　　　　　　　　　　　　　　　　　　　61 000

5-1：购买研发用仪器。
　　　借：固定资产　　　　　　　　　　　　　　　　　48 000
　　　　贷：银行存款　　　　　　　　　　　　　　　　　　　　48 000

5-2：摊销仪器费（采取一次计入成本费用的会计政策）。
　　　借：研发支出——RD01——费用化支出——
　　　　　其他费用（差旅费）（折旧）　　　　　　　　48 000
　　　　贷：累计折旧　　　　　　　　　　　　　　　　　　　　48 000

6-1：购买研发用设备。
　　　借：固定资产　　　　　　　　　　　　　　　　330 000
　　　　贷：银行存款　　　　　　　　　　　　　　　　　　　330 000

6-2：计提研发设备折旧费。
　　　借：研发支出——RD01——费用化支出——
　　　　　折旧费用与长期待摊费用（折旧）　　　　　　10 450
　　　　贷：累计折旧　　　　　　　　　　　　　　　　　　　　10 450

7-1：支付研发用的租赁仪器、设备租金。
　　　借：研发支出——RD01——费用化支出——
　　　　　直接投入费用（仪器租金）　　　　　　　　　 6 000
　　　　研发支出——RD01——费用化支出——
　　　　　直接投入费用（设备租金）　　　　　　　　　 9 000
　　　　贷：银行存款　　　　　　　　　　　　　　　　　　　　15 000

8-1：计提研发用的仪器、设备、办公房折旧费。
　　　借：研发支出——RD01——费用化支出——
　　　　　折旧费用与长期待摊费用（折旧）　　　　　　 6 800
　　　　研发支出——RD01——费用化支出——
　　　　　折旧费用与长期待摊费用（折旧）　　　　　　 9 500
　　　　研发支出——RD01——费用化支出——
　　　　　折旧费用与长期待摊费用（折旧）　　　　　　12 000
　　　　贷：累计折旧　　　　　　　　　　　　　　　　　　　　28 300

9-1：支付研发设备维修费。

借：研发支出——RD01——费用化支出——
　　　直接投入费用（设备维修费）　　　　　　1 300
　　贷：库存现金　　　　　　　　　　　　　　　　　　　　1 300

10-1：收到本研发项目的财政拨款（与日常活动相关）。
　　借：银行存款　　　　　　　　　　　　　　100 000
　　贷：其他收益——政府补助　　　　　　　　　　　　　100 000

11-1：用于研究实验的模具制造费。
　　借：研发支出——RD01——费用化支出——
　　　直接投入费用（模具制造费）　　　　　　780 000
　　贷：库存商品、周转材料或固定资产——模具　　　　780 000

12-1：研发用非专利技术摊销费。
　　借：研发支出——RD01——费用化支出——
　　　无形资产摊销费用　　　　　　　　　　　9 000
　　贷：累计摊销　　　　　　　　　　　　　　　　　　　9 000

13-1：会计期末，结转费用化支出（结转数据见表6-1）。
　　借：管理费用——研究开发费用　　　　　　1 715 050
　　贷：研发支出——RD01——费用化支出　　　　　　　1 715 050

（二）开发阶段支出的会计核算（2×21年6～12月）

14-1：支付开发活动的新产品及工艺改进设计费、在职研发人员会议费和差旅费。
　　借：研发支出——RD01——资本化支出——
　　　设计费用（新产品设计费）　　　　　　　4 000
　　　研发支出——RD01——资本化支出——
　　　设计费用（新工艺工程制定费）　　　　　3 000
　　　研发支出——RD01——资本化支出——
　　　其他直接费（会议费）　　　　　　　　　2 800
　　　研发支出——RD01——资本化支出——
　　　其他直接费（差旅费）　　　　　　　　　4 000
　　贷：银行存款　　　　　　　　　　　　　　　　　　　13 800

15-1：用于开发试验的模具制造费。
　　借：研发支出——RD01——资本化支出——
　　　直接投入费用（模具制造费）　　　　　　620 000
　　贷：库存产品、周转材料、固定资产——模具　　　　620 000

16-1：采购开发试验用材料。

借：原材料——五金材料 130 000
　　　　——LED 灯珠 260 000
　　　　——塑料 100 000
　　　　——其他材料 57 000
　　应交税费——应交增值税（进项税额） 71 110
　贷：银行存款 618 110

16-2：开发试验耗用材料。

借：研发支出——RD01——资本化支出——
　　直接投入费用（材料） 562 000
　贷：原材料——五金材料 132 000
　　　　——LED 灯珠 270 000
　　　　——塑料 102 000
　　　　——其他材料 58 000

17-1：计提在职研发人员人工费。

借：研发支出——RD01——资本化支出——
　　人员人工费用（工薪） 392 000
　贷：应付职工薪酬——工资 392 000

17-2：支付在职人员人工费。

借：应付职工薪酬——工资 392 000
　贷：应交税费——应交个人所得税 53 000
　　其他应付款——社会保险费 30 800
　　　　——住房公积金 56 000
　　银行存款 252 200

17-3：计提外聘研发人员劳务费。

借：研发支出——RD01——资本化支出——
　　人员人工费用（劳务费） 80 000
　贷：应付职工薪酬——工资 80 000

17-4：支付外聘人员劳务费。

借：应付职工薪酬——工资 80 000
　贷：应交税费——应交个人所得税等 14 000
　　银行存款 66 000

18-1：计提在职研发人员社保费和住房公积金（单位负担部分）。

借：研发支出——RD01——资本化支出——人员人工费用（社会保险费）
　　　　　　　　　　　　　　　　　　　60 200

研发支出——RD01——资本化支出——
　　　　人员人工费用（住房公积金）　　　　　　56 000
　　　贷：应付职工薪酬——社会保险费　　　　　　　　　　60 200
　　　　　　　　　　　　——住房公积金　　　　　　　　　　56 000
18-2：代付在职研发人员社保费和住房公积金。
　　　借：应付职工薪酬——社会保险费　　　　　　60 200
　　　　　　　　　　　　——住房公积金　　　　　　56 000
　　　　　其他应付款——社会保险费　　　　　　　30 800
　　　　　　　　　　　——住房公积金　　　　　　　56 000
　　　贷：银行存款　　　　　　　　　　　　　　　　　　203 000
19-1：计提研发设备折旧费。
　　　借：研发支出——RD01——资本化支出——
　　　　　折旧费用与长期待摊费用（折旧）　　　　18 287.50
　　　贷：累计折旧　　　　　　　　　　　　　　　　　　18 287.50
20-1：支付研发用的租赁仪器、设备租金。
　　　借：研发支出——RD01——资本化支出——
　　　　　直接投入费用（仪器租赁费）　　　　　　8 400
　　　　　研发支出——RD01——资本化支出——
　　　　　直接投入费用（设备租赁费）　　　　　　12 600
　　　贷：银行存款　　　　　　　　　　　　　　　　　　21 000
21-1：计提研发用的仪器、设备、办公房折旧费。
　　　借：研发支出——RD01——资本化支出——
　　　　　折旧费用与长期待摊费用（折旧）　　　　9 520
　　　　　研发支出——RD01——资本化支出——
　　　　　折旧费用与长期待摊费用（折旧）　　　　13 300
　　　　　研发支出——RD01——资本化支出——
　　　　　折旧费用与长期待摊费用（折旧）　　　　16 800
　　　贷：累计折旧　　　　　　　　　　　　　　　　　　39 620
22-1：支付研发设备维修费。
　　　借：研发支出——RD01——资本化支出——
　　　　　直接投入费用（设备维修费）　　　　　　1 800
　　　贷：库存现金　　　　　　　　　　　　　　　　　　1 800
23-1：支付试制产品检验费。
　　　借：研发支出——RD01——资本化支出——

　　　　直接投入费用（试制产品检验费）　　　　800
　　　　　贷：库存现金　　　　　　　　　　　　　　　　800
　24-1：研发用非专利技术摊销费。
　　　　借：研发支出——RD01——资本化支出——
　　　　　无形资产摊销费（非专利技术摊销）　12 600
　　　　　贷：累计摊销　　　　　　　　　　　　　　　12 600
　25-1：支付评审验收费和专利申请费。
　　　　借：研发支出——RD01——资本化支出——
　　　　　其他费用——评审验收费　　　　　8 000
　　　　　研发支出——RD01——资本化支出——
　　　　　其他费用——专利申请费　　　　　1 000
　　　　　贷：银行存款　　　　　　　　　　　　　　　9 000
　26-1：该专利权已达到预定用途，结转资本化支出（结转数据见表6-2）。
　　　　借：无形资产——自创专利权　　　　1 887 107.50
　　　　　贷：研发支出——RD01——资本化支出　　　1 887 107.50
　27-1：该自创专利权2×21年12月的摊销额。
　　　　借：管理费用（1 887 107.50/10/12）　15 725.90
　　　　　贷：无形资产——自创专利权　　　　　　　　15 725.90

三、研发项目"研发支出"明细账的登记

限于篇幅，这里仅登记"研发支出—费用化支出"（见表6-1）和"研发支出—资本化支出"（见表6-2）明细账，其他明细账略。

四、研发费用的列报

根据以上会计核算资料，RD01研发项目2×21年度研发费用总计3 602 157.50元，其中，费用化支出1 715 050元，资本化支出1 887 107.50元。资本化支出于2×21年12月形成无形资产，且12月摊销自创专利权15 725.90元，因此2×21年12月末自创专利技术的账面价值为1 871 381.60元（1 887 107.50-15 725.90）。

因此，2×21年研发费用在年报中的列报分别为：费用化支出1 715 050元，在利润表"研发费用"栏中反映；资本化支出1 887 107.50元，资产负债表"无形资产"反映1 871 381.60元，利润表"管理费用"中反映15 725.90元。

研发项目名称：节能发光二极管集成灯管（项目编号RD01）　　　　　　　　　　　　　　　　　　　　金额：元

表6-1　2×21年"研发支出—费用化支出"明细账

2×21年 月 日	凭证号	摘要	费用项目							合计
			人员人工费用	直接投入费用	折旧费用与长期待摊费用	无形资产摊销费用	设计费用	装备调试费与试验费用	其他费用	委托外部研发费	
	1-2	研发耗用材料		349 000							349 000
	2-1	计提在职研发人员工资	280 000								280 000
	2-3	计提外聘研发人员劳务费	50 000								50 000
	3-1	计提研发人员社保、住房公积金	83 000								83 000
	4-1	支付研发图书资料费、新产品/工艺设计费、培训费、会议费和差旅费					50 000		11 000		61 000
	5-2	一次摊销仪器费			48 000						48 000
	6-2	计提研发设备折旧费			10 450						10 450
	7-1	支付仪器、设备租赁费		15 000							15 000
	8-1	计提研发仪器、设备、房屋折旧费			28 300						28 300
	9-1	支付设备维修费		1 300							1 300
	11-1	研发模具制造费		780 000							780 000
	12-1	非专利技术摊销费				9 000					9 000
		本月合计（略）									
		本年累计	413 000	1 145 300	86 750	9 000	50 000		11 000		1 715 050

研发项目名称：节能发光二极管集成灯管（项目编号RD01）　　　　　　　　金额：元

表6-2　2×21年"研发支出—资本化支出"明细账

2×21年 月 日	凭证号	摘要	费用项目								合计
			人员人工费用	直接投入费用	折旧费用与长期待摊费用	无形资产摊销费用	设计费用	装备调试费与试验费用	其他费用	委托外部研发费	
	14-1	支付研发新产品及工艺改进设计费、会议费、差旅费					7 000		6 800		13 800
	15-1	产品试制的模具制造费		620 000							620 000
	16-2	开发试验耗用材料		562 000							562 000
	17-1	计提在职研发人员工资	392 000								392 000
	17-3	计提外聘研发人员劳务费	80 000								80 000
	18-1	计提研发人员社保、住房公积金	116 200								116 200
	19-1	计提研发设备折旧费			18 287.50						18 287.50
	20-1	支付仪器、设备租赁费		21 000							21 000
	21-1	计提仪器、设备、房屋折旧费			39 620						39 620
	22-1	支付设备维修费		1 800							1 800
	23-1	支付试制产品检验费		800							800
	24-1	非专利技术摊销费				12 600					12 600
	25-1	研发成果评审费、专利申请费							9 000		9 000
		本月合计（略）									
		本年累计	588 200	1 205 600	57 907.50	12 600	7 000		15 800		1 887 107.50

第三节　研发项目的税务处理：加计扣除申报

一、研发费用的加计扣除口径

根据财税〔2015〕119号文和97号公告、40号公告的规定，允许加计扣除的研发费用范围采取的是正列举方式，即政策规定中没有列举的加计扣除项目，不可以享受加计扣除优惠。可加计扣除研发费用主要包括6大类：人员人工费用，直接投入费用，折旧费用，无形资产摊销费用，新产品设计费、新工艺规程制定费、新药研制的临床试验费、勘探开发技术的现场试验费，以及其他相关费用等。

（1）人员人工费用。它是指直接从事研发活动人员的工资薪金（包括按规定可以在税前扣除的对研发人员股权激励的支出）、基本养老保险费、基本医疗保险费、失业保险费、工伤保险费、生育保险费和住房公积金（即五险一金），以及外聘研发人员的劳务费用。

（2）直接投入费用。它是指研发活动直接消耗的材料、燃料和动力费用；用于中间试验和产品试制的模具、工艺装备开发及制造费，不构成固定资产的样品、样机及一般测试手段购置费，试制产品的检验费；用于研发活动的仪器、设备的运行维护、调整、检验、维修等费用，以及通过经营租赁方式租入的用于研发活动的仪器、设备租赁费。

（3）折旧费用。它是指用于研发活动的仪器、设备的折旧费。

（4）无形资产摊销费用。它是指用于研发活动的软件、专利权、非专利技术（包括许可证、专有技术、设计和计算方法等）的摊销费用。

（5）新产品设计费、新工艺规程制定费、新药研制的临床试验费、勘探开发技术的现场试验费。它是指企业在新产品设计、新工艺规程制定、新药研制的临床试验、勘探开发技术的现场试验过程中发生的与开展该项活动有关的各类费用。

（6）其他相关费用。它是指与研发活动直接相关的其他费用，主要包括：①技术图书资料费、资料翻译费、专家咨询费、高新科技研发保险费；②研发成果的检索、分析、评议、论证、鉴定、评审、评估、验收费用；③知识产权的申请费、注册费、代理费；④差旅费、会议费；⑤职工福利费、补充养老保险费、补充医疗保险费。此类费用总额不得超过可加计扣除研发费用总额的10%。

特别说明，以上8个方面只是计算可加计研发费用的支出内容，它们非常强调与研发项目的相关性，也便于税务部门实际操作和分辨。而其他从会计角度确认的研发费用支出，只要满足企业所得税税前扣除条件的，均可在所得税税前100%扣除。

二、"研发支出"辅助账：研发项目可加计研发费用归集

根据《关于完善研究开发费用税前加计扣除政策的通知》（财税〔2015〕119号）、97号公告、40号公告等相关政策的规定，企业归集的研究开发费用中，对费用化处理的研究开发费用，只要符合企业所得税规定的扣除标准，允许据实扣除，但加计扣除部分，必须以本办法限定的研究开发费用支出内容为标准进行计算；同样对于资本化处理的研究开发费用，其形成无形资产的计税基础为开发过程中该自创无形资产符合资本化条件后至达到预定用途前所发生的支出总额，与会计确认标准相同，其摊销额从其达到预定用途的当月开始，按税收年限计算的摊销额允许据实扣除，但加计摊销的自创无形资产成本，也应以本办法限定的研究开发费用支出内容为标准进行计算。

特别说明，本例中A公司为制造业企业，享受100%加计扣除的优惠，且选择汇缴时享受。

（一）"研发支出"辅助账：RD01项目（费用化部分）可加计研发费用归集

根据本章第二节"研发支出—费用化支出"的相关会计核算资料可知，以下费用化支出内容不可享受加计扣除100%的优惠，但在其满足所得税扣除标准的条件下，可据实100%扣除。

（1）分录4-1：支付在职研发人员其他直接费中的培训费3 000元不可扣除；对于会议费2 500元和差旅费3 500元有限额规定，即不超过可加计扣除研发费用总额的10%，从本例看未超出限额，可享受加计扣除。

（2）分录8-1：计提的研发房屋折旧费12 000元；

综上，"研发支出—RD01—费用化支出"总计1 715 050元中不可加计扣除的研发费用为15 000元，可加计扣除的研发费用为1 700 050元。按照研发费用加计扣除政策规定，对可加计扣除的研发费用需要设置"研发支出"辅助账予以归集并作为留存备查资料。本例可加计扣除的研发费用（费用化部分）辅助账如表6-3所示。

表6-3 自主研发"研发支出"辅助账

项目名称：节能发光二极管集成灯管　项目编号：RD01　资本化、费用化支出选项：○未完成　◎已完成
研发成果：略　　研发成果证书号：略　　项目实施状态选项：○未完成　◎已完成
金额单位：元（列至角分）

时间	凭证号	摘要	借方金额	贷方金额	借或贷	余额	费用明细（借方）										
							一、人员人工费用				二、直接投入费用						
							直接从事研发活动人员			外聘研发人员的劳务费用	研发活动直接消耗				用于中间试验和产品试制的模具、工艺装备开发及制造费	用于不构成固定资产的样品、样机及一般测试手段购置费	用于试制产品的检验费	用于研发活动的仪器、设备的运行维护、调整、检验、维修等费用	通过经营租赁方式租入的用于研发活动的仪器、设备租赁费
							工资薪金	五险一金			材料	燃料	动力费用					
							1.1	1.2	1.3		2.1	2.2	2.3	2.4	2.5	2.6	2.7	2.8
		期初余额																
	1-2	研发耗用材料	349 000		借	349 000					349 000							
	2-1	计提在职研发人员工资	280 000		借	280 000	280 000											
	2-3	计提外聘研发人员劳务费	50 000		借	50 000				50 000								
	3-1	计提研发人员社保、住房公积金	83 000		借	83 000		83 000										
	...	...																
	7-1	支付仪器、设备租赁费	15 000		借	15 000													15 000
	9-11	支付设备维修费	1 300		借	1 300												1 300	
	11-1	研发模具制造费	780 000		借	780 000									780 000				
		期末余额（仅为本页余额合计数据）	1 558 300				280 000	83 000		50 000	349 000				780 000			1 300	15 000

(续)

时间	凭证号	摘要	序号	借方金额	贷方金额	借或贷	余额	费用明细（借方）				
								三、折旧费用		四、无形资产摊销		
								3.1 用于研发活动的仪器的折旧费	3.2 用于研发活动的设备的折旧费	4.1 用于研发活动的软件的摊销费用	4.2 用于研发活动的专利权的摊销费用	4.3 用于研发活动的非专利技术（包括许可证、专有技术、设计和计算方法等）的摊销费用
		期初余额										
		...										
	5-2	一次摊销仪器费		48 000		借	48 000	48 000				
	6-2	计提研发设备折旧费		10 450		借	10 450	10 450				
	8-1	计提研发仪器、设备折旧费		16 300		借	16 300	6 800	9 500			
		...										
	12-1	非专利技术摊销费		9 000		借	9 000					9 000
		期末余额（仅为本页余额合计数据）					83 750	65 250	9 500			9 000

费用明细（借方）

时间	凭证号	摘要	借方金额	贷方金额	借或贷	余额	五、新产品设计费等				六、其他相关费用				
							新产品设计费	新工艺规程制定费	新药研制的临床试验费	勘探开发技术的现场试验费	技术图书资料费、资料翻译费、专家咨询费、高新科技研发保险费	研发成果的检索、分析、论证、评审、评估、验收费用	知识产权的申请费、注册费、代理费	职工福利费、补充养老保险费、补充医疗保险费	差旅费、会议费	…
		序号					5.1	5.2	5.3	5.4	6.1	6.2	6.3	6.4	6.5	…
		期初余额														
		…														
	4-1	支付研发图书资料费、新产品/工艺设计费、培训费、会议费和差旅费	58 000		借		30 000	20 000			2 000				6 000	
		…														
		期末余额（仅为本页余额合计数据）	58 000				30 000	20 000			2 000				6 000	

备注：

根据本表，A企业 RD01 项目可加计扣除研发费用 = 1 558 300 + 83 750 + 58 000 = 1 700 050（元）

（二）"研发支出"辅助账：RD01 项目（资本化部分）可加计研发费用归集

根据本章第二节"研发支出—资本化支出"的相关会计核算资料可知，以下资本化支出内容不可享受加计摊销 100% 的优惠，但可据实 100% 摊销。

（1）分录 14-1：支付在职研发人员其他直接费中的会议费 2 800 元和差旅费 4 000 元有限额规定，即不超过可加计扣除研发费用总额的 10%，从本例看未超出限额，可享受加计摊销；

（2）分录 21-1：计提的研发房屋折旧费 16 800 元。

综上，"研发支出—RD01—资本化支出"总计 1 887 107.50 元中不可加计研发费用为 16 800 元，可加计扣除研发费用为 1 870 307.50 元。按照研发费用加计扣除政策规定，对可加计扣除的研发费用需要设置"研发支出"辅助账作为留存备查资料。本例可加计扣除的研发费用（资本化部分）辅助账如表 6-4 所示。

（三）"研发支出"辅助账汇总表：RD01 项目可加计研发费用的汇总

根据研发费用加计扣除相关政策规定，年末，企业需在本年度各研发项目"研发支出"辅助账归集的可加计扣除的研发费用的数据基础上，汇总、分析、填报本年度"研发支出辅助账汇总表"，如表 6-5 所示。其既是填报企业所得税年度纳税申报附表《研发费用加计扣除优惠明细表》（A107012）的数据来源和依据，也是企业享受研发费用加计扣除政策的留存备查资料的关键财务资料之一。

根据前述本案例的相关数据，表 6-5"研发支出辅助账汇总表"是 A 公司以 RD01 项目"研发支出"辅助账（见表 6-3、表 6-4）归集的可加计扣除的研发费用的相关数据为基础进行汇总的。

表6-4　自主研发"研发支出"辅助账（仅归集可加计研发费用）

项目名称：节能发光二极管集成灯管　项目编号：RD01　资本化、费用化支出选项：◎资本化○费用化　项目实施状态选项：○未完成◎已完成
研发成果证书号：略　研发成果：略　金额单位：元（列至角分）

时间	凭证号	摘要	借方金额	贷方金额	借或贷	余额	费用明细（借方）									
							一、人员人工费用			研发活动直接消耗				二、直接投入费用		
							直接从事研发活动人员 || 外聘研发人员的劳务费用	材料	燃料	动力费用	用于中间试验和产品试制的模具、工艺装备开发及制造费	用于不构成固定资产的样品、样机及一般测试手段购置费	用于试制产品的检验费	用于研发活动的仪器、设备的运行维护、调整、检验、修理等费用	通过经营租赁方式租入的用于研发活动的仪器、设备租赁费
							工资薪金	五险一金									
		序号					1.1	1.2	1.3	2.1	2.2	2.3	2.4	2.5	2.6	2.7	2.8
		期初余额															
		...															
	15-1	产品试制的模具制造费	620 000		借	620 000							620 000				
	16-2	开发试验耗用材料	562 000		借	562 000				562 000							
	17-1	计提在职研发人员工资	392 000		借	392 000	392 000										
	17-3	计提外聘研发人员劳务费	80 000		借	80 000			80 000								
	18-1	计提研发人员社保、住房公积金	116 200		借	116 200		116 200									
		...															
	20-1	支付仪器、设备租赁费	21 000		借	21 000											21 000
	22-1	支付设备维修费	1 800		借	1 800										1 800	
	23-1	支付试制产品检验费	800		借	800									800		
		...															
		期末余额（仅为本页余额合计数据）	1 793 800				392 000	116 200	80 000	562 000			620 000		800	2 600	21 000

（续）

费用明细（借方）

时间	凭证号	摘要	借方金额	贷方金额	借或贷	余额	三、折旧费用		四、无形资产摊销		
							用于研发活动的仪器的折旧费	用于研发活动的设备的折旧费	用于研发活动的软件的摊销费用	用于研发活动的专利权的摊销费用	用于研发活动的非专利技术（包括许可证、专有技术、设计和计算方法等）的摊销费用
		序号					3.1	3.2	4.1	4.2	4.3
		期初余额									
		...									
	19-1	计提研发设备折旧费	18 287.5		借	18 287.5		18 287.50			
		...									
	21-1	计提研发仪器、设备折旧费	22 820		借	22 820	9 520	13 300			
		...									
	24-1	非专利技术摊销费	12 600		借	12 600					12 600
		期末余额（仅为本页余额合计数据）				53 707.50	9 520	31 587.50			12 600

第六章 综合案例：A公司研发费用加计扣除申报

（续）

时间	凭证号	摘要	借方金额	贷方金额	借或贷	余额	费用明细（借方）								
							五、新产品设计费等				六、其他相关费用				
							新产品设计费	新工艺规程制定费	新药研制的临床试验费	勘探开发技术的现场试验费	技术图书资料费、资料翻译费、专家咨询费、高新科技研发保险费	研发成果的检索、分析、论证、鉴定、评审、评估、验收费用	知识产权的申请费、注册费、代理费	职工福利费、补充养老保险费、补充医疗保险费	差旅费、会议费
		序号					5.1	5.2	5.3	5.4	6.1	6.2	6.3	6.4	6.5
		期初余额													
	14-1	支付研发新产品及工艺改进设计费、会议费、差旅费	13 800		借	13 800	4 000	3 000							6 800
	25-1	研发成果评审费/专利申请费	9 000		借	9 000						8 000	1 000		
		期末余额（仅为本页余额合计数据）	22 800				4 000	3 000				8 000	1 000		6 800

备注：

根据本表，A企业 RD01 项目（资本化支出）可加计摊销研发费用总额 =1 793 800+53 707.50+22 800=1 870 307.5（元）

表6-5 "研发支出"辅助账汇总表（仅汇总可加计研发费用）

纳税人识别号：略　　纳税人名称（盖章）：A公司　　2×21年度　　金额单位：元（列至角分）

序号行次	项目编号	项目名称	研发形式	资本化、费用化支出选项	项目实施方与受托方是否存在关联关系选项	是否委托境外研发选项	研发成果形态选项	研发成果证书号	一、人员人工费用				二、直接投入费用								三、折旧费用	
									直接从事研发活动人员 工资薪金	五险一金	外聘研发人员的劳务费用		研发活动直接消耗			用于中间试验和产品试制的模具、工艺装备开发及制造费	用于不构成固定资产的样品、样机及一般测试手段购置费	用于试制产品的检验费	用于研发活动的仪器、设备的运行维护、调整、检验、维修等费用	通过经营租赁方式租入的用于研发活动的仪器、设备租赁费	用于研发活动的仪器的折旧费	用于研发活动的设备的折旧费
													材料	燃料	动力费用							
									1.1	1.2	1.3		2.1	2.2	2.3	2.4	2.5	2.6	2.7	2.8	3.1	3.2
1 期初余额																						
2 本期借方发生额									672 000	199 200	130 000		911 000			1 400 000			3 900	36 000	74 770	41 087.50
3 本期贷方发生额									672 000	199 200	130 000		911 000			1 400 000			3 900	36 000	74 770	41 087.50
4 其中：结转管理费用									280 000	83 000	50 000		349 000			780 000			1 300	15 000	65 250	9 500
5 结转无形资产									392 000	116 200	80 000		562 000			620 000			2 600	21 000	9 520	31 587.50
6 期末余额																						
项目明细（填写贷方发生额） 1	RD01	节能发光二极管集成灯管	自主研发	费用化	—	—	略	—	280 000	83 000	50 000		349 000			780 000			1 300	15 000	65 250	9 500
2	RD01	节能发光二极管集成灯管	自主研发	资本化	—	—	略	—	392 000	116 200	80 000		562 000			620 000			2 600	21 000	9 520	31 587.50
3 …																						

（续）

序号行次	项目名称	项目编号	研发形式	资本化、费用化支出选项	项目实施状态选项	委托方与受托方是否存在关联关系选项	是否委托境外研发选项	研发成果证书号	四、无形资产摊销			五、新产品设计费等				六、其他相关费用			
									用于研发活动的软件的摊销费用	用于研发活动的专利权的摊销费用	用于研发活动的非专利技术（包括许可证、专有技术、设计和计算方法等）的摊销费用	新产品设计费	新工艺规程制定费	新药研制的临床试验费	勘探开发技术的现场试验费	技术图书资料费、资料翻译费、专家咨询费、高新科技研发保险费	研发成果的检索、分析、评议、论证、鉴定、评审、评估、验收费用	知识产权的申请费、注册费、代理费	职工福利费、补充养老保险费、补充医疗保险费	差旅费、会议费
序号行次									4.1	4.2	4.3	5.1	5.2	5.3	5.4	6.1	6.2	6.3	6.4	6.5
1	期初余额																			
2	本期借方发生额										21 600	34 000	23 000			2 000	8 000	1 000		12 800
3	本期贷方发生额										21 600	34 000	23 000			2 000	8 000	1 000		12 800
4	其中：结转管理费用										9 000	30 000	20 000				8 000			6 000
5	结转无形资产										12 600	4 000	3 000							6 800
6	期末余额																			
项目明细（填写项目发生额） 1	节能发光二极管集成灯管	RD01	自主研发	费用化	已完成	—	—	—			9 000	30 000	20 000			2 000	8 000	1 000		6 000
2	节能发光二极管集成灯管	RD01	自主研发	资本化	已完成	—	—	—			12 600	4 000	3 000				8 000	1 000		6 800
3	…																			

三、研发项目加计扣除的年度纳税申报

（一）研发费用的会计口径：100% 部分可据实税前扣除

根据本章第二节 A 公司对 RD01 项目研发费用的会计核算与归集（见表 6-1、表 6-2），A 公司 RD01 项目在 2×21 年度的研发费用总额为 3 602 157.50 元，其中：费用化支出 1 715 050 元，在满足所得税扣除标准条件下，允许据实扣除；资本化支出 1 887 107.50 元，在未形成无形资产前不允许扣除。另外，在资本化支出中，2×21 年 12 月达到预定用途形成无形资产，成本为 1 887 107.50 元，按 10 年摊销计算，2×21 年 12 月摊销额为 15 725.90 元，允许据实扣除；且以后年度依此计算的摊销额也一样可据实扣除。

（二）研发费用的加计扣除口径：符合加计扣除口径的才可享受 100% 加计扣除优惠

根据本章第三节对 A 公司 RD01 项目可加计研发费用的归集（见表 6-3～表 6-5），其在享受加计扣除税收优惠时，费用化支出会计口径 1 715 050 元中，剔除了不可加计研发费用 15 000 元（其中培训费 3 000 元，研发房屋折旧费 12 000 元），同时 A 公司选择将政府补助 100 000 元作为应税收入处理（将政府补助作为应税收入处理，其相应的支出形成的研发费用可享受加计扣除），因此费用化部分可加计扣除的研发费用为 1 700 050 元，可享受 100% 税前加计扣除的优惠。

同理，形成无形资产的资本化支出会计口径 1 887 107.50 元中，剔除了不可加计摊销研发费用 16 800 元（均为研发房屋折旧费），则可加计摊销的资本化研发费用总额为 1 870 307.50 元（1 887 107.50-16 800），按 10 年 100% 加计摊销计算，2×21 年 12 月可加计摊销额为 15 585.90 元（1 870 307.50/10/12×1×100%）。

（三）汇缴申报享受，填报《研发费用加计扣除优惠明细表》（A107012）

综上分析，A 公司 2×21 年进行企业所得税年度纳税汇缴申报时，须填报附表《研发费用加计扣除优惠明细表》（A107012），如表 6-6 所示。

本年度可加计扣除的研发费用总额为 1 715 635.90 元（1 700 050+15 585.90），按 100% 加计扣除比例计算，本年度加计扣除额为 1 715 635.90 元（1 715 635.90×100%），再

按 25% 的所得税税率计算，合计少缴企业所得税 428 908.98 元（1 715 635.90 × 100% × 25%）；自创无形资产的未加计摊销完的部分，在以后的剩余摊销年度享受税收优惠。

表6-6　研发费用加计扣除优惠明细表（A107012）

行次	项目	金额（数量）
1	本年可享受研发费用加计扣除项目数量	1
2	一、自主研发、合作研发、集中研发（3+7+16+19+23+34）	3 570 357.50
3	（一）人员人工费用（4+5+6）	1 001 200
4	1. 直接从事研发活动人员工资薪金	672 000
5	2. 直接从事研发活动人员五险一金	199 200
6	3. 外聘研发人员的劳务费用	130 000
7	（二）直接投入费用（8+9+10+11+12+13+14+15）	2 350 900
8	1. 研发活动直接消耗材料费用	911 000
9	2. 研发活动直接消耗燃料费用	
10	3. 研发活动直接消耗动力费用	
11	4. 用于中间试验和产品试制的模具、工艺装备开发及制造费	1 400 000
12	5. 用于不构成固定资产的样品、样机及一般测试手段购置费	
13	6. 用于试制产品的检验费	
14	7. 用于研发活动的仪器、设备的运行维护、调整、检验、维修等费用	3 900
15	8. 通过经营租赁方式租入的用于研发活动的仪器、设备租赁费	36 000
16	（三）折旧费用（17+18）	115 857.5
17	1. 用于研发活动的仪器的折旧费	74 770
18	2. 用于研发活动的设备的折旧费	41 087.50
19	（四）无形资产摊销（20+21+22）	21 600
20	1. 用于研发活动的软件的摊销费用	
21	2. 用于研发活动的专利权的摊销费用	
22	3. 用于研发活动的非专利技术（包括许可证、专有技术、设计和计算方法等）的摊销费用	21 600
23	（五）新产品设计费等（24+25+26+27）	57 000
24	1. 新产品设计费	34 000

（续）

行次	项目	金额（数量）
25	2.新工艺规程制定费	23 000
26	3.新药研制的临床试验费	
27	4.勘探开发技术的现场试验费	
28	（六）其他相关费用（29+30+31+32+33）	23 800
29	1.技术图书资料费、资料翻译费、专家咨询费、高新科技研发保险费	2 000
30	2.研发成果的检索、分析、评议、论证、鉴定、评审、评估、验收费用	8 000
31	3.知识产权的申请费、注册费、代理费	1 000
32	4.职工福利费、补充养老保险费、补充医疗保险费	
33	5.差旅费、会议费	12 800
34	（七）经限额调整后的其他相关费用	23 800
35	二、委托研发（36+37+39）	
36	（一）委托境内机构或个人进行研发活动所发生的费用	
37	（二）委托境外机构进行研发活动发生的费用	
38	其中：允许加计扣除的委托境外机构进行研发活动发生的费用	
39	（三）委托境外个人进行研发活动发生的费用	
40	三、年度研发费用小计（2+36×80%+38）	3 570 357.50
41	（一）本年费用化金额	1 700 050
42	（二）本年资本化金额	1 870 307.50
43	四、本年形成无形资产摊销额	15 585.90
44	五、以前年度形成无形资产本年摊销额	
45	六、允许扣除的研发费用合计（41+43+44）	1 715 635.90
46	减：特殊收入部分	
47	七、允许扣除的研发费用抵减特殊收入后的金额（45-46）	1 715 635.90
48	减：当年销售研发活动直接形成产品（包括组成部分）对应的材料部分	
49	减：以前年度销售研发活动直接形成产品（包括组成部分）对应材料部分结转金额	
50	八、加计扣除比例（%）	100%
51	九、本年研发费用加计扣除总额（47-48-49）×50	1 715 635.90
52	十、销售研发活动直接形成产品（包括组成部分）对应材料部分结转以后年度扣减金额（当47-48-49≥0，本行=0；当47-48-49<0，本行=47-48-49的绝对值）	

第 七 章

科技成果转化减免税政策与技术合同认定登记

本章主要介绍了企业科技成果转化环节的"四技"收入免征增值税和符合条件的技术转让所得减免征收企业所得税优惠政策。鉴于上述税收优惠政策均要求签订相关技术合同，且都需要到科技主管部门进行技术合同认定登记，为此，本书简要梳理了有关技术合同认定登记的相关内容。本章的知识架构如图7-1所示。

图 7-1　科技成果转化减免税政策与技术合同认定登记知识架构

第一节　科技成果转化减免税政策

《促进科技成果转化法（2015修订）》规定，科技成果转化是指为提高生产力水平而对科技成果所进行的后续试验、开发、应用、推广直至形成新技术、新工艺、新材料、新产品，发展新产业等活动。为促进科技成果向现实生产力转化，《科学技术进步法（2017修订）》第十七条第一款规定：从事技术开发、技术转让、技术咨询、技术服务享受国家税收优惠。

一、"四技"收入免征增值税

财政部、国家税务总局《关于全面推开营业税改征增值税试点的通知》（财税〔2016〕36号）附件3《营业税改征增值税试点过渡政策的规定》第一条第（二十六）项：纳税人（包括单位和个人）提供技术转让、技术开发和与之相关的技术咨询、技术服务，免征增值税。

1. 相关概念界定

（1）技术转让。它是指转让者将其拥有的专利和非专利技术的所有权或者使用权有偿转让他人的行为。

（2）技术开发。它是指开发者接受他人委托，就新技术、新产品、新工艺或者新材料及其系统进行研发的行为。

（3）技术咨询。它是指就特定技术项目提供可行性论证、技术预测、专题技术调查、分析评价报告等。

（4）与技术转让、技术开发相关的技术咨询、技术服务。它是指转让方（或受托方）根据技术转让或开发合同的规定，为帮助受让方（或委托方）掌握所转让（或委托开发）的技术，而提供的技术咨询、技术服务业务，且这部分技术咨询、服务的价款与技术转让（或开发）的价款应当开在同一张发票上。

2. 免征增值税的技术转让、开发销售额的确定

（1）以图纸、资料等为载体提供已有技术或开发成果的，其免税销售额为向对方收取的全部价款和价外费用。

（2）以样品、样机、设备等货物为载体提供已有技术或开发成果的，其免税销售额不包括货物的价值。对样品、样机、设备等货物，应当按有关规定征收增值税。转让方（或受让方）应分别反映货物的价值与技术转让、开发的价值，如果货物部分价格明显偏低，由主管税务机关核定计税价格。

（3）提供生物技术时附带提供的微生物菌种母本和动植物新品种的，应包括在免征增值税的销售额内。但对于批量销售的微生物菌种，应当征收增值税。

3. 备案程序

（1）签订相关技术合同。

（2）到科技主管部门进行技术合同认定登记。

（3）持有关的书面合同和科技主管部门审核意见证明文件，报主管税务机关备查。

二、符合条件的技术转让所得减免征收企业所得税

（一）优惠内容

1. 一般技术转让项目

《企业所得税法》第二十七条第（四）项规定："符合条件的技术转让所得可以免征、减征企业所得税。"《企业所得税法实施条例》第九十条规定："企业所得税法第二十七条第（四）项所称符合条件的技术转让所得免征、减征企业所得税，是指一个纳税年度内，居民企业技术转让所得不超过500万元的部分，免征企业所得税；超过500万元的部分，减半征收企业所得税。"

上述符合条件的技术转让所得减免税优惠政策，自2008年1月1日起执行。

2. 中关村国家自主创新示范区特定区域技术转让项目

根据2020年12月25日财政部、国家税务总局、科学技术部、知识产权局发布的《关于中关村国家自主创新示范区特定区域技术转让企业所得税试点政策的通知》（财税〔2020〕61号）规定：自2020年1月1日起，在中关村国家自主创新示范区特定区域内注册的居民企业，符合条件的技术转让所得，在一个纳税年度内不超过2 000万元的部分，免征企业所得税；超过2 000万元部分，减半征收企业所得税。

中关村国家自主创新示范区特定区域包括：朝阳园、海淀园、丰台园、顺义园、大兴—亦庄园、昌平园。○

（二）享受条件

对比一般技术转让项目和中关村国家自主创新示范区特定区域技术转让项目的相关所得税减免政策，后者的优惠力度更大，免征额提高到2 000万元；享受条件更宽松，主要体现在两点上：①转让非独占许可使用权和全球独占许可使用权的

○ 以上区域都在北京市。

时间从 5 年改为 3 年;②对关联技术转让交易的处理差异,即居民企业从直接或间接持有股权之和达到 100% 的关联方取得的技术转让所得,前者不可享受,后者可享受。有关享受条件对比如表 7-1 所示。

表7-1 符合条件的技术转让所得减免税政策的享受条件对比

对比项目	一般技术转让项目	中关村国家自主创新示范区特定区域技术转让项目
(1)享受优惠的技术转让主体	●《企业所得税法》规定的居民企业	
(2)享受优惠的技术	● 专利(含国防专利)、计算机软件著作权、集成电路布图设计专有权、植物新品种权、生物医药新品种权以及财政部和国家税务总局确定的其他技术。其中,专利是权利人依法就发明创造,包括发明、实用新型、外观设计享有的专有权利	
(3)技术转让的概念	● 居民企业转让符合上述规定技术的所有权,5 年以上(含 5 年)全球独占许可使用权。自 2015 年 10 月 1 日起,转让 5 年以上非独占许可使用权的,也可享受	● 居民企业转让符合上述规定技术的所有权,或 3 年以上(含 3 年)非独占许可使用权和全球独占许可使用权的行为
(4)技术转让应签订技术转让合同	● 境内的技术转让须经省级以上(含省级)科技部门认定登记;跨境的技术转让须经省级以上(含省级)商务部门认定登记;涉及财政经费支持产生技术的转让需要省级以上(含省级)科技部门审批 ● 居民企业技术出口应由有关部门按照商务部、科学技术部发布的《中国禁止出口限制出口技术目录》(商务部、科学技术部令 2008 年第 12 号)进行审查。居民企业取得禁止出口和限制出口技术转让所得,不享受技术转让减免企业所得税优惠政策	
(5)关联方间技术转让所得的减免税处理差异	● 居民企业从直接或间接持有股权之和达到 100% 的关联方取得的技术转让所得,不享受技术转让减免企业所得税优惠政策	● 居民企业从直接或间接持有股权之和达到 100% 的关联方取得的技术转让所得,可享受技术转让减免企业所得税优惠政策

(三)技术转让所得的计算

技术转让所得 = 技术转让收入 - 技术转让成本 - 相关税费 - 应分摊的期间费用

其中:

(1)技术转让收入。它是指当事人履行技术转让合同后获得的价款,不包括销售或转让设备、仪器、零部件、原材料等非技术性收入。此外,不属于与技术转让项目密不可分的技术咨询、技术服务、技术培训等收入,不得计入技术转让收入。可以计入技术转让收入的技术咨询、技术服务、技术培训收入，是指转让方为使受让方掌握所转让的技术投入使用、实现产业化而提供的必要的技术咨询、技术服务、技术培训所产生的收入，并应同时符合以下条件：①在技术转让合同中约定的与该技术转让相关的技术咨询、技术服务、技术培训；②技术咨询、技术服务、技术培训收入与该技术转让项目收入一并收取价款。

（2）技术转让成本。它是指转让的无形资产的净值，即该无形资产的计税基础减除在资产使用期间按照规定计算的摊销扣除额后的余额。

（3）相关税费。它是指技术转让过程中实际发生的有关税费，包括除企业所得税和允许抵扣的增值税以外的各项税金及其附加、合同签订费用、律师费等相关费用及其他支出。

（4）应分摊的期间费用。它是指享受技术转让所得减免征收企业所得税优惠项目合理分摊的期间费用。合理分摊比例可以按照投资额、销售收入、资产额、人员工资等参数确定。上述比例一经确定，不得随意变更。

此外，须注意的是，享受技术转让所得减免征收企业所得税优惠的企业，应单独计算技术转让所得，并合理分摊企业的期间费用；没有单独计算的，不得享受技术转让所得企业所得税优惠。

（四）纳税申报与备查资料

符合条件的技术转让所得减免征收企业所得税优惠，预缴时即可享受；享受方式采取"自行判别、申报享受、相关资料留存备查"的办理方式。

（1）自行判断。企业应当自行判断是否符合技术转让所得减免征收企业所得税优惠事项规定的条件。有关享受条件如前所述。

（2）申报享受。符合条件的，预缴申报时即可自行计算减免税额，并通过填报《企业所得税月（季）度预缴纳税申报表》（2021年修订）相关栏目享受税收优惠。年终汇算清缴时，还需填报《企业所得税年度纳税申报表（A类，2017版》（2020年修订）的附表《所得减免优惠明细表》（A107020）第10~12行"四、符合条件的技术转让项目"。企业应按照不同技术转让项目分别填报，一个项目填报一行，纳税人有多个项目的，可自行增加行次填报。

（3）相关资料留存备查。其主要的留存备查资料清单如表7-2所示。

表7-2 符合条件的技术转让所得减免征收企业所得税主要留存备查清单表

序号	企业发生境内技术转让	企业向境外转让技术
1	所转让的技术产权证明	
2	（1）技术转让合同（副本） （2）技术合同登记证明 （3）技术转让所得归集、分摊、计算的相关资料 （4）实际缴纳相关税费的证明资料	（1）技术出口合同（副本） （2）技术出口合同登记证书或技术出口许可证 （3）技术出口合同数据表 （4）技术转让所得归集、分摊、计算的相关资料 （5）实际缴纳相关税费的证明资料 （6）有关部门按照商务部、科学技术部发布的《中国禁止出口限制出口技术目录》出具的审查意见
3	转让技术所有权的，其成本费用情况；转让使用权的，其无形资产摊销费用情况	
4	技术转让年度，转让双方股权关联情况	

第二节　技术合同认定登记

从本章第一节可知，企业在科技成果转化环节可享受的"四技"收入免征增值税和符合条件的技术转让所得减免征收企业所得税的优惠政策，均要求签订相关技术合同，且都需要到科技主管部门进行技术合同认定登记。企业只有取得技术合同登记证明后，方可享受上述税收优惠；未申请认定登记或申请而未予登记的合同不得享受。

一、技术合同与技术合同认定

（一）技术合同

1. 技术合同的定义和种类

技术合同是指当事人就技术开发、技术转让、技术咨询或者技术服务订立的确立相互之间权利和义务的合同。技术合同的种类如表7-3所示。

表7-3　技术合同的种类

大类	细类
1. 技术开发合同	（1）委托开发技术合同 （2）合作开发技术合同

（续）

大类	细类
2. 技术转让合同	（1）专利权转让合同 （2）专利申请权转让合同 （3）专利实施许可合同 （4）技术秘密转让合同
3. 技术咨询合同	
4. 技术服务合同	（1）技术服务合同 （2）技术培训合同 （3）技术中介合同

2. 技术合同应具备的基本条款及示范文本

根据《中华人民共和国民法典》的规定，技术合同的内容由当事人约定，一般包括以下条款：①项目名称；②标的的内容、范围和要求；③履行的计划、进度、期限、地点、地域和方式；④技术情报和资料的保密；⑤风险责任的承担；⑥技术成果的归属和收益的分成办法；⑦验收标准和方法；⑧价款、报酬或者使用费及其支付方式；⑨违约金或者损失赔偿的计算方法；⑩解决争议的方法；⑪名词和术语的解释。

为促进科技成果转化，规范技术合同交易活动，提高技术交易质量，依法保护技术合同当事人的合法权益，科学技术部编制了《技术合同示范文本》（国科发政字〔2001〕244号），涵盖了表7-2所列示的各类技术合同的示范文本，本书推荐企业采用；当然，企业也可采用其他书面合同文本，但应当符合《中华人民共和国民法典》的有关规定。

（二）什么是技术合同认定

技术合同认定是指根据《技术合同认定登记管理办法》（国科发政字〔2000〕063号）设立的技术合同登记机构对技术合同当事人申请认定登记的合同文本从技术上进行核查，确认其是否符合技术合同要求的专项管理工作。其核查事项主要包括以下三个方面：①是否属于技术合同；②属于何种技术合同（分类登记）；③核定技术交易额（技术性收入）。

技术合同登记机构应当对申请认定登记合同的交易总额和技术交易额进行审查，核定技术性收入。合同交易总额是指技术合同成交项目的总金额；技术交易额是指从合同交易总额中扣除购置设备、仪器、零部件、原材料等非技术性费用后的剩余金额，但合理数量标的物的直接成本不计入非技术性费用；技术性收入是指履行合同后所获得的价款、使用费、报酬的金额。

二、技术合同认定条件

（一）技术开发合同

1. 技术开发合同的概念及种类

技术开发合同是指当事人之间就新技术、新产品、新工艺、新材料、新品种及其系统的研究开发所订立的合同。

技术开发合同包括委托开发合同和合作开发合同。委托开发合同是一方当事人委托另一方当事人进行研发工作并提供相应研发经费和报酬所订立的技术开发合同。合作开发合同是当事人各方就共同进行研发工作所订立的技术开发合同。

2. 技术开发合同的认定条件

根据《技术合同认定规则》（国科发政字〔2001〕253号）的规定，技术开发合同的认定条件是：①有明确、具体的科学研究和技术开发目标；②合同标的为当事人在订立合同时尚未掌握的技术方案；③研发工作及其预期成果有相应的技术创新内容。

表7-4列举了是否属于技术开发合同标的的情况。

表7-4　技术开发合同标的对比

属于技术开发合同标的	不属于技术开发合同标的
（1）小试、中试技术成果的产业化开发项目 （2）技术改造项目 （3）成套技术设备和试验装置的技术改进项目 （4）引进技术和设备消化、吸收基础上的创新开发项目 （5）信息技术的研发项目，包括语言系统、过程控制、管理工程、特定专家系统、计算机辅助设计、计算机集成制造系统等，但软件复制和无原创性的程序编制的除外 （6）自然资源的开发利用项目 （7）治理污染、保护环境和生态项目 （8）其他科技成果转化项目	（1）一般设备维修、改装、常规的设计变更及其已有技术直接应用于产品生产的 （2）合同标的为当事人已经掌握的技术方案，包括已完成产业化开发的产品、工艺、材料及其系统 （3）合同标的为通过简单改变尺寸、参数、排列，或者通过类似技术手段的变换实现的产品改型、工艺变更以及材料配方调整 （4）合同标的为一般检验、测试、鉴定、仿制和应用

（二）技术转让合同

1. **技术转让合同的概念**

根据《技术合同认定规则》（国科发政字〔2001〕253号）规定，技术转让合同是当事人之间就专利权转让、专利申请权转让、专利实施许可、技术秘密转让所订立的下列几种合同。

（1）专利权转让合同。一方当事人（让与方）将其发明创造专利权转让受让方，受让方支付相应价款而订立的合同。

（2）专利申请权转让合同。一方当事人（让与方）将其就特定的发明创造申请专利的权利转让受让方，受让方支付相应价款而订立的合同。

（3）专利实施许可合同。一方当事人（让与方、专利权人或者其授权的人）许可受让方在约定的范围内实施专利，受让方支付相应的使用费而订立的合同。

（4）技术秘密转让合同。一方当事人（让与方）将其拥有的技术秘密提供给受让方，明确相互之间技术秘密使用权、转让权，受让方支付相应使用费而订立的合同。

此外，当事人就植物新品种权转让和实施许可、集成电路布图设计权转让与许可订立的合同，按技术转让合同认定登记。

2. **技术转让合同的认定条件**

（1）合同标的为当事人订立合同时已经掌握的技术成果，包括发明创造专利、技术秘密及其他知识产权成果。

（2）合同标的具有完整性和实用性，相关技术内容应构成一项产品、工艺、材料、品种及其改进的技术方案。

（3）当事人对合同标的有明确的知识产权权属约定。

3. **下列合同不属于技术转让合同**

（1）合同标的仅为高新技术产品交易，不包含技术转让成分的，不是技术转让合同。

（2）高新技术产品附带提供给用户的有关产品性能和使用方法等商业性说明材料，也不属于技术成果文件。

（3）合同标的为进入公有领域的知识、技术、经验和信息等，如专利权或有关知识产权已经终止的技术成果，不属于技术转让合同。

（4）合同标的未约定使用权、转让权归属的，不属于技术转让合同。

（三）技术咨询合同

1. 技术咨询合同的概念

技术咨询合同是当事人一方为另一方就特定技术项目提供可行性论证、技术预测、专题技术调查、分析评估报告所订立的合同。

2. 技术咨询合同的认定条件

（1）合同标的为特定技术项目的咨询课题。

（2）咨询方式为运用科学知识和技术手段进行的分析、论证、评价和预测。

（3）工作成果是为委托方决策提供科技咨询报告和意见。

表7-5列举了是否属于技术咨询合同标的的情况。

表7-5 技术咨询合同标的对比

属于技术咨询合同标的	不属于技术咨询合同标的
（1）科学发展战略和规划的研究 （2）技术政策和技术路线选择的研究 （3）重大工程项目、研发项目、科技成果转化项目、重要技术改造和科技成果推广项目等的可行性分析 （4）技术成果、重大工程和特定技术系统的技术评估 （5）特定技术领域、行业、专业技术发展的技术预测 （6）就区域、产业科技开发与创新及特定技术项目进行的技术调查、分析与论证 （7）技术产品、服务、工艺分析和技术方案的比较与选择 （8）专用设施、设备、仪器、装置及技术系统的技术性能分析 （9）科技评估和技术查新项目	（1）就经济分析、法律咨询、社会发展项目的论证、评价和调查所订立的合同 （2）就购买设备、仪器、原材料、配套产品等提供商业信息所订立的合同 （3）就科技企业资产重组、股票发行等的分析论证

（四）技术服务合同

1. 技术服务合同的概念

技术服务合同是指一方当事人（受托方）以技术知识为另一方（委托方）解决特定技术问题所订立的合同。

2. 技术服务合同的认定条件

（1）合同的标的为运用专业技术知识、经验和信息解决特定技术问题的服务性项目。

（2）服务内容为改进产品结构、改良工艺流程、提高产品质量、降低产品成本、节约资源能耗、保护资源环境、实现安全操作、提高经济效益和社会效益等专业技术工作。

（3）工作成果有具体的质量和数量指标。

（4）技术知识的传递不涉及专利、技术秘密成果及其他知识产权的权属。

表 7-6 列举了是否属于技术服务合同标的的情况。

表7-6 技术服务合同标的对比

属于技术服务合同标的	不属于技术服务合同标的
（1）产品设计服务，包括关键零部件、国产化配套件、专用工模量具及工装设计和具有特殊技术要求的非标准设备的设计，以及其他改进产品结构的设计 （2）工艺服务，包括有特殊技术要求的工艺编制、新产品试制中的工艺技术指导，以及其他工艺流程的改进设计 （3）测试分析服务，包括有特殊技术要求的技术成果测试分析，新产品、新材料、植物新品种性能的测试分析，以及其他非标准化的测试分析 （4）计算机技术应用服务，包括计算机硬件、软件、嵌入式系统、计算机网络技术的应用服务，计算机辅助设计系统（CAD）和计算机集成制造系统（CIMS）的推广、应用和技术指导等 （5）新型或者复杂生产线的调试及技术指导 （6）特定技术项目的信息加工、分析和检索 （7）农业的产前、产中、产后技术服务，包括为技术成果推广，以及为提高农业产量与品质、发展新品种、降低消耗、提高经济效益和社会效益的有关技术服务 （8）为特殊产品制订技术标准 （9）对动植物细胞植入特定基因、进行基因重组 （10）对重大事故进行定性定量技术分析 （11）为重大科技成果进行定性定量技术鉴定或者评价	（1）以常规手段或者为生产经营目的进行一般加工、定作、修理、修缮、广告、印刷、测绘、标准化测试等订立的加工承揽合同和建设工程的勘察、设计、安装、施工、监理合同。但以非常规技术手段，解决复杂、特殊技术问题而单独订立的合同除外 （2）就描晒复印图纸、翻译资料、摄影摄像等所订立的合同 （3）计量检定单位就强制性计量检定所订立的合同 （4）理化测试分析单位就仪器设备的购售、租赁及用户服务所订立的合同

（五）技术培训合同和技术中介合同

1. 技术培训合同

技术培训合同是当事人一方委托另一方对指定的专业技术人员进行特定项目

的技术指导和业务训练所订立的合同。

技术培训合同是技术服务合同中的一种，在认定登记时应按技术培训合同单独予以登记。其认定条件有以下几种。

（1）以传授特定技术项目的专业技术知识为合同的主要标的。

（2）培训对象为委托方指定的与特定技术项目有关的专业技术人员。

（3）技术指导和专业训练的内容不涉及有关知识产权权利的转移。

在技术培训合同认定登记过程中，需注意以下两点。

一是技术开发、技术转让等合同中涉及技术培训内容的，应按技术开发合同或技术转让合同认定，不应就其技术培训内容单独认定登记。

二是下列培训教育活动，不属于技术培训合同。

（1）当事人就其员工业务素质、文化学习和职业技能等进行的培训活动。

（2）为销售技术产品而就有关该产品性能、功能及使用、操作进行的培训活动。

2. 技术中介合同

技术中介合同是当事人一方（中介方）以知识、技术、经验和信息为另一方与第三方订立技术合同、实现技术创新和科技成果产业化进行联系、介绍、组织工业化开发并对履行合同提供专门服务所订立的合同。

技术中介合同是技术服务合同中的一种，在认定登记时应按技术中介合同单独予以登记。其具体认定条件有以下几种。

（1）技术中介的目的是促成委托方与第三方进行技术交易，实现科技成果的转化。

（2）技术中介的内容应为特定的技术成果或技术项目。

（3）中介方应符合国家有关技术中介主体的资格要求。

技术中介合同可以以下列两种形式订立。

（1）中介方与委托方单独订立的有关技术中介业务的合同。

（2）在委托方与第三方订立的技术合同中载明中介方权利与义务的有关中介条款。

根据当事人申请，技术中介合同可以与其涉及的技术合同一起认定登记，也可以单独认定登记。

三、技术合同认定登记制度与申报减免税

（一）技术合同认定登记制度

技术合同认定登记制度是指为贯彻国家扶植技术市场的政策和规定，保障国家促进科技成果转化优惠政策的正确实施，而建立的认定、登记和统计技术合同的管理制度。

技术合同认定登记实行按地域一次登记制度。技术开发合同的研发人、技术转让合同的让与人、技术咨询和技术服务合同的受托人，以及技术培训合同的培训人、技术中介合同的中介人，应当在合同成立后向所在地区的技术合同登记机构提出认定登记申请。

当事人申请技术合同认定登记，应当向技术合同登记机构提交完整的书面合同文本和相关附件。合同文本可以采用由科学技术部监制的技术合同示范文本；采用其他书面合同文本的，应当符合《中华人民共和国民法典》的有关规定。采用口头形式订立技术合同的，技术合同登记机构不予受理。

技术合同登记机构应当自受理认定登记申请之日起 30 日内完成认定登记事项。技术合同登记机构对认定符合登记条件的合同，应当分类登记和存档，向当事人发给技术合同登记证明，并载明经核定的技术性收入额。对认定为非技术合同或者不符合登记条件的合同，应当不予登记，并在合同文本上注明"未予登记"字样，退还当事人。

（二）申报减免税

企业在科技成果转化环节涉及的"四技"收入免征增值税、符合条件的技术转让所得减免征收企业所得税以及委托（合作）研发项目申报研发费用加计扣除等税收优惠政策，均要求签订相关技术合同，且均需要到科技主管部门进行技术合同认定登记。只有取得技术合同登记证明后，方可享受上述税收优惠；未申请认定登记或申请而未予登记的合同不得享受。

第 八 章

高新技术企业认定政策解读及财税处理

本章简要回顾了我国高新技术企业认定政策的变迁历程,进而引出了现行高新技术企业认定的政策依据与优惠内容,重点解读了高新技术企业认定条件、组织与实施,最后介绍了高新技术企业认定中的财务事项以及申报享受减免企业所得税的纳税申报与备查资料。本章的知识架构如图8-1所示。

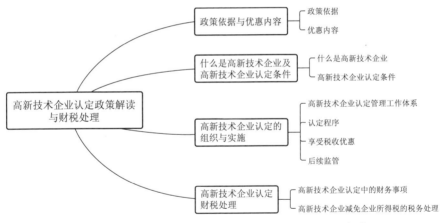

图 8-1 高新技术企业认定政策解读及财税处理知识架构

第一节 政策依据与优惠内容

一、政策依据

(一)高新技术企业认定政策的历史回顾

为适应国内外科技经济发展的新趋势,迎接世界新技术革命的挑战,1985年

3月13日,《中共中央关于科学技术体制改革的决定》提出了经济建设必须依靠科学技术、科学技术工作必须面向经济建设的战略方针;同时,为加快新兴产业的发展,要在全国选择若干智力资源密集的地区,采取特殊政策,逐步形成具有不同特色的新兴产业开发区。

为落实中央精神,国务院于1991年批准建立国家高新技术产业开发区(以下简称"高新区"),发布了《国务院关于批准国家高新技术产业开发区和有关政策规定的通知》(国发〔1991〕12号),批准了国家科学技术委员会制定的《国家高新技术产业开发区高技术企业认定条件和办法》作为第一附件同时发布实施。该文明确,对科技人员进入高新区创办高新技术企业给予一定的政策扶持,由此拉开了我国高新技术企业发展和高新技术企业认定工作的序幕。

1991年,我国高新技术企业认定工作只在国家高新技术产业开发区内施行;1996年,将认定范围扩展到国家高新区外,但区内区外高新技术企业的认定政策并不一致;2000年,对区内高新技术企业认定政策进行了修订;2008年,区内区外高新技术企业认定政策统一,即打破了地域限制,不分高新区内区外,对全国高新技术企业统一认定,共同享受国家税收优惠政策;2016年,对2008年的认定政策又进行了修订。高新技术企业认定政策的变迁历程具体如表8-1所示。

表8-1 高新技术企业认定政策的变迁历程

施行期间	政策依据	政策优惠
区内高新技术企业认定 (1991～2007年)	1991年: ●《国家高新技术产业开发区和有关政策规定》(国发〔1991〕12号) ●附件一:《国家高新技术产业开发区高技术企业认定条件和办法》 2000年修订: ●《国家高新技术产业开发区高技术企业认定条件和办法(2000年修订)》(国科发火字〔2000〕324号)	享受国家规定的有关税收、财政、金融、贸易等一系列优惠政策
区外高新技术企业认定 (1996～2007年)	1996年: ●《国家高新技术产业开发区外高新技术企业认定条件和办法》(国科发火字〔1996〕018号)	只能享受地方规定的有关优惠政策

（续）

施行期间	政策依据	政策优惠
区内区外统一（2008年至现在）	2008年： ● 《高新技术企业认定管理办法》（国科发火〔2008〕172号） ● 附件：《国家重点支持的高新技术领域》 ● 《高新技术企业认定管理办法工作指引》（国科发火〔2008〕362号） 2016年修订： ● 《高新技术企业认定管理办法（2016年修订）》（国科发火〔2016〕32号） ● 附件：《国家重点支持的高新技术领域（2016年修订）》 ● 《高新技术企业认定管理办法工作指引（2016年修订）》（国科发火〔2016〕195号）	打破地域界限，不分高新区内区外，对全国高新技术企业统一认定，共同享受国家税收优惠政策

（二）政策框架体系

目前，有关高新技术企业认定的政策框架体系如图8-2所示。

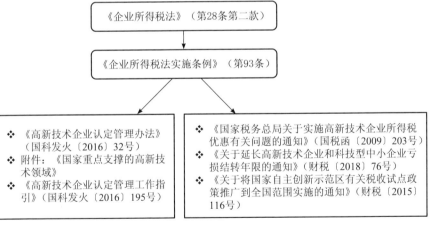

图8-2 高新技术企业认定的政策框架体系

二、优惠内容

（一）减按15%的税率征收企业所得税

自2008年起，国家对高新技术企业统一认定，不再分区内区外，使其共同享受国家税收优惠政策。2008年新《企业所得税法》第二十八条第二款规定：国家需要重点扶持的高新技术企业，减按15%的税率征收企业所得税。

《企业所得税法实施条例》第九十三条规定，国家需要重点扶持的高新技术企业，是指拥有核心自主知识产权，并同时符合下列条件的企业。

（1）产品（服务）属于《国家重点支持的高新技术领域》规定的范围。

（2）研究开发费用占销售收入的比例不低于规定比例。

（3）高新技术产品（服务）收入占企业总收入的比例不低于规定比例。

（4）科技人员占企业职工总数的比例不低于规定比例。

（5）高新技术企业认定管理办法规定的其他条件。

《国家重点支持的高新技术领域》和《高新技术企业认定管理办法》由国务院科技、财政、税务主管部门商国务院有关部门制定，报国务院批准后公布施行。

（二）税前补亏年限延长至10年

为进一步支持高新技术企业和科技型中小企业发展，2018年财政部、国家税务总局《关于延长高新技术企业和科技型中小企业亏损结转年限的通知》（财税〔2018〕76号）规定：自2018年1月1日起，当年具备高新技术企业或科技型中小企业资格的企业，其具备资格年度之前5个年度发生的尚未弥补完的亏损，准予结转以后年度弥补，最长结转年限由5年延长至10年。

（三）中小高新技术企业转增股本的个人所得税政策

根据财政部、国家税务总局《关于将国家自主创新示范区有关税收试点政策推广到全国范围实施的通知》（财税〔2015〕116号）第三条规定，有关中小高新技术企业转增股本的个人所得税政策优惠内容如下所示。

1. 盈余积累转增股本的分期纳税优惠

自2016年1月1日起，全国范围内的中小高新技术企业以未分配利润、盈余公积、资本公积向个人股东转增股本时，个人股东一次缴纳个人所得税确有困难的，可根据实际情况自行制订分期缴税计划，在不超过5个公历年度内（含）分期缴纳，并将有关资料报主管税务机关备案。

但需注意的是，上市中小高新技术企业或在全国中小企业股份转让系统挂牌的中小高新技术企业向个人股东转增股本，股东应纳的个人所得税，继续按照现行有关股息红利差别化个人所得税政策执行，不适用上述分期纳税政策。

2. 应税项目的确定

个人股东获得转增的股本，应按照"利息、股息、红利所得"项目，适用20%税率征收个人所得税。

3. 转让股权取得现金的优先缴税

股东转让股权并取得现金收入的，该现金收入应优先用于缴纳尚未缴清的税款。

4. 不予追征的适用

在股东转让该部分股权之前，企业依法宣告破产，股东进行相关权益处置后没有取得收益或收益小于初始投资额的，主管税务机关对其尚未缴纳的个人所得税可不予追征。

5. 中小高新技术企业的界定

上述中小高新技术企业，是指注册在中国境内实行查账征收的、经认定取得高新技术企业资格，且年销售额和资产总额均不超过2亿元、从业人数不超过500人的企业。

第二节　什么是高新技术企业及高新技术企业认定条件

一、什么是高新技术企业

（一）高新技术企业的概念

《高新技术企业认定管理办法（2016年修订）》第二条规定：高新技术企业，是指在《国家重点支持的高新技术领域》（以下简称《重点领域》）内，持续进行研究开发与技术成果转化，形成企业核心自主知识产权，并以此为基础开展经营活动，在中国大陆（不包括港、澳、台地区）注册的居民企业。

其中,《国家重点支持的高新技术领域》包括八大领域：①电子信息；②生物与新医药；③航空航天；④新材料；⑤高技术服务；⑥新能源与节能；⑦资源与环境；⑧先进制造与自动化。

（二）高新技术企业认定的三个核心要素

从企业的技术创新环节看，要成为高新技术企业，需具备三个核心要素：①有持续进行的研发项目（R&D）；②有研发成果即知识产权（IP）；③持续进行成果转化即形成高新技术产品（服务）(PS)。具体如图8-3所示。

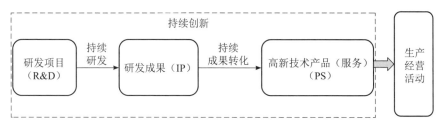

图 8-3　高新技术企业认定的核心要素

二、高新技术企业认定条件

《高新技术企业认定管理办法（2016年修订）》第十一条规定：认定为高新技术企业须同时满足以下八个条件，如表8-2所示。

表8-2　高新技术企业认定条件

认定标准	具体认定条件
（1）法律标准	● 企业申请认定时须注册成立一年以上
（2）技术标准	● 企业通过自主研发、受让、受赠、并购等方式，获得对其主要产品（服务）在技术上发挥核心支持作用的知识产权的所有权
（3）产业标准	● 对企业主要产品（服务）发挥核心支持作用的技术属于《重点领域》规定的范围
（4）人工标准	● 企业从事研发和相关技术创新活动的科技人员占企业当年职工总数的比例不低于10%

(续)

认定标准	具体认定条件
（5）投入标准	• 企业近三个会计年度（实际经营期不满三年的按实际经营时间计算，下同）的研发费用总额占同期销售收入总额的比例符合如下要求： ① 最近一年销售收入小于 5 000 万元（含）的企业，比例不低于 5% ② 最近一年销售收入在 5 000 万元至 2 亿元（含）的企业，比例不低于 4% ③ 最近一年销售收入在 2 亿元以上的企业，比例不低于 3% 其中，企业在中国境内发生的研发费用总额占全部研发费用总额的比例不低于 60%
（6）产出标准	• 近一年高新技术产品（服务）收入占企业同期总收入的比例不低于 60%
（7）管理标准	• 企业创新能力评价应达到相应要求
（8）其他	• 企业申请认定前一年内未发生重大安全、重大质量事故或严重环境违法行为

（一）年限

认定条件中涉及多项有关"年限"的规定，具体如表 8-3 所示。

表8-3　认定条件一

认定条件一	解读
企业申请认定时须注册成立一年以上	• "须注册成立一年以上"是指企业须注册成立 365 个日历天数以上 • 其他认定条件中有关"年限"的规定： □ "当年""最近一年"和"近一年"都是指企业申报前 1 个会计年度 □ "近三个会计年度"是指企业申报前的连续 3 个会计年度（不含申报年） □ "申请认定前一年内"是指申请前的 365 天之内（含申报年）

（二）知识产权

企业主要产品（服务）的核心技术是否拥有知识产权的所有权是高新技术企业认定的先决条件之一，具有一票否决权。具体如表 8-4 所示。

表8-4 认定条件二

认定条件二	解读
企业通过自主研发、受让、受赠、并购等方式，获得对其主要产品（服务）在技术上发挥核心支持作用的知识产权的所有权	1. 对知识产权的界定 （1）高新技术企业认定所指的知识产权，须在中国境内授权或审批审定，并在中国法律的有效保护期内。知识产权权属人应为申请企业 （2）不具备知识产权的企业不能被认定为高新技术企业 2. 分类评价知识产权 （1）在高新技术企业认定中，对企业知识产权情况采用分类评价方式，其中： ● 发明专利（含国防专利）、植物新品种、国家级农作物品种、国家新药、国家一级中药保护品种、集成电路布图设计专有权等，按Ⅰ类评价 ● 实用新型专利、外观设计专利、软件著作权等（不含商标），按Ⅱ类评价 （2）按Ⅱ类评价的知识产权在申请高新技术企业时，仅限使用一次 （3）在申请高新技术企业及高新技术企业资格存续期内，知识产权有多个权属人时，只能由一个权属人在申请时使用 （4）申请认定时专利的有效性以企业申请认定前获得授权证书或授权通知书并能提供缴费收据为准 3. 知识产权的查询网站及佐证 （1）发明、实用新型、外观设计、集成电路布图设计专有权：可在国家知识产权局网站（http://www.sipo.gov.cn）查询专利标记和专利号 （2）国防专利：须提供国家知识产权局授予的国防专利证书 （3）植物新品种：在农业农村部植物新品种保护办公室网站（http://www.cnpvp.cn）和自然资源部植物新品种保护办公室网站（http://www.cnpvp.net）查询 （4）国家级农作物品种：农业农村部国家农作物品种审定委员会审定公告的农作物品种 （5）国家新药：须提供国家市场监督管理总局签发的新药证书 （6）国家一级中药保护品种：须提供国家市场监督管理总局签发的中药保护品种证书 （7）软件著作权：可在国家新闻出版广电总局中国版权保护中心网站（http://www.ccopyright.com.cn）查询软件著作权标记（亦称版权标记）

（三）高新技术产品（服务）与主要产品（服务）

在高新技术企业认定中，企业必须持续从事符合《重点领域》的研发与成果转化以及开展生产经营活动，其主要产品（服务）的核心技术属于《重点领域》规定的范围。脱离了这个范围，从事其他领域的研发与成果转化和生产经营活动的企业，不能被认定为高新技术企业。具体如表8-5所示。

表8-5 认定条件三

认定条件三	解读
对企业主要产品（服务）发挥核心支持作用的技术属于《重点领域》规定的范围	• 高新技术产品（服务）： □ 对其发挥核心支持作用的技术属于《重点领域》规定范围的产品（服务） • 主要产品（服务）： □ 高新技术产品（服务）中，拥有在技术上发挥核心支持作用的知识产权的所有权，且收入之和在企业同期高新技术产品（服务）收入中超过50%的产品（服务）

（四）企业科技人员占比

企业科技人员占比是指企业科技人员数与职工总数的比值。具体如表8-6所示。

表8-6 认定条件四

认定条件四	解读
企业从事研发和相关技术创新活动的科技人员占企业当年职工总数的比例不低于10%	1. 科技人员 企业科技人员是指直接从事研发和相关技术创新活动以及专门从事上述活动的管理和提供直接技术服务的，累计实际工作时间在183天以上的人员，包括在职、兼职和临时聘用人员 2. 职工总数 企业职工总数包括企业在职、兼职和临时聘用人员。在职人员可以通过企业是否签订了劳动合同或缴纳社会保险费来鉴别；兼职、临时聘用人员全年须在企业累计工作183天以上 3. 统计方法 企业当年职工总数、科技人员数均按照全年月平均数计算 月平均数 =（月初数 + 月末数）÷ 2 全年月平均数 = 全年各月平均数之和 ÷ 12 年度中间开业或者终止经营活动的，以其实际经营期作为一个纳税年度确定上述相关指标

（五）研发费用占比

企业研发费用占比，是企业近三个会计年度的研发费用总额占同期销售收入总额的比值。具体如表8-7所示。

表8-7 认定条件五

认定条件五	解读
● 企业近三个会计年度（实际经营期不满三年的按实际经营时间计算，下同）的研发费用总额占同期销售收入总额的比例符合如下要求： ① 最近一年销售收入小于5 000万元（含）的企业，比例不低于5% ② 最近一年销售收入在5 000万元至2亿元（含）的企业，比例不低于4% ③ 最近一年销售收入在2亿元以上的企业，比例不低于3% □ 其中，企业在中国境内发生的研发费用总额占全部研发费用总额的比例不低于60%	● 有关"研发活动""研发费用"的认定，详见后续单独解读 ● 销售收入：为主营业务收入与其他业务收入之和 ● 主营业务收入与其他业务收入：按照企业所得税年度纳税申报表的口径计算

1. 高新技术企业认定对研发活动的界定

根据高新技术企业认定管理办法及其工作指引的规定，研发活动的认定包括两方面。一是定性判断，即从定义上界定研发活动的概念。二是技术领域的范围界定，即企业从事的研发活动的技术领域必须属于《重点领域》范围。

（1）定性判断。研发活动，是指为获得科学与技术（不包括社会科学、艺术或人文学）新知识，创造性运用科学技术新知识，或实质性改进技术、产品（服务）、工艺而持续进行的具有明确目标的活动。研发活动不包括企业对产品（服务）的常规性升级或对某项科研成果直接应用等活动（如直接采用新的材料、装置、产品、服务、工艺或知识等）。

就上述定义而言，可从以下三个方面来理解。

一是研发活动包括基础研究、应用研究和试验发展三类活动。其中，为获得科学与技术（不包括社会科学、艺术或人文学）新知识的活动属于"基础研究"的范畴；创造性运用科学技术新知识的活动属于"应用研究"的范畴；实质性改进技术、产品（服务）、工艺的活动属于"试验发展"活动的范畴。

二是研发活动是持续进行的，不是零散的，能够支撑企业持续发展。

三是具有明确目标，即为解决生产经营中的具体技术问题而立项研究。

（2）技术领域的范围界定。企业从事研发活动的技术领域必须属于《重点领域》的范围。

2. 高新技术企业认定对研发费用的界定

企业的研发费用是以单个研发活动为基本单位分别进行测度并加总计算的。企业应对包括直接研发活动和可以计入的间接研发活动所发生的费用进行归集，具体归集如下所述。

（1）人员人工费用。人员人工费用包括企业科技人员的工资薪金、基本养老保险费、基本医疗保险费、失业保险费、工伤保险费、生育保险费和住房公积金，以及外聘科技人员的劳务费用。

（2）直接投入费用。直接投入费用是指企业为实施研发活动而实际发生的相关支出。该费用包括：直接消耗的材料、燃料和动力费用；用于中间试验和产品试制的模具、工艺装备开发及制造费，不构成固定资产的样品、样机及一般测试手段购置费，试制产品的检验费；用于研发活动的仪器、设备的运行维护、调整、检验、检测、维修等费用，以及通过经营租赁方式租入的用于研发活动的固定资产租赁费。

（3）折旧费用与长期待摊费用。折旧费用是指用于研发活动的仪器、设备和在用建筑物的折旧费。长期待摊费用是指研发设施的改建、改装、装修和修理过程中发生的长期待摊费用。

（4）无形资产摊销费用。无形资产摊销费用是指用于研发活动的软件、知识产权、非专利技术（专有技术、许可证、设计和计算方法等）的摊销费用。

（5）设计费用。设计费用是指为新产品和新工艺进行构思、开发和制造，进行工序、技术规范、规程制定、操作特性方面的设计等发生的费用，包括为获得创新性、创意性、突破性产品进行的创意设计活动发生的相关费用。

（6）装备调试费用与试验费用。装备调试费用是指工装准备过程中研发活动所发生的费用，包括研制特殊、专用的生产机器，改变生产和质量控制程序，或制定新方法及标准等活动所发生的费用。

为大规模批量化和商业化生产所进行的常规性工装准备与工业工程发生的费用不能计入归集范围。

试验费用包括新药研制的临床试验费、勘探开发技术的现场试验费、田间试验费等。

（7）其他费用。其他费用是指上述费用之外与研发活动直接相关的其他费用，包括技术图书资料费、资料翻译费、专家咨询费、高新科技研发保险费、研发成果的检索、论证、评审、鉴定、验收费用，知识产权的申请费、注册费、代理费、会议费、差旅费、通信费等。此项费用一般不得超过研发总费用的20%，另有规定的除外。

（8）委托外部研发费用。委托外部研发费用是指企业委托境内外其他机构或个人进行研发活动所发生的费用（研发活动成果为委托方企业拥有，且与该企业的主要经营业务紧密相关）。委托外部研发费用的实际发生额应按照独立交易原则确定，并按照实际发生额的80%计入委托方研发费用总额。

3. 企业在中国境内发生的研发费用

企业在中国境内发生的研发费用，是指企业内部研发活动实际支出的全部费用与委托境内其他机构或个人进行的研发活动所支出的费用之和，不包括委托境外机构或个人完成的研发活动所发生的费用。

受托研发的境外机构是指依照中国大陆外法律成立的企业和其他取得收入的组织；受托研发的境外个人是指中国大陆外的个人。

（六）高新技术产品（服务）收入占比

高新技术产品（服务）收入占比，是指高新技术产品（服务）收入与同期总收入的比值。具体如表8-8所示。

表8-8 认定条件六

认定条件六	解读
• 近一年高新技术产品（服务）收入占企业同期总收入的比例不低于60%	1.高新技术产品（服务）收入，是指企业通过研发和相关技术创新活动，取得的产品（服务）收入与技术性收入的总和。对企业取得上述收入发挥核心支持作用的技术应属于《重点领域》规定的范围。其中，技术性收入包括以下几种 （1）技术转让收入，指企业技术创新成果通过技术贸易、技术转让所获得的收入 （2）技术服务收入，指企业利用自己的人力、物力和数据系统等为社会和本企业外的用户提供技术资料、技术咨询与市场评估、工程技术项目设计、数据处理、测试分析及其他类型的服务所获得的收入 （3）接受委托研究开发收入，指企业承担社会各方面委托研发、中间试验及新产品开发所获得的收入 2.总收入，是指收入总额减去不征税收入。收入总额与不征税收入按照《企业所得税法》及《企业所得税法实施条例》的规定计算

（七）企业创新能力评价

企业创新能力主要用知识产权、科技成果转化能力、研发组织管理水平、企业成长性等四项指标进行评价，具体如表8-9所示。

表8-9　认定条件七

认定条件七	解读
• 企业创新能力评价应达到相应要求	☐ 企业创新能力：主要用知识产权、科技成果转化能力、研发组织管理水平、企业成长性等四项指标进行评价 ☐ 各级指标均按整数打分，满分为100分，综合得分达到70分以上（不含70分）为符合认定要求。四项指标分值结构详见下表。 | 序号	指标	分值 | | --- | --- | --- | | 1 | 知识产权 | ≤ 30 | | 2 | 科技成果转化能力 | ≤ 30 | | 3 | 研发组织管理水平 | ≤ 20 | | 4 | 企业成长性 | ≤ 20 |

1. 知识产权（≤ 30分）

技术专家对企业申报的知识产权是否符合高新技术企业《高新技术企业认定管理办法》和《高新技术企业认定管理工作指引》要求，进行定性与定量结合的评价。其评分表如表8-10所示。

表8-10　知识产权评分表

知识产权（≤ 30分）	得分
（1）技术的先进程度（≤ 8分） 　　☐ A. 高（7～8分）　　　　☐ B. 较高（5～6分） 　　☐ C. 一般（3～4分）　　　☐ D. 较低（1～2分） 　　☐ E. 无（0分）	
（2）对主要产品（服务）在技术上发挥核心支持作用（≤ 8分） 　　☐ A. 强（7～8分）　　　　☐ B. 较强（5～6分） 　　☐ C. 一般（3～4分）　　　☐ D. 较弱（1～2分） 　　☐ E. 无（0分）	

（续）

知识产权（≤30分）	得分
（3）知识产权数量（≤8分） 　　□A.1项及以上（Ⅰ类）（7～8分）　　□B.5项及以上（Ⅱ类）（5～6分） 　　□C.3～4项（Ⅱ类）（3～4分）　　□D.1～2项（Ⅱ类）（1～2分） 　　□E.0项（0分）	
（4）知识产权获得方式（≤6分） 　　□A.有自主研发（1～6分）　　□B.仅有受让、受赠和并购等（1～3分）	
（5）（加分项，≤2分）企业是否参与编制国家标准、行业标准、检测方法、技术规范的情况 　　□A.是（1～2分）　　□B.否（0分）	

2. 科技成果转化能力（≤30分）

依照《促进科技成果转化法》，科技成果是指通过科学研究与技术开发所产生的具有实用价值的成果（专利、版权、集成电路布图设计等）。科技成果转化是指为提高生产力水平而对科技成果进行的后续试验、开发、应用、推广直至形成新产品、新工艺、新材料，发展新产业等活动。

科技成果转化形式包括：自行投资实施转化；向他人转让该技术成果；许可他人使用该科技成果；以该科技成果作为合作条件，与他人共同实施转化；以该科技成果作价投资、折算股份或者出资比例；以及其他协商确定的方式。

由技术专家根据企业科技成果转化总体情况和近3年内科技成果转化的年平均数进行综合评价。同一科技成果分别在国内外转化的，或转化为多个产品、服务、工艺、样品、样机等的，只计为一项。其具体评分情况如表8-11所示。

表8-11　科技成果转化能力之评分表

科技成果转化能力（≤30分）	得分
□A.转化能力强，≥5项（25～30分）　　□B.转化能力较强，≥4项（19～24分） □C.转化能力一般，≥3项（13～18分）　　□D.转化能力较弱，≥2项（7～12分） □E.转化能力弱，≥1项（1～6分）　　□F.转化能力无，0项（0分）	

3. 研发组织管理水平（≤20分）

由技术专家根据企业研发与技术创新组织管理的总体情况，结合以下几项评价，进行综合打分。具体评分标准如表8-12所示。

表8-12 研发组织管理水平之评分表

研发组织管理水平（≤20分）	得分
（1）制定了企业研发的组织管理制度，建立了研发投入核算体系，编制了研发费用辅助账（≤6分）	
（2）设立了内部科学技术研发机构并具备相应的科研条件，与国内外研发机构开展多种形式的产学研合作（≤6分）	
（3）建立了科技成果转化的组织实施与激励奖励制度，建立开放式的创新创业平台（≤4分）	
（4）建立了科技人员的培养进修、职工技能培训、优秀人才引进，以及人才绩效评价奖励制度（≤4分）	

4. 企业成长性（≤20分）

财务专家选取企业净资产增长率、销售收入增长率等指标对企业成长性进行评价（见表8-13）。企业实际经营期不满三年的按实际经营时间计算。计算方法如下所示。

（1）净资产增长率。

$$净资产增长率 = 1/2 \times （第二年末净资产 \div 第一年末净资产 + 第三年末净资产 \div 第二年末净资产）- 1$$

资产总额、负债总额应以具有资质的中介机构鉴证的企业会计报表期末数为准。

（2）销售收入增长率。

$$销售收入增长率 = 1/2 \times （第二年销售收入 \div 第一年销售收入 + 第三年销售收入 \div 第二年销售收入）- 1$$

企业净资产增长率或销售收入增长率为负的，按0分计算。第一年末净资产或销售收入为0的，按后两年计算；第二年末净资产或销售收入为0的，按0分计算。

表8-13　企业成长性指标评分表

企业成长性（≤20分）		得分
（1）净资产增长率（≤10分） 　　□ A. ≥35%（9～10分）　　□ B. ≥25%（7～8分） 　　□ C. ≥15%（5～6分）　　□ D. >5%（3～4分） 　　□ E. >0（1～2分）　　　□ F. ≤0（0分）		
（2）销售收入增长率（≤10分） 　　□ A. ≥35%（9～10分）　　□ B. ≥25%（7～8分） 　　□ C. ≥15%（5～6分）　　□ D. >5%（3～4分） 　　□ E. >0（1～2分）　　　□ F. ≤0（0分）		

（八）其他

具体内容如表8-14所示。

表8-14　认定条件八

认定条件八	解读
● 企业申请认定前一年内未发生重大安全、重大质量事故或严重环境违法行为	□ "申请认定前一年内"是指申请前的365天之内（含申报年）

第三节　高新技术企业认定的组织与实施

根据《高新技术企业认定管理办法》规定，科学技术部、财政部、国家税务总局负责全国高新技术企业认定工作的指导、管理和监督。

一、高新技术企业认定管理工作体系

（一）高新技术企业认定管理工作网

"高新技术企业认定管理工作网"是根据《认定办法》建设的高新技术企业认定管理工作的信息化平台，由高新技术企业认定管理工作门户网站（www.innocom.gov.cn）和高新技术企业认定管理系统构成。

（二）高新技术企业认定管理工作体系示意图

在组织管理方面，《认定办法》设立了"部门决策、地方认定、机构监管"的认定管理工作体系，如图8-4所示。

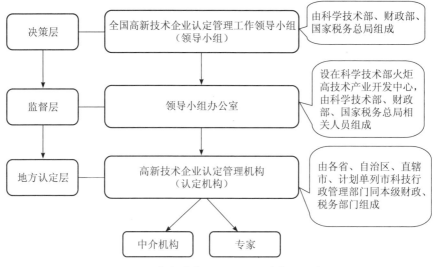

图8-4 高新技术企业认定工作管理体系

各层级的主要职责如下所示。

1. 领导小组

《高新技术企业认定管理办法（2016年修订）》第六条规定：科学技术部、财政部、国家税务总局组成全国高新技术企业认定管理工作领导小组（简称"领导小组"），其主要职责为以下三点。

（1）确定全国高新技术企业认定管理工作方向，审议高新技术企业认定管理工作报告。

（2）协调、解决认定管理及相关政策落实中的重大问题。

（3）裁决高新技术企业认定管理事项中的重大争议，监督、检查各地区认定管理工作，对发现的问题指导整改。

2. 领导小组办公室

领导小组下设办公室，由科学技术部、财政部、国家税务总局相关人员组成，办公室设在科学技术部，其主要职责为以下五点。

（1）提交高新技术企业认定管理工作报告，研究并提出政策完善建议。

（2）指导各地区高新技术企业认定管理工作，组织开展对高新技术企业认定管理工作的监督检查，对发现的问题提出整改处理建议。

（3）负责各地区高新技术企业认定工作的备案管理，公布认定的高新技术企业名单，核发高新技术企业证书编号。

（4）建设并管理"高新技术企业认定管理工作网"。

（5）完成领导小组交办的其他工作。

3. 认定机构

《高新技术企业认定管理办法（2016年修订）》第八条规定：各省、自治区、直辖市、计划单列市科技行政管理部门同本级财政、税务部门组成本地区高新技术企业认定管理机构（以下简称"认定机构"）。认定机构下设办公室，由省级、计划单列市科技、财政、税务部门相关人员组成，办公室设在省级、计划单列市科技行政主管部门。其主要职责为以下五点。

（1）负责本行政区域内的高新技术企业认定工作，每年向领导小组办公室提交本地区高新技术企业认定管理工作报告。

（2）负责将认定后的高新技术企业按要求报领导小组办公室备案，对通过备案的企业颁发高新技术企业证书。

（3）负责遴选参与认定工作的评审专家（包括技术专家和财务专家），并加强监督管理。

（4）负责对已认定企业进行监督检查，受理、核实并处理复核申请及有关举报等事项，落实领导小组及其办公室提出的整改建议。

（5）完成领导小组办公室交办的其他工作。

二、认定程序

高新技术企业认定程序如图8-5所示。

认定程序中的"提交材料"和"专家评审"内容较多，本书将做重点讲解。

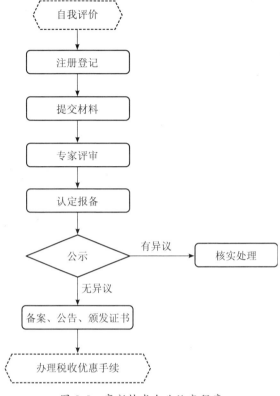

图 8-5　高新技术企业认定程序

(一) 提交材料

申报高新技术企业认定时，需提交下列材料。

(1)《高新技术企业认定申请书》。

(2) 证明企业依法成立的营业执照等相关注册登记证件的复印件。

(3) 知识产权相关材料（知识产权证书及反映技术水平的证明材料、参与制定标准情况等）、科研项目立项证明（已验收或结题项目需附验收或结题报告）、科技成果转化（总体情况与转化形式、应用成效的逐项说明）、研发组织管理（总体情况与四项指标符合情况的具体说明）等相关材料。

(4) 企业高新技术产品（服务）的关键技术和技术指标的具体说明，相关的生产批文、认证认可和资质证书、产品质量检验报告等材料。

(5) 企业职工和科技人员情况说明材料，包括在职、兼职和临时聘用人员人数、人员学历结构、科技人员名单及其工作岗位等。

（6）经具有资质并符合本《高新技术企业认定管理工作指引》相关条件的中介机构出具的企业近3个会计年度（实际年限不足3年的按实际经营年限）研发费用、近1个会计年度高新技术产品（服务）收入专项审计或鉴证报告，并附研发活动说明材料。

（7）经具有资质的中介机构鉴证的企业近3个会计年度的财务会计报告（包括会计报表、会计报表附注和财务情况说明书）。

（8）近3个会计年度企业所得税年度纳税申报表（包括主表及附表）。

涉密企业须将申请认定高新技术企业的申报材料做脱密处理，确保涉密信息安全。

（二）专家评审

1. 组建专家组

认定机构根据企业主营产品（服务）的核心技术所属技术领域随机抽取专家，组成专家组，并指定1名技术专家担任专家组组长，开展认定评审工作。每个企业的评审专家不少于5人（其中技术专家不少于60%，并至少有1名财务专家）。

2. 评审要求

评审专家按照《认定办法》及《工作指引》的规定，对企业申报信息进行独立评价，审查企业的研发活动（项目）、年度财务会计报告和专项报告等是否符合《认定办法》及《工作指引》的要求。具备条件的地区可进行网络评审。

（1）技术专家。技术专家主要侧重对企业知识产权、研发活动、主营业务、成果转化及高新技术产品（服务）等情况进行评价打分；每位技术专家单独填写《高新技术企业认定技术专家评价表》，如表8-15所示。

（2）财务专家。财务专家参照中介机构提交的专项报告、企业的财务会计报告和纳税申报表等进行评价打分。每名财务专家单独填写《高新技术企业认定财务专家评价表》，如表8-16所示。

（3）专家组长。专家组长汇总各位专家分数，按分数平均值填写《高新技术企业认定专家组综合评价表》，如表8-17所示。

表8-15 高新技术企业认定技术专家评价表

企业名称			
企业提交的资料是否符合要求		□是 □否	
企业是否注册成立一年以上		□是 □否	
企业是否获得符合条件的知识产权		□是 □否	
核心技术是否属于《技术领域》规定的范围		□是 □否 (若"是",请填写3级技术领域标题或编号)	
科技人员占比是否符合要求		□是 □否	
近三年研发费用	研发活动核定数		核除研发活动编号	
	核定总额(万元)		其中:境内核定总额(万元)	
近一年高新技术产品(服务)收入	产品(服务)核定数		核除产品(服务)编号	
	收入核定总额(万元)			
1.知识产权(≤30分)			得分:
技术的先进程度(≤8分) □A.高(7~8分)　　　　□B.较高(5~6分) □C.一般(3~4分)　　　□D.较低(1~2分) □E.无(0分)			得分:
对主要产品(服务)在技术上发挥核心支持作用(≤8分) □A.强(7~8分)　　　　□B.较强(5~6分) □C.一般(3~4分)　　　□D.较弱(1~2分) □E.无(0分)			得分:
知识产权数量(≤8分) □A.1项及以上(Ⅰ类)(7~8分) □B.5项及以上(Ⅱ类)(5~6分) □C.3~4项(Ⅱ类)(3~4分) □D.1~2项(Ⅱ类)(1~2分) □E.0项(0分)			得分:
知识产权获得方式(≤6分) □A.有自主研发(1~6分) □B.仅有受让、受赠和并购等(1~3分)			得分:
(加分项,≤2分)企业是否参与编制国家标准、行业标准、检测方法、技术规范的情况 □A.是(1~2分)　　　　□B.否(0分)			得分:

（续）

2.科技成果转化能力（≤30分）	得分：
□ A.转化能力强，≥5项（25～30分）　　□ B.转化能力较强，≥4项（19～24分） □ C.转化能力一般，≥3项（13～18分）　□ D.转化能力较弱，≥2项（7～12分） □ E.转化能力弱，≥1项（1～6分）　　　□ F.转化能力无，0项（0分）	
3.研究开发组织管理水平（≤20分）	得分：
制定了企业研究开发的组织管理制度，建立了研发投入核算体系，编制了研发费用辅助账（≤6分）	得分：
设立了内部科学技术研发机构并具备相应的科研条件，与国内外研发机构开展多种形式的产学研合作（≤6分）	得分：
建立了科技成果转化的组织实施与激励奖励制度，建立开放式的创新创业平台（≤4分）	得分：
建立了科技人员的培养进修、职工技能培训、优秀人才引进，以及人才绩效评价奖励制度（≤4分）	得分：
对企业技术创新能力的综合评价	
合计得分	专家签名：　　　　　　　　　　　年　月　日

注：本表各项内容均按整数打分。

表8-16　高新技术企业认定财务专家评价表

企业名称					
企业提交的财务资料是否符合要求			□是　□否		
中介机构资质是否符合要求		□是　□否	中介机构出具的审计（鉴证）报告是否符合要求		□是　□否
近三年研究开发费用归集是否符合要求		□是　□否	近一年高新技术产品（服务）收入归集是否符合要求		□是　□否
近三年销售收入（万元）	第一年		近三年净资产（万元）	第一年	
	第二年			第二年	
	第三年			第三年	
净资产增长率			销售收入增长率		
近三年销售收入合计（万元）			近一年企业总收入（万元）		

（续）

企业成长性（≤20分）		合计：
净资产增长率（≤10分） □ A. ≥35%（9～10分）　　□ B. ≥25%（7～8分） □ C. ≥15%（5～6分）　　□ D. >5%（3～4分） □ E. >0（1～2分）　　　□ F. ≤0（0分）		得分：
销售收入增长率（≤10分） □ A. ≥35%（9～10分）　　□ B. ≥25%（7～8分） □ C. ≥15%（5～6分）　　□ D. >5%（3～4分） □ E. >0（1～2分）　　　□ F. ≤0（0分）		得分：
对企业财务状况的综合评价		

专家签名：　　　　　　　　　　　　　　　　　　　　　年　月　日

表8-17　高新技术企业认定专家组综合评价表

企业名称			
企业是否注册成立一年以上	□是　□否		
企业是否获得符合条件的知识产权	□是　□否		
核心技术是否属于《技术领域》规定的范围	□是　□否 （若"是"，请填写3级技术领域标题或编号）		
科技人员占企业职工总数的比例（%）		是否符合条件	□是□否
近三年研发费用总额占同期销售收入总额比例（%）			□是□否
近三年在中国境内研发费用总额占全部研发费用总额比例（%）			□是□否
近一年高新技术产品（服务）收入占同期总收入比例（%）			□是□否
创新能力评价总分＿＿＿	1. 知识产权得分	3. 研发组织管理水平得分	
	技术先进程度	组织管理制度	
	核心支持作用	研发机构	
	知识产权数量	成果转化奖励制度	
	知识产权获得方式	人才绩效制度	
	（加分）参与标准制定	4. 成长指标得分	
	2. 科技成果转化能力得分	净资产增长率	
		销售收入增长率	
综合评价是否符合认定条件：　□是　□否			
否（简述理由）			
专家组长签字：		年　月　日	

三、享受税收优惠

（1）通过认定的高新技术企业，其资格自颁发证书之日起有效期为三年。自认定当年起，企业可持"高新技术企业"证书及其复印件，按照《企业所得税法》及实施条例、《中华人民共和国税收征收管理法》（以下简称《税收征管法》)、《中华人民共和国税收征收管理法实施细则》、《高新技术企业认定管理办法》及《高新技术企业认定管理工作指引》等有关规定，到主管税务机关办理相关手续，享受税收优惠。

（2）未取得高新技术企业资格或不符合《企业所得税法》及其实施条例、《税收征管法》及其实施细则以及《高新技术企业认定管理办法》等有关规定条件的企业，不得享受高新技术企业税收优惠。

（3）高新技术企业资格期满当年内，在通过重新认定前，其企业所得税暂按15%的税率预缴。在年度汇算清缴前未取得高新技术企业资格的企业，应按规定补缴税款。

四、后续监管

（一）重点检查

根据认定管理工作需要，科学技术部、财政部、国家税务总局按照《认定办法》的要求，可组织专家对各地高新技术企业认定管理工作进行重点检查，对存在问题的视情况给予相应处理。

（二）填报年度发展情况报表

企业获得高新技术企业资格后，在其资格有效期内应每年5月底前通过"高新技术企业认定管理工作网"，报送上一年度知识产权、科技人员、研发费用、经营收入等年度发展情况报表（见表8-18）；在同一高新技术企业资格有效期内，企业累计两年未按规定时限报送年度发展情况报表的，由认定机构取消其高新技术企业资格，在"高新技术企业认定管理工作网"上公告。

认定机构应提醒、督促企业及时填报年度发展情况报表，并协助企业处理填报过程中的相关问题。

表8-18　　　　　　年度高新技术企业发展情况报表

企业名称				
组织机构代码/统一社会信用代码			所属地区	
高新技术企业认定证书编号			高新技术企业认定时间	
企业联系人			联系电话	
本年度获得的知识产权数（件）	发明专利		其中：国防专利	
	植物新品种		国家级农作物品种	
	国家新药		国家一级中药保护品种	
	集成电路布图设计专有权		实用新型	
	外观设计		软件著作权	
本年度人员情况（人）	职工总数		科技人员数	
	新增就业人数		其中：吸纳高校应届毕业生人数	
企业本年度财务状况（万元）	总收入		销售收入	
	净资产		高新技术产品（服务）收入	
	纳税总额		企业所得税减免额	
	利润总额		出口创汇总额（万美元）	
	研究开发费用额		其中	在中国境内研发费用额
				基础研究投入费用总额
企业是否上市	□是　□否		上市时间	
股票代码			上市类型	

注：以上信息应按《高新技术企业认定管理办法》和《高新技术企业认定管理工作指引》的规定填报。

（三）复核

已认定的高新技术企业有下列情况之一的，认定机构应组织复核，并判别企业是否应继续保留高新技术企业资格。

1. 对高新技术企业日常监管中发现问题

有关部门在日常管理过程中，发现企业不具备高企资格的，应提请认定机构复核，复核后确认不符合认定条件的，由认定机构取消其高新技术企业资格，并通知税务机关追缴其不符合认定条件年度起已享受的税收优惠。

2. 高新技术企业经营状况发生重大改变

高新技术企业发生更名或与认定条件有关的重大变化（如分立、合并、重组以及经营业务发生变化等），应在三个月内向认定机构报告。

认定机构受理后应组织复核，并采取相应的处理办法：经认定机构审核符合认定条件的，其高新技术企业资格不变，对于企业更名的，重新核发认定证书，编号与有效期不变；不符合认定条件的，自更名或条件变化年度起取消其高新技术企业资格。

3. 对取消高新技术企业资格的争议

已认定的高新技术企业有下述情况之一的，认定机构应组织复核，情况属实的，应取消其高新技术企业资格。

（1）在申请认定过程中存在严重弄虚作假行为的。

（2）发生重大安全、重大质量事故或有严重环境违法行为的。

（3）未按期报告与认定条件有关的重大变化情况，或累计两年未填报年度发展情况报表的。

对被取消高新技术企业资格的企业，由认定机构通知税务机关按《税收征管法》及有关规定，追缴其自发生上述行为之日所属年度起已享受的高新技术企业税收优惠。

4. 对研发投入强度有争议

对是否符合高新技术企业认定条件中有关"研发投入强度"（5%、4%、3%）财务指标产生争议的，认定机构应组织复核，即采用企业自认定前3个会计年度（企业实际经营不满3年的，按实际经营期）到争议发生之日的研发费用总额与同期销售收入总额之比是否符合高新技术企业认定规定，判别企业是否应继续保留高新技术企业资格和享受税收优惠政策。

（四）更名及重大变化事项

高新技术企业发生更名或与认定条件有关的重大变化（如分立、合并、重组以及经营业务发生变化等），应在 3 个月内向认定机构报告。

经认定机构审核符合认定条件的，其高新技术企业资格不变，对于企业更名的，重新核发认定证书，编号与有效期不变；不符合认定条件的，自更名或条件变化年度起取消其高新技术企业资格。

（五）异地搬迁

跨认定机构管理区域整体迁移的高新技术企业，在其高新技术企业资格有效期内完成迁移的，其资格继续有效；跨认定机构管理区域部分搬迁的，由迁入地认定机构按照本办法重新认定。

第四节 高新技术企业认定财税处理

一、高新技术企业认定中的财务事项

高新技术企业认定涉及三个核心要素：研发项目——核心自主知识产权——高新技术产品（服务）。从财务角度看，相关财务事项主要体现在研发项目和高新技术产品（服务）环节。

（一）高新技术企业认定中的财务指标

高新技术企业认定条件涉及以下三个财务指标。

1. 研发费用比例

研发费用比例是指企业近 3 个会计年度的研发费用总额占同期销售收入的比值。此指标是高新技术企业认定中最为重要的关键指标之一，有关指标解读详见本章第二节的相关内容。从财务管理与会计核算角度看，涉及以下工作。

（1）制度保障。制度保障即构建和实施研发投入核算体系，至少包括业务管理层面的研发项目管理制度、资金管理层面的研发经费管理制度以及会计核算层面的研发费用会计核算制度，为研发部门顺利开展研发活动和财务部门对研发项目的资金管理和会计核算等工作开展提供相关制度支撑，利于业财融合的有效实施。

（2）研发费用的会计核算。相关内容详见本书第三章。

（3）研发费用归集的高新技术企业口径及与会计口径、加计扣除口径对比。相关内容详见本章第二节、第三章第四节。

（4）填报《企业年度研发费用结构明细表》。企业的研发费用是以单个研发活动为基本单位分别进行测度并加总计算的。企业应对包括直接研发活动和可以计入的间接研发活动所发生的费用进行归集，并填写《企业年度研发费用结构明细表》，如表8-19所示。

（5）高新技术企业口径研发费用：辅助账设置要求。企业应按照"企业年度研发费用结构明细表"设置高新技术企业认定专用研发费用辅助核算账目（见表8-20），提供相关凭证及明细表，并按本《工作指引》要求进行核算。

表8-19 企业年度研发费用结构明细表（按近三年每年分别填报）

202×年度

单位：ABC有限公司　　　　　　　　　　　　　　　　　　　金额单位：万元

科目＼累计发生额＼研发项目编号	RD01	RD02	RD03	…	RD…	合计
内部研发费用						
其中：人员人工费用						
直接投入费用						
折旧费用与长期待摊费用						
无形资产摊销费用						
设计费用						
装备调试费用与试验费用						
其他费用						
委托外部研发费用						
其中：境内的外部研发费用						
研发费用（内、外部）小计						

企业填报人签字：　　　　　　　　　　　　　　　　　　　　日期：

表8-20 高新技术企业认定研发费用辅助账（参考模板）

单位：ABC有限公司　　　　项目名称及编号：　　　　研发周期：　　　　金额单位：元

202×年度

时间	凭证号	摘要	内部研发费用							委托外部研发费用	其中：境内的外部研发费用	研发费用（内、外部）小计
			小计	人员人工费用	直接投入费用	折旧费用与长期待摊费用	无形资产摊销费用	设计费用	装备调试费用与试验费用	其他费用			
			本月合计										
			本年累计										

2. 高新技术产品（服务）收入比例

高新技术产品（服务）收入比例是指高新技术产品（服务）收入与同期总收入的比值。有关指标解释详见本章第二节。从财务角度看，这一比例主要涉及以下工作。

（1）界定高新技术产品（服务）。高新技术产品（服务）是企业通过技术创新、开展研发活动，形成符合《重点领域》要求的产品（服务）。换言之，就是企业运用其研发成果制造出来的、可在市场上进行售卖的东西，还包括企业运用技术为别人提供的服务。

（2）高新技术产品（服务）收入及辅助账设置要求。高新技术产品（服务）收入是指企业通过技术创新、开展研发活动，形成符合《重点领域》要求的产品（服务）收入与技术性收入的总和。

根据《高新技术企业认定管理办法》及工作指引规定，高新技术企业要设立高新技术产品收入明细账；高新技术产品品目较多的，也可按类别设立高新技术产品收入明细账，但不得与非高新技术产品收入相混淆。

（3）总收入、收入总额与不征税收入。总收入是指收入总额减去不征税收入。其中，收入总额与不征税收入，按《企业所得税法》及其实施条例的规定计算。

1）收入总额。它是指企业以货币形式和非货币形式从各种来源取得的收入，包括九大类：销售货物收入；提供劳务收入；转让财产收入；股息、红利等权益性投资收益；利息收入；租金收入；特许权使用费收入；接受捐赠收入；其他收入。

2）不征税收入。收入总额中的下列收入为不征税收入：财政拨款；依法收取并纳入财政管理的行政事业性收费、政府性基金；国务院规定的其他不征税收入，具体详见财税〔2011〕70号的相关规定。

3. 企业成长性指标

财务专家选取企业净资产增长率、销售收入增长率等指标对企业成长性进行评价，详见本章第二节。

(二)高新技术企业认定财务指标的申报资料

1. 近三个会计年度的企业所得税年度纳税申报表

该表包括主表及附表。

2. 近三个会计年度的财务会计报告

由具有资质的中介机构(会计师事务所)出具；包括资产负债表、利润及利润分配表、现金流量表、附注和财务情况说明书；实际年限不足3年的，以实际经营年限为准。

3. 专项审计报告

专项审计报告有两个：近三个会计年度企业研发费用专项审计报告(实际年限不足三年的按实际经营年限计)；近一个会计年度高新技术产品(服务)收入专项审计报告。这些报告均由具有资质并符合《工作指引》相关条件的中介机构出具。专项审计报告后附中介机构资质佐证资料，包括中介机构的营业执照(复印件)、执业证书复印件、全年月职工平均人数、注册会计师人数、税务师人数等相关证明材料。

(三)高新技术企业认定财务专家的评审要点

1. 合规性审核

合规性审核主要包括财务资料是否符合要求；中介机构资质是否符合要求；中介机构出具的专项审计报告、年度财务会计报告是否符合要求；研发费用归集、高新技术产品(服务)收入归集是否符合要求。

2. 评价打分

财务专家根据专审报告、年审报告、企业所得税年度纳税申报表等进行评价打分；每名财务专家单独填写"高新技术企业认定财务专家评价表"(见表8-16)。

二、高新技术企业减免企业所得税的税务处理

企业获得高新技术企业资格后，自高新技术企业证书注明的发证时间所在年度起申报享受减免企业所得税的税收优惠，并按规定向主管税务机关办理相关手续。

（一）纳税申报

1. 按月或按季预缴时即可享受 15% 的优惠税率

企业获得高新技术企业资格后，连续 3 年内可减按 15% 的税率征收企业所得税，按月或按季预缴企业所得税即可享受优惠。

2. 年度汇缴时需填报《高新技术企业优惠情况及明细表》（A107041）

根据《高新技术企业认定管理办法》及工作指引、《国家税务总局关于实施高新技术企业所得税优惠政策有关问题的公告》（国家税务总局公告 2017 年第 24 号）等相关税收政策规定，每年企业所得税汇算清缴时，在高新技术企业资格有效期内，企业不论是否享受优惠政策，均需填报企业所得税年度纳税申报表之附表《高新技术企业优惠情况及明细表》（A107041），以反映高新技术企业基本信息和本年优惠情况，如表 8-21 所示。

表8-21 高新技术企业优惠情况及明细表（A107041）

		税收优惠基本信息		
1	企业主要产品（服务）发挥核心支持作用的技术所属范围	国家重点支持的高新技术领域	一级领域	
2			二级领域	
3			三级领域	
		税收优惠有关情况		
4	收入指标	一、本年高新技术产品（服务）收入（5+6）		
5		其中：产品（服务）收入		
6		技术性收入		
7		二、本年企业总收入（8-9）		
8		其中：收入总额		
9		不征税收入		
10		三、本年高新技术产品（服务）收入占企业总收入的比例（4÷7）		
11	人员指标	四、本年科技人员数		
12		五、本年职工总数		
13		六、本年科技人员占企业当年职工总数的比例（11÷12）		

（续）

		税收优惠有关情况	本年度	前一年度	前二年度	合计
14		高新研发费用归集年度	1	2	3	4
15	研发费用指标	七、归集的高新研发费用金额（16+25）				
16		（一）内部研究开发投入（17+…+22+24）				
17		1. 人员人工费用				
18		2. 直接投入费用				
19		3. 折旧费用与长期待摊费用				
20		4. 无形资产摊销费用				
21		5. 设计费用				
22		6. 装备调试费与试验费用				
23		7. 其他费用				
24		其中：可计入研发费用的其他费用				
25		（二）委托外部研发费用[（26+28）×80%]				
26		1. 境内的外部研发费				
27		2. 境外的外部研发费				
28		其中：可计入研发费用的境外的外部研发费				
29		八、销售（营业）收入				
30		九、三年研发费用占销售（营业）收入的比例（15行4列÷29行4列）				
31	减免税额	十、国家需要重点扶持的高新技术企业减征企业所得税				
32		十一、经济特区和上海浦东新区新设立的高新技术企业定期减免税额				

注：此表涉及高新技术企业认定的4个关键条件。企业每年汇缴在填报此表时，要注意核查4个指标尤其是2个财务指标是否符合高新技术企业认定条件；3年后再申请认定高新技术企业时，这些已向税务部门申报的指标将成为历史佐证，高新技术企业申请书这4个指标数据要以此为准，不得与之有差异。

（二）留存备查资料

按现行税务管理政策，高新技术企业享受减免企业所得税优惠时，不需要向税务机关报送相关资料，但每年需要在完成年度汇算清缴后整理归档留存备查资料，以备税务机关核查。

高新技术企业享受减免企业所得税优惠的主要留存备查资料有以下 7 种。

（1）高新技术企业资格证书；

（2）高新技术企业认定资料；

（3）知识产权相关材料；

（4）年度主要产品（服务）发挥核心支持作用的技术属于《重点领域》规定范围的说明，高新技术产品（服务）及对应收入资料；

（5）年度职工和科技人员情况证明材料；

（6）当年和前两个会计年度研发费用总额及占同期销售收入比例、研发费用管理资料以及研发费用辅助账，研发费用结构明细表；

（7）省税务机关规定的其他资料。

此外，企业留存备查资料应从企业享受优惠事项当年的企业所得税汇算清缴期结束次日起保留 10 年。

第九章

集成电路和软件企业减免税政策

集成电路产业和软件产业是信息产业的核心，是引领新一轮科技革命和产业变革的关键力量。为支持集成电路产业和软件产业快速有序发展，我国自2000年开始便制定了相关税收优惠政策体系，主要包括定期减免企业所得税、软件产品增值税即征即退政策、免征进口关税、分期缴纳进口环节增值税等。

为进一步优化集成电路产业和软件产业发展环境，深化产业国际合作，提升产业创新能力和发展质量，2020年7月，国务院又颁布了《关于印发新时期促进集成电路产业和软件产业高质量发展若干政策的通知》（国发〔2020〕8号）。这是继《关于印发鼓励软件产业和集成电路产业发展的若干政策》（国发〔2000〕18号）和《关于印发进一步鼓励软件产业和集成电路产业发展的若干政策》（国发〔2011〕4号）以来，第三个针对集成电路产业和软件产业的鼓励政策，具体包括财税政策、投融资政策、研发政策、进出口政策、人才政策、知识产权政策、市场应用政策、国际合作政策八个方面的政策措施。其中，最为重要的是财税政策，对相关企业的影响最为直接。财税政策在原有优惠政策体系基础上予以进一步完善和拓展。

本章重点介绍了新时期促进集成电路和软件产业发展有关企业所得税优惠政策的依据与内容以及相关税务处理；同时介绍了增值税优惠和进口税收政策优惠的相关内容。本章的知识架构如图9-1所示。

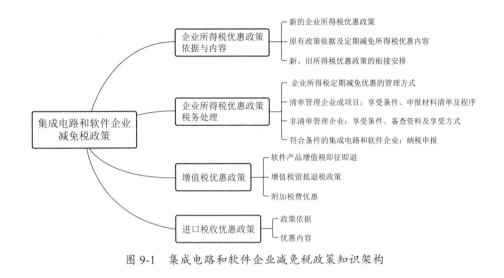

图 9-1　集成电路和软件企业减免税政策知识架构

第一节　企业所得税优惠政策依据与内容

根据 2020 年 7 月《国务院关于印发新时期促进集成电路产业和软件产业高质量发展若干政策的通知》(国发〔2020〕8 号,以下简称《若干政策》),以及 2020 年 12 月《关于促进集成电路产业和软件产业高质量发展企业所得税政策的公告》(财政部　国家税务总局　国家发展改革委　工业和信息化部公告 2020 年第 45 号,以下简称"45 号公告")规定,自 2020 年 1 月 1 日起,境内设立的符合条件的集成电路企业或项目(含设计、生产、封装、测试、装备、材料企业)和软件企业可适用新出台的减免所得税优惠政策,减税方式主要包括十年免税、五免五减半、二免三减半、亏损结转年限 10 年、五免续按 10% 征收企业所得税等;符合原有政策条件且在 2019 年(含)之前已经进入优惠期的企业或项目,可选择 2020 年(含)起按原有政策规定继续享受至期满为止,如符合新政策条件,也可选择享受新政策;但对符合原有政策条件,2019 年(含)之前尚未进入优惠期的企业或项目,2020 年(含)起不再执行原有政策。具体如下所述。

一、新的企业所得税优惠政策

（一）政策依据

根据《若干政策》第1条至第4条和45号公告规定，自2020年1月1日起，在境内设立的符合条件的集成电路和软件企业实施新的企业所得税优惠政策（以下简称"新政策"）；且对企业所得税优惠政策采取清单管理和非清单管理两种方式。

为贯彻落实《若干政策》和45号公告有关定期减免企业所得税政策，2021年3月，国家发展改革委、工业和信息化部、财政部、海关总署、国家税务总局联合制发了《关于做好享受税收优惠政策的集成电路企业或项目、软件企业清单制定工作有关要求的通知》（发改高技〔2021〕413号），明确了纳入清单管理的集成电路和软件企业享受所得税减免优惠的条件、提交材料和程序等内容；2021年4月，工业和信息化部、国家发展改革委、财政部、国家税务总局四部门联合发布了2021年第9号和第10号公告，明确纳入非清单管理的国家鼓励的集成电路设计、装备、材料、封装、测试企业条件，以及国家鼓励的软件企业条件。由此，有关集成电路和软件企业新的所得税优惠政策框架如图9-2所示。

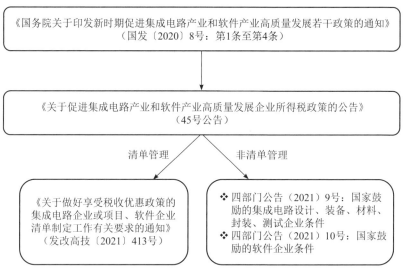

图9-2 集成电路和软件企业新企业所得税政策框架

（二）优惠内容

根据《若干政策》第 1 条至第 4 条和 45 号公告，新时期促进集成电路产业和软件产业发展的企业所得税优惠政策涵盖了"十年免税（新增）、五免五减半、二免二减半、亏损结转 10 年（新增）、五免续按 10%"等 5 种优惠方式，确定了"企业和项目"两类优惠主体且赋予了企业选择权，具体涉及 11 种企业类型。总之，新政策优惠形式多，优惠范围广，优惠力度大，详细内容如表 9-1 所示。

表9-1　集成电路和软件产业所得税优惠政策（新政策）

优惠方式	优惠对象	具体优惠内容及管理方式	
（一）集成电路生产企业或项目线宽标准下所得税政策			
十年免税	线宽≤28nm，且经营期>15 年	第一年至第十年免征企业所得税	• 此三项优惠，企业可根据实际情况选择以企业为主体或者以项目为主体享受优惠 • 按集成电路生产企业享受优惠的，优惠期自获利年度起计算 • 按照集成电路生产项目享受优惠的，优惠期自项目取得第一笔生产经营收入所属纳税年度起计算，集成电路生产项目需单独进行会计核算、计算所得，并合理分摊期间费用 • 采取清单管理。享受此三项优惠的集成电路生产企业或项目清单，由国家发展改革委、工信部会同财政部、国家税务总局等相关部门制定，详见发改高技〔2021〕413 号文
五免五减半	线宽≤65nm，且经营期>15 年	第一年至第五年免征企业所得税，第六年至第十年按照25%的法定税率减半征收企业所得税	
二免三减半	线宽≤130nm，且经营期>10 年	第一年至第二年免征企业所得税，第三年至第五年按照25%的法定税率减半征收企业所得税	
亏损结转 10 年	线宽≤130nm 集成电路生产企业	纳税年度发生的亏损，准予向以后年度结转，总结转年限最长不得超过 10 年	• 采取清单管理 • 享受此优惠的集成电路企业清单制定同上
（二）集成电路设计、装备、材料、封装、测试企业和软件企业的所得税政策			
二免三减半	国家鼓励的集成电路设计、装备、材料、封装、测试企业和软件企业	自获利年度起，第一年至第二年免征企业所得税，第三年至第五年按照25%的法定税率减半征收企业所得税	• 不采取清单管理，但需符合相关条件。有关享受条件详见四部门公告〔2021〕9 和 10 号 • 同时，税务机关按照财税〔2016〕49 号第十条的规定转请发展改革委、工业和信息化部门进行核查

（续）

优惠方式	优惠对象	具体优惠内容及管理方式	
五免续按 10%	重点集成电路设计企业和软件企业	自获利年度起，第一年至第五年免征企业所得税，接续年度减按 10% 的税率征收企业所得税	● 采取清单管理 ● 享受此优惠的重点集成电路设计和软件企业清单，由国家发展改革委、工信部会同财政部、国家税务总局等相关部门制定，详见发改高技〔2021〕413 号文

二、原有政策依据及定期减免所得税优惠内容

根据《若干政策》和 45 号公告，自 2020 年 1 月 1 日起仍可按原有政策规定继续享受至期满的原有政策依据及主要定期减免所得税优惠内容，如表 9-2 所示。

表9-2 集成电路和软件企业的所得税优惠政策（原有政策）

原有政策依据	优惠内容	优惠对象
1)《关于进一步鼓励软件产业和集成电路产业发展企业所得税政策的通知》（财税〔2012〕27 号）	二免三减半	线宽 ≤ 0.8um 集成电路生产企业 新办的集成电路设计企业 符合条件的软件企业
	减按 15% 税率（自 2020 年 1 月 1 日起停止执行）	线宽 <0.25um 或投资额超过 80 亿元的集成电路生产企业
	五免五减半	线宽 <0.25um 或投资额超过 80 亿元的集成电路生产企业，且经营期 >15 年
	减按 10% 税率（自 2020 年 1 月 1 日起停止执行）	国家规划布局内的重点软件企业和集成电路设计企业
2)《关于进一步鼓励集成电路产业发展企业所得税政策的通知》（财税〔2015〕6 号）	二免三减半	符合条件的集成电路封装、测试企业以及集成电路关键专用材料生产企业、集成电路专用设备生产企业
3)《关于软件和集成电路产业企业所得税优惠政策有关问题的通知》（财税〔2016〕49 号）	规定财税〔2012〕27 号有关集成电路生产企业、集成电路设计企业、软件企业、国家规划布局内的重点软件企业和集成电路设计企业享受优惠需符合的条件	

（续）

原有政策依据	优惠内容	优惠对象
4）《关于印发国家规划布局内重点软件和集成电路设计领域的通知》（发改高技〔2016〕1056号）	规定财税〔2012〕27号享受减按10%税率优惠（此优惠自2020年1月1日起停止执行）的有关国家规划布局内的重点软件企业和集成电路设计的领域范围	
5）《关于集成电路生产企业有关企业所得税政策问题的通知》（财税〔2018〕27号）	二免三减半	线宽<130nm，2018年1月1日后投资新设的集成电路生产企业或项目，且经营期>10年
		线宽≤0.8um且在2017年12月31日前设立但未获利的集成电路生产企业
	五免五减半	线宽<65nm，2018年1月1日后投资新设或投资额超过150亿元的集成电路生产企业或项目，且经营期>15年
		线宽<0.25um或投资额超过80亿元且在2017年12月31日前设立但未获利的集成电路生产企业，且经营期>15年
6）《关于集成电路设计和软件产业企业所得税政策的公告》（财政部 国家税务总局公告2019年第68号）	二免三减半	依法成立且符合条件的集成电路设计企业和软件企业，在2018年12月31日前自获利年度起计算优惠期
7）《关于集成电路设计企业和软件企业2019年度企业所得税汇算清缴适用政策的公告》（财政部 国家税务总局公告2020年第29号）	二免三减半	依法成立且符合条件的集成电路设计企业和软件企业，在2019年12月31日前自获利年度起计算优惠期

三、新、旧所得税优惠政策的衔接安排

根据45号公告，新、旧所得税政策的衔接安排如下所示。

（1）符合原有政策条件且在2019年（含）之前已经进入优惠期的企业或项目，2020年（含）起可按原有政策规定继续享受至期满为止，也符合45号公告第一条至第四条规定，可按45号公告规定享受相关优惠，其中定期减免税优惠，可按45号公告规定计算优惠期，并就剩余期限享受优惠至期满为止。符合原有政策条件，2019年（含）之前尚未进入优惠期的企业或项目，2020年（含）起不再执行原有政策。

（2）集成电路企业或项目、软件企业按规定同时符合多项定期减免税优惠政策条件的，由企业选择其中一项政策享受相关优惠。其中，已经进入优惠期的，可由企业在剩余期限内选择其中一项政策享受相关优惠。

（3）集成电路企业或项目、软件企业按照原有政策规定享受优惠的，税务机关按照财税〔2016〕49号第十条的规定转请发展改革委、工业和信息化相关部门进行核查。

第二节 企业所得税优惠政策税务处理

鉴于原有政策自2011年就已实施，且当前只是新旧政策的衔接处理过渡期，而新政策才刚出台，因此本部分内容只阐述集成电路和软件企业享受新的定期减免所得税优惠的条件及相关税务管理。

一、企业所得税定期减免优惠的管理方式

从本章第一节已获悉，集成电路和软件企业所得税定期减免优惠采取两种管理方式。

（一）清单管理

对符合条件的且线宽≤28nm、线宽≤65nm、线宽≤130nm的集成电路生产企业或项目，以及符合条件的重点集成电路设计企业和软件企业，采取清单进行管理，由国家发展改革委、工业和信息化部于每年3月底前按规定向财政部、国家税务总局提供上一年度可享受优惠的企业和项目清单。

有关程序、享受条件详见《关于做好享受税收优惠政策的集成电路企业或项目、软件企业清单制定工作有关要求的通知》（发改高技〔2021〕413号）。

（二）非清单管理

对符合条件的集成电路设计、装备、材料、封装、测试企业和软件企业，不采取清单进行管理，即符合条件的，自行申报享受，完成年度汇算清缴后将佐证

符合条件的相关留存备查资料提交给税务机关,由税务机关按照财税〔2016〕49号第十条的规定转请省级发展改革委、工业和信息化相关部门进行核查。对经核查不符合条件的,由税务部门追缴其已经享受的企业所得税优惠,并按照《税收征管法》的规定进行处理。

有关享受条件详见四部门公告〔2021〕9号"国家鼓励的集成电路设计、装备、材料、封装、测试企业条件",以及四部门公告〔2021〕10号"国家鼓励的软件企业条件"。

二、清单管理企业或项目:享受条件、申报材料清单及程序

(一)线宽≤28nm、线宽≤65nm、线宽≤130nm的集成电路生产企业或项目

1. 享受条件

对符合条件的且线宽≤28nm、线宽≤65nm、线宽≤130nm的集成电路生产企业或项目,涉及的所得税优惠政策包括十年免税、五免五减半、二免三减半、亏损结转年限10年。其申请列入清单享受优惠需满足的条件如表9-3所示。

表9-3 集成电路生产企业或项目享受优惠的条件

(清单管理:线宽≤28nm、线宽≤65nm、线宽≤130nm)

序号	类别		享受条件
1	企业资格		在中国大陆(不包括港、澳、台地区)依法注册并具有独立法人资格的企业
2	产业政策		符合国家布局规划和产业政策
3	关键指标	人员指标	汇算清缴年度,具有劳动合同关系或劳务派遣、聘用关系,其中具有本科及以上学历月平均职工人数占企业月平均职工总人数的比例不低于30%,研发人员月平均数占企业月平均职工总数的比例不低于20%(从事8英寸⊖及以下集成电路生产的不低于15%)
4		研发费用指标	企业拥有关键核心技术和属于本企业的知识产权,并以此为基础开展经营活动,且汇算清缴年度研发费用总额占企业销售(营业)收入(主营业务收入与其他业务收入之和)总额的比例不低于2%(研发费用归集口径为加计扣除口径)
5		收入指标	汇算清缴年度集成电路制造销售(营业)收入占企业收入总额的比例不低于60%

⊖ 1英寸=2.54厘米。

（续）

序号	类别	享受条件
6	支撑条件	具有保证相关工艺线宽产品生产的手段和能力
7	禁止行为	汇算清缴年度未发生重大安全、重大质量事故或严重环境违法行为
8	项目标准	对于按照集成电路生产项目享受税收优惠政策的，项目主体企业应符合相应的集成电路生产企业条件，且能够对该项目单独进行会计核算、计算所得，并合理分摊期间费用

2. 申报材料清单

对于符合表9-3所列条件的集成电路生产企业或项目，如果要申请列入清单，那么需要提交材料明细表，如表9-4所示。

表9-4 符合条件的集成电路生产企业或项目申请列入清单提交材料明细表

（清单管理：线宽≤28nm、线宽≤65nm、线宽≤130nm）

序号	佐证条件类别	材料清单（复印件须加盖企业公章）
1	企业资质	企业法人营业执照副本、企业取得的其他相关资质证书等（可提供相应查询网址）
2	项目标准	项目备案文件（备案表）（可提供相应查询网址）
3	人员指标	企业职工人数、学历结构、研发人员情况及其占职工总数的比例说明、企业研发人员名单，以及汇算清缴年度最后一个月的企业职工社会保险缴纳证明（包括劳务派遣人员代缴社保付款凭证）等相关证明材料
4	工艺/产品	企业主要工艺、产品列表（名称/规格）
5	知识产权	企业拥有与主营产品相关的发明专利等证明材料
6	中介鉴证报告（佐证收入、研发费用指标）	经具有资质的中介机构鉴证的汇算清缴年度企业会计报告（包括会计报表、会计报表附注和财务情况说明书等），以及集成电路制造销售（营业）收入、自有集成电路产品制造销售（营业）收入、研发费用等情况表
7	销售合同/测试或用户报告	与主要客户签订的一至两份代表性销售合同复印件
8	支撑条件	企业具有保证产品生产的手段和能力的证明材料（包括采购设备清单等）
9	其他	省级发展改革委（工业和信息化主管部门）要求出具的其他材料

（二）重点集成电路设计企业

1. 享受条件

对国家鼓励的重点集成电路设计企业，自获利年度起，第一年至第五年免征企业所得税，接续年度减按10%的税率征收企业所得税。其申请列入清单享受优惠需满足的条件如表9-5所示。

表9-5　重点集成电路设计企业享受优惠的条件

（清单管理）

序号	类别		享受条件
1	企业资格		在中国大陆（不包括港澳台地区）依法设立，从事集成电路设计、电子设计自动化（EDA）工具开发或知识产权（IP）核设计并具有独立法人资格的企业
2	关键指标	人员指标	汇算清缴年度具有劳动合同关系或劳务派遣、聘用关系，其中具有本科及以上学历月平均职工人数占企业月平均职工总数的比例不低于50%，研发人员月平均数占企业月平均职工总数的比例不低于40%
3		研发费用指标	拥有关键核心技术，并以此为基础开展经营活动，且汇算清缴年度研发费用总额占企业销售（营业）收入（主营业务收入与其他业务收入之和）总额的比例不低于6%（研发费用归集口径为加计扣除口径）
4		收入指标	汇算清缴年度集成电路设计（含EDA工具、IP和设计服务，下同）销售（营业）收入占企业收入总额的比例不低于70%，其中集成电路自主设计销售（营业）收入占企业收入总额的比例不低于60%；对于集成电路设计销售（营业）收入超过50亿元的企业，汇算清缴年度集成电路设计销售（营业）收入占企业收入总额的比例不低于60%，其中集成电路自主设计销售（营业）收入占企业收入总额的比例不低于50%
5	知识产权		企业拥有核心关键技术和属于本企业的知识产权，企业拥有与集成电路产品设计相关的已授权发明专利、布图设计登记、计算机软件著作权合计不少于8个
6	支撑条件		具有与集成电路设计相适应的软硬件设施等开发环境和经营场所，且必须使用正版的EDA等软硬件工具
7	禁止行为		汇算清缴年度未发生严重失信行为，重大安全、重大质量事故或严重环境违法行为
8	至少符合其中一项		汇算清缴年度，集成电路设计销售（营业）收入不低于5亿元，应纳税所得额不低于3 000万元；对于集成电路设计销售（营业）收入不低于50亿元的企业，可不要求应纳税所得额，但研发费用总额占企业销售（营业）收入（主营业务收入与其他业务收入之和）总额的比例不低于8%（研发费用归集口径为加计扣除口径）

（续）

序号	类别	享受条件		
8	至少符合其中一项	在国家鼓励的重点集成电路设计领域内（见右边所示），汇算清缴年度集成电路设计销售（营业）收入不低于3 000万元，应纳税所得额不低于350万元	重点集成电路设计领域 ① 高性能处理器和FPGA芯片 ② 存储芯片 ③ 智能传感器 ④ 工业、通信、汽车和安全芯片 ⑤ EDA、IP和设计服务	如业务范围涉及多个领域，仅选择其中一个领域进行申请。选择领域的销售（营业）收入占本企业集成电路设计销售（营业）收入的比例不低于50%

2. 申报材料清单

对于符合表9-5所列条件的重点集成电路设计企业，如果要申请列入清单，那么需要提交材料的明细表如表9-6所示。

表9-6 符合条件的集成电路设计企业申请列入清单提交材料明细表

（清单管理）

序号	佐证条件类别	材料清单（复印件须加盖企业公章）
1	企业资质	企业法人营业执照副本、企业取得的其他相关资质证书等（可提供相应查询网址）
2	项目标准	项目备案文件（备案表）（可提供相应查询网址）
3	人员指标	企业职工人数、学历结构、研究开发人员情况及其占职工总数的比例说明，企业研发人员名单，以及汇算清缴年度最后一个月的企业职工社会保险缴纳证明（包括劳务派遣人员代缴社保付款凭证）等相关证明材料
4	工艺/产品	企业开发销售的主要产品和服务列表（名称、重点领域、对应销售（营业）收入规模）
5	知识产权	企业拥有与主营产品相关的不少于8项的已授权发明专利、布图设计登记、计算机软件著作权登记证书的证明材料
6	中介鉴证报告（佐证收入、研发费用指标）	经具有资质的中介机构鉴证的汇算清缴年度企业会计报告（包括会计报表、会计报表附注和财务情况说明书等），以及集成电路设计销售（营业）收入、集成电路自主设计销售（营业）收入、研发费用等情况表
7	销售合同、测试或用户报告	第三方检测机构提供的集成电路产品测试报告或用户报告，以及与主要客户签订的一至两份代表性销售合同复印件
8	支撑条件	企业具有与集成电路设计相适应的软硬件设施等开发环境的证明材料
9	其他	省级发展改革委（工业和信息化主管部门）要求出具的其他材料

（三）重点软件企业

1. 享受条件

对国家鼓励的重点软件企业，自获利年度起，第一年至第五年免征企业所得税，接续年度减按 10% 的税率征收企业所得税。其申请列入清单享受优惠需满足的条件如表 9-7 所示。

表9-7　重点软件企业享受优惠的条件

（清单管理）

序号	类别			享受条件
1	企业资格			在中国大陆（不包括港澳台地区）依法设立，以软件产品开发及相关信息技术服务为主营业务并具有独立法人资格的企业 该企业的设立具有合理商业目的，且不以减少、免除或推迟缴纳税款为主要目的
2	关键指标	人员指标		汇算清缴年度具有劳动合同关系或劳务派遣、聘用关系，其中具有本科及以上学历的月平均职工人数占企业月平均职工总人数的比例不低于 40%，研发人员月平均数占企业月平均职工总数的比例不低于 25%
3		研发费用指标		拥有核心关键技术，并以此为基础开展经营活动，汇算清缴年度研发费用总额占企业销售（营业）收入总额的比例不低于 7%，企业在中国境内发生的研发费用金额占研发费用总额的比例不低于 60%（研发费用归集口径为加计扣除口径）
4		收入指标		汇算清缴年度软件产品开发销售及相关信息技术服务（营业）收入占企业收入总额的比例不低于 55%（嵌入式软件产品开发销售（营业）收入占企业收入总额的比例不低于 45%），其中软件产品自主开发销售及相关信息技术服务（营业）收入占企业收入总额的比例不低于 45%（嵌入式软件产品开发销售（营业）收入占企业收入总额的比例不低于 40%）
5	知识产权			主营业务或主要产品具有专利或计算机软件著作权等属于本企业的知识产权
6	支撑条件			具有与软件开发相适应的生产经营场所、软硬件设施等开发环境（如合法的开发工具等），建立符合软件工程要求的质量管理体系并持续有效运行
7	禁止行为			汇算清缴年度未发生重大安全事故、重大质量事故、知识产权侵权等行为，企业合法经营
8	重点软件领域（见表 9-8）至少符合其中一项	专业开发"基础软件、研发设计类工业软件"的企业（第一项）	收入指标	汇算清缴年度软件产品开发销售及相关信息技术服务（营业）收入（其中相关信息技术服务是指实现软件产品功能直接相关的咨询设计、软件运维、数据服务，下同）不低于 5 000 万元
			研发费用指标	汇算清缴年度研发费用总额占企业销售（营业）收入总额的比例不低于 7%（研发费用归集口径为加计扣除口径）

（续）

序号	类别	享受条件		
8	重点软件领域（见表9-8）至少符合其中一项	专业开发"生产控制类工业软件、新兴技术软件、信息安全软件"的企业（第二项）	收入指标	汇算清缴年度软件产品开发销售及相关信息技术服务（营业）收入不低于1亿元；应纳税所得额不低于500万元
			人员指标	研发人员月平均数占企业月平均职工总数的比例不低于30%
			研发费用指标	汇算清缴年度研发费用总额占企业销售（营业）收入总额的比例不低于8%（研发费用归集口径为加计扣除口径）
		专业开发"重点领域应用软件、经营管理类工业软件、公有云服务软件、嵌入式软件"的企业（第三项）	收入指标	汇算清缴年度软件产品开发销售及相关信息技术服务（营业）收入不低于5亿元，应纳税所得额不低于2 500万元
			人员指标	研发人员月平均数占企业月平均职工总数的比例不低于30%
			研发费用指标	汇算清缴年度研发费用总额占企业销售（营业）收入总额的比例不低于7%（研发费用归集口径为加计扣除口径）

表9-7中"条件8"的重点软件领域，如表9-8所示。

表9-8 表9-7中"条件8"的重点软件领域

序号	软件类别		重点软件领域
1	对应表9-7中条件8的第一项	基础软件	操作系统、数据库管理系统、中间件、通用办公软件、固件（BIOS）、开发支撑软件、少数民族语言文字编辑处理软件
2		研发设计类工业软件	虚拟仿真系统、计算机辅助设计（CAD）、计算机辅助工程（CAE）、计算机辅助制造（CAM）、计算机辅助工艺规划（CAPP）、建筑信息模型（BIM）、产品数据管理（PDM）软件
3	对应表9-7中条件8的第二项	生产控制类工业软件	工业控制系统、制造执行系统（MES）、制造运行管理（MOM）、调度优化系统（ORION）、先进控制系统（APC）、安全仪表系统（SIS）、可编程控制器（PLC）
4		新兴技术软件	分布式计算、数据分析挖掘、可视化、数据采集清洗等大数据软件，人机交互、通用算法软件、基础算法库、工具链、机器学习和深度学习框架等人工智能软件，信息系统运行维护软件，超级计算软件，区块链软件，工业互联网平台软件，云管理软件，虚拟化软件
5		信息安全软件	信息系统安全、网络安全、密码算法、数据安全、安全测试等方面的软件

（续）

序号	软件类别		重点软件领域
6	对应表9-7中条件8的第三项	重点行业应用软件	面向党政机关、国防、能源、交通、物流、通信、广电、医疗、建筑、制造业、应急、社保、农业、水利、教育、金融财税、知识产权、检验检测、科学研究、公共安全、节能环保、自然资源、城市管理、地理信息领域的专业应用软件
7		经营管理类工业软件	企业资源计划（ERP）、供应链管理（SCM）、客户关系管理（CRM）、人力资源管理（HEM）、企业资产管理（EAM）、产品生命周期管理（PLM）、运维综合保障管理（MRO）软件及相关云服务
8		公有云服务软件	大型公有云 IaaS、PaaS 服务软件
9		嵌入式软件（软件收入比例不低于50%）	通信设备、汽车电子、交通监控设备、电子测量仪器、装备自动控制、电子医疗器械、计算机应用产品、终端设备等嵌入式软件及嵌入式软件开发环境相关软件

需要注意的是，重点软件企业如业务范围涉及多个领域，仅选择其中一个领域进行申请。选择领域的软件产品开发及相关信息技术服务销售（营业）收入（其中相关信息技术服务是指实现选择领域软件产品功能直接相关的咨询设计、软件运维、数据服务）占本企业软件产品开发及相关信息技术服务销售（营业）收入的比例不低于50%。企业拥有所选择领域相应的发明专利不少于2项，相应领域计算机软件著作权登记证书不少于2项（均应具备对应的测试报告）。

2. 申报材料清单

对于符合表9-7、表9-8所列条件的重点软件企业，如果要申请列入清单，那么需要提交材料的明细表如表9-9所示。

表9-9 符合条件的重点软件企业申请列入清单提交材料明细表

（清单管理）

序号	佐证条件类别	材料清单（复印件须加盖企业公章）
1	企业资质	企业法人营业执照副本、企业取得的其他相关资质证书等（可提供相应查询网址）
2	项目标准	项目备案文件（备案表）（可提供相应查询网址）

（续）

序号	佐证条件类别	材料清单（复印件须加盖企业公章）
3	人员指标	企业职工人数、学历结构、研发人员情况及其占职工总数的比例说明、企业研发人员名单，以及汇算清缴年度最后一个月的企业职工社会保险缴纳证明（包括劳务派遣人员代缴社保付款凭证）等相关证明材料
4	工艺、产品	企业开发销售的主要软件产品列表（名称、重点领域、对应销售（营业）收入规模）
5	知识产权	企业具有所申报领域相应的已授权发明专利不少于2项，相应领域计算机软件著作权登记证书不少于2项（均应具备对应的测试报告）的证明材料
6	中介鉴证报告（佐证收入、研发费用指标）	经具有资质的中介机构鉴证的汇算清缴年度企业会计报告（包括会计报表、会计报表附注和财务情况说明书）以及软件产品开发销售及相关信息技术服务（营业）收入、软件产品自主开发销售（营业）收入、研发费用、境内研发费用等情况表
7	销售合同/测试或用户报告	汇算清缴年度与申报领域相关的合同列表及销售凭证
8	支撑条件	企业具有与软件开发相适应软硬件设施等开发环境（如合法的开发工具等）的证明材料
9	其他	省级发展改革委（工业和信息化主管部门）要求出具的其他材料

（四）申请列入清单的程序

根据国家发展改革委牵头制定的《关于做好享受税收优惠政策的集成电路企业或项目、软件企业清单制定工作有关要求的通知》（发改高技〔2021〕413号）规定，申请列入清单的程序如图9-3所示。

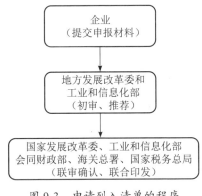

图9-3 申请列入清单的程序

1. 提交申报材料

申请列入清单的企业，原则上每年 3 月 25 日至 4 月 16 日在信息填报系统（https://yyglxxbs.ndrc.gov.cn/xxbs-front/）中提交申请并将必要佐证材料（电子版、纸质版。如因特殊情况不能按时完成审计，可先提交未经审计的企业会计报告，并于 4 月 16 日后 10 个工作日内，在信息填报系统中补充提交经审计的企业会计报告）报各省、自治区、直辖市及计划单列市、新疆生产建设兵团发展改革委或工业和信息化主管部门（以下简称"地方发改和工信部门"），由地方发展改革委确定接受单位。

申请列入清单符合条件的集成电路生产企业或项目、重点集成电路设计企业、重点软件企业，需提交材料的明细表，分别详见前面的表 9-4、表 9-6、表 9-9。

2. 地方发改和工信部门初审、推荐

地方发改和工信部门根据企业条件和项目标准（分别详见前面的表 9-3、表 9-5、表 9-7 和表 9-8），对企业申报的信息进行初核、推荐后，报送至国家发展改革委、工业和信息化部。

3. 联审确认、联合印发

符合条件的清单，由国家发展改革委、工业和信息化部会同财政部、海关总署、国家税务总局进行联审确认，并联合印发。

只有被列入清单名单的企业或项目，方可享受与之对应的税收优惠。清单印发前，企业可依据税务有关管理规定，先行按照企业条件和项目标准享受相关国内税收优惠政策。清单印发后，如企业未被列入清单，应按规定补缴已享受优惠的企业所得税款。

三、非清单管理企业：享受条件、备查资料及享受方式

国家鼓励的集成电路设计、装备、材料、封装、测试企业和软件企业，自获利年度起，第一年至第二年免征企业所得税，第三年至第五年按照 25% 的法定税率减半征收企业所得税（简称二免三减半）。对于享受此优惠的集成电路设计、装备、材料、封装、测试企业和软件企业不采取清单管理，但应符合相关条件。

（一）国家鼓励的集成电路设计企业

1. 享受条件

根据2021年4月四部门公告〔2021〕9号规定，国家鼓励的集成电路设计企业条件，如表9-10所示。

表9-10　国家鼓励的集成电路设计企业条件

（非清单管理：享受二免三减半所得税优惠）

序号	条件类别	享受条件（同时满足）
1	企业资格	在中国大陆（不包括港、澳、台地区）依法设立，从事集成电路设计、电子设计自动化（EDA）工具开发或知识产权（IP）核设计并具有独立法人资格的企业
2	人员指标	汇算清缴年度具有劳动合同关系或劳务派遣、聘用关系的月平均职工人数不少于20人，其中具有本科以上学历月平均职工人数占企业月平均职工总人数的比例不低于50%，研发人员月平均数占企业月平均职工总数的比例不低于40%
3	研发费用指标	汇算清缴年度研发费用总额占企业销售（营业）收入（主营业务收入与其他业务收入之和，下同）总额的比例不低于6%（研发费用归集口径为加计扣除口径）
4	收入指标	汇算清缴年度集成电路设计（含EDA工具、IP和设计服务，下同）销售（营业）收入占企业收入总额的比例不低于60%，其中自主设计销售（营业）收入占企业收入总额的比例不低于50%，且企业收入总额不低于（含）1 500万元
5	知识产权	拥有核心关键技术和属于本企业的知识产权，企业拥有与集成电路产品设计相关的已授权发明专利、布图设计登记、计算机软件著作权合计不少于8个
6	支撑条件	具有与集成电路设计相适应的软硬件设施等开发环境和经营场所，且必须使用正版的EDA等软硬件工具
7	禁止行为	汇算清缴年度未发生严重失信行为，重大安全、重大质量事故或严重环境违法行为

2. 主要留存备查资料

对符合表9-10所列条件的国家鼓励的集成电路设计企业，自获利年度起享受"二免三减半"的所得税优惠采取"自行判别、申报享受、相关资料留存备查"的办理方式。其主要留存备查资料清单如表9-11所示。

表9-11　国家鼓励的集成电路设计企业的主要留存备查资料清单

（非清单管理：享受二免三减半所得税优惠）

序号	佐证条件类别	资料清单（复印件须加盖企业公章）
1	企业资质	企业法人营业执照副本、企业取得的其他相关资质证书等
2	人员指标	企业职工人数、学历结构、研发人员情况及其占企业职工总数的比例说明、企业研发人员名单，以及汇算清缴年度最后一个月的企业职工社会保险缴纳证明（包括劳务派遣人员代缴社保付款凭证）等相关材料
3	工艺、产品	企业开发销售的主要产品和服务列表（名称、领域、对应销售（营业）收入规模）
4	知识产权	企业拥有与主营产品相关的不少于8项的已授权发明专利、布图设计登记、计算机软件著作权登记证书的材料
5	中介鉴证报告（佐证收入、研发费用指标）	经具有资质的中介机构鉴证的汇算清缴年度企业会计报告（包括会计报表、会计报表附注和财务情况说明书等），以及集成电路设计销售（营业）收入、集成电路自主设计销售（营业）收入、研发费用等情况表
6	销售合同、测试或用户报告	第三方检测机构提供的集成电路主要产品测试报告或用户报告，以及与主要客户签订的一至两份代表性销售合同复印件
7	支撑条件	企业具有与集成电路设计相适应的软硬件设施等开发环境的材料

（二）国家鼓励的集成电路装备企业

1. 享受条件

根据2021年4月四部门公告（2021）9号规定，国家鼓励的集成电路装备企业条件如表9-12所示。

表9-12　国家鼓励的集成电路装备企业条件

（非清单管理：享受二免三减半所得税优惠）

序号	条件类别	享受条件（同时满足）
1	企业资格	在中国大陆（不包括港、澳、台地区）依法设立，从事集成电路专用装备或关键零部件研发、制造并具有独立法人资格的企业
2	人员指标	汇算清缴年度具有劳动合同关系或劳务派遣、聘用关系且具有大学专科及以上学历月平均职工人数占企业当年月平均职工总人数的比例不低于40%，研发人员月平均数占企业当年月平均职工总数的比例不低于20%
3	研发费用指标	汇算清缴年度用于集成电路装备或关键零部件研发费用总额占企业销售（营业）收入总额的比例不低于5%（研发费用归集口径为加计扣除口径）

（续）

序号	条件类别	享受条件（同时满足）
4	收入指标	汇算清缴年度集成电路装备或关键零部件销售收入占企业销售（营业）收入总额的比例不低于30%，且企业销售（营业）收入总额不低于（含）1 500万元
5	知识产权	拥有核心关键技术和属于本企业的知识产权，企业拥有与集成电路装备或关键零部件研发、制造相关的已授权发明专利数量不少于5个
6	支撑条件	具有与集成电路装备或关键零部件生产相适应的经营场所、软硬件设施等基本条件
7	禁止行为	汇算清缴年度未发生严重失信行为，重大安全、重大质量事故或严重环境违法行为

2. 主要留存备查资料

对符合表9-12所列条件的国家鼓励的集成电路装备企业，自获利年度起享受"二免三减半"的所得税优惠采取"自行判别、申报享受、相关资料留存备查"的办理方式。其主要留存备查资料清单如表9-13所示。

表9-13 国家鼓励的集成电路装备企业的主要留存备查资料清单

（非清单管理：享受二免三减半所得税优惠）

序号	佐证条件类别	资料清单（复印件须加盖企业公章）
1	企业资质	企业法人营业执照副本、企业取得的其他相关资质证书等
2	人员指标	企业职工人数、学历结构、研发人员情况及其占企业职工总数的比例说明，企业研发人员名单，以及汇算清缴年度最后一个月的企业职工社会保险缴纳证明（包括劳务派遣人员代缴社保付款凭证）等相关材料
3	工艺、产品	企业开发销售的主要产品列表（名称、规格）
4	知识产权	企业拥有与主营产品相关的不少于5项的已授权发明专利材料
5	中介鉴证报告（佐证收入、研发费用指标）	经具有资质的中介机构鉴证的汇算清缴年度企业会计报告（包括会计报表、会计报表附注和财务情况说明书等）以及集成电路装备销售（营业）收入、研究开发费用等情况表
6	销售合同	与主要客户签订的一至两份代表性销售合同复印件
7	支撑条件	企业具有与集成电路装备生产相适应的经营场所、软硬件设施等材料

(三)国家鼓励的集成电路材料企业

1. 享受条件

根据 2021 年 4 月四部门公告〔2021〕9 号规定,国家鼓励的集成电路装备企业条件如表 9-14 所示。

表9-14　国家鼓励的集成电路材料企业条件

(非清单管理:享受二免三减半所得税优惠)

序号	条件类别	享受条件(同时满足)
1	企业资格	在中国大陆(不包括港、澳、台地区)依法设立,从事集成电路专用材料研发、生产并具有独立法人资格的企业
2	人员指标	汇算清缴年度具有劳动合同关系或劳务派遣、聘用关系且具有大学专科及以上学历月平均职工人数占企业当年月平均职工总人数的比例不低于40%,研发人员月平均数占企业当年月平均职工总数的比例不低于15%
3	研发费用指标	汇算清缴年度用于集成电路材料研发费用总额占企业销售(营业)收入总额的比例不低于5%(研发费用归集口径为加计扣除口径)
4	收入指标	汇算清缴年度集成电路材料销售收入占企业销售(营业)收入总额的比例不低于30%,且企业销售(营业)收入总额不低于(含)1 000 万元
5	知识产权	拥有核心关键技术和属于本企业的知识产权,且企业拥有与集成电路材料研发、生产相关的已授权发明专利数量不少于 5 个
6	支撑条件	具有与集成电路材料生产相适应的经营场所、软硬件设施等基本条件
7	禁止行为	汇算清缴年度未发生严重失信行为,重大安全、重大质量事故或严重环境违法行为

2. 主要留存备查资料

符合表 9-14 所列条件的国家鼓励的集成电路材料企业,自获利年度起享受"二免三减半"的所得税优惠并采取"自行判别、申报享受、相关资料留存备查"的办理方式。其主要留存备查资料清单如表 9-15 所示。

表9-15　国家鼓励的集成电路材料企业的主要留存备查资料清单

(非清单管理:享受二免三减半所得税优惠)

序号	佐证条件类别	资料清单(复印件须加盖企业公章)
1	企业资质	企业法人营业执照副本、企业取得的其他相关资质证书等

(续)

序号	佐证条件类别	资料清单（复印件须加盖企业公章）
2	人员指标	企业职工人数、学历结构、研发人员情况及其占企业职工总数的比例说明、企业研发人员名单，以及汇算清缴年度最后一个月的企业职工社会保险缴纳证明（包括劳务派遣人员代缴社保付款凭证）等相关材料
3	工艺、产品	企业开发销售的主要产品列表（名称、规格）
4	知识产权	企业拥有与主营产品相关的不少于5项的已授权发明专利材料
5	中介鉴证报告（佐证收入、研发费用指标）	经具有资质的中介机构鉴证的汇算清缴年度企业会计报告（包括会计报表、会计报表附注和财务情况说明书等）以及集成电路材料销售（营业）收入、研发费用等情况表
6	销售合同	与主要客户签订的一至两份代表性销售合同复印件
7	支撑条件	企业具有与集成电路材料生产相适应的经营场所、软硬件设施等材料

（四）国家鼓励的集成电路封装、测试企业

1. 享受条件

根据2021年4月四部门公告（2021）9号规定，国家鼓励的集成电路封装、测试企业条件如表9-16所示。

表9-16 国家鼓励的集成电路封装、测试企业条件

（非清单管理：享受二免三减半所得税优惠）

序号	条件类别	享受条件（同时满足）
1	企业资格	在中国大陆（不包括港澳台地区）依法设立，从事集成电路封装、测试并具有独立法人资格的企业
2	人员指标	汇算清缴年度具有劳动合同关系或劳务派遣、聘用关系且具有大学专科及以上学历月平均职工人数占企业当年月平均职工总数的比例不低于40%，研发人员月平均数占企业当年月平均职工总数的比例不低于15%
3	研发费用指标	汇算清缴年度研发费用总额占企业销售（营业）收入总额的比例不低于3%（研发费用归集口径为加计扣除口径）
4	收入指标	汇算清缴年度集成电路封装、测试销售（营收）收入占企业收入总额的比例不低于60%，且企业收入总额不低于（含）2 000万元
5	知识产权	拥有核心关键技术和属于本企业的知识产权，且企业拥有与集成电路封装、测试相关的已授权发明专利、计算机软件著作权合计不少于5个
6	支撑条件	具有与集成电路芯片封装、测试相适应的经营场所、软硬件设施等基本条件
7	禁止行为	汇算清缴年度未发生严重失信行为，重大安全、重大质量事故或严重环境违法行为

2. 主要留存备查资料

符合表 9-16 所列条件的国家鼓励的集成电路封装、测试企业，自获利年度起享受"二免三减半"的所得税优惠并采取"自行判别、申报享受、相关资料留存备查"的办理方式。其主要留存备查资料清单如表 9-17 所示。

表9-17　国家鼓励的集成电路封装、测试企业的主要留存备查资料清单

（非清单管理：享受二免三减半所得税优惠）

序号	佐证条件类别	资料清单（复印件须加盖企业公章）
1	企业资质	企业法人营业执照副本、企业取得的其他相关资质证书等
2	人员指标	企业职工人数、学历结构、研发人员情况及其占企业职工总数的比例说明、企业研发人员名单以及汇算清缴年度最后一个月的企业职工社会保险缴纳证明（包括劳务派遣人员代缴社保付款凭证）等相关材料
3	工艺、产品	企业开发销售的主要产品列表（名称、规格）
4	知识产权	企业拥有与主营产品相关的不少于 5 项的已授权发明专利、计算机软件著作权登记证书的材料
5	中介鉴证报告（佐证收入、研发费用指标）	经具有资质的中介机构鉴证的汇算清缴年度企业会计报告（包括会计报表、会计报表附注和财务情况说明书等），以及集成电路封装、测试销售（营业）收入、研发费用等情况表
6	销售合同	与主要客户签订的一至两份代表性销售合同复印件
7	支撑条件	企业具有与集成电路封装、测试相适应的经营场所、软硬件设施等材料

（五）国家鼓励的软件企业条件

根据 2021 年 4 月四部门公告〔2021〕10 号规定，国家鼓励的软件企业条件如表 9-18 所示。

表9-18　国家鼓励的软件企业条件

（非清单管理：享受二免三减半所得税优惠）

序号	类别	享受条件（同时满足）
1	企业资格	在中国大陆（不包括港、澳、台地区）依法设立，以软件产品开发及相关信息技术服务为主营业务并具有独立法人资格的企业；该企业的设立具有合理商业目的，且不以减少、免除或推迟缴纳税款为主要目的

（续）

序号	类别	享受条件（同时满足）
2	人员指标	汇算清缴年度具有劳动合同关系或劳务派遣、聘用关系，其中具有本科及以上学历的月平均职工人数占企业月平均职工总人数的比例不低于40%，研发人员月平均数占企业月平均职工总数的比例不低于25%
3	研发费用指标	拥有核心关键技术，并以此为基础开展经营活动，汇算清缴年度研究开发费用总额占企业销售（营业）收入总额的比例不低于7%，企业在中国境内发生的研发费用金额占研发费用总额的比例不低于60%（研发费用归集口径为加计扣除口径）
4	收入指标	汇算清缴年度软件产品开发销售及相关信息技术服务（营业）收入占企业收入总额的比例不低于55%（嵌入式软件产品开发销售（营业）收入占企业收入总额的比例不低于45%），其中软件产品自主开发销售及相关信息技术服务（营业）收入占企业收入总额的比例不低于45%（嵌入式软件产品开发销售（营业）收入占企业收入总额的比例不低于40%）
5	知识产权	主营业务或主要产品具有专利或计算机软件著作权等属于本企业的知识产权
6	支撑条件	具有与软件开发相适应的生产经营场所、软硬件设施等开发环境（如合法的开发工具等），建立符合软件工程要求的质量管理体系并持续有效运行
7	禁止行为	汇算清缴年度未发生重大安全事故、重大质量事故、知识产权侵权等行为，企业合法经营

（六）非清单管理企业：享受优惠方式和核查程序

1. 享受优惠方式：自行判别、申报享受、相关资料留存备查

不采取清单管理符合条件的集成电路设计、装备、材料、封装、测试企业和软件企业，自获利年度起享受"二免三减半"的所得税优惠并采取"自行判别、申报享受、相关资料留存备查"的办理方式。

具体来说，国家鼓励的集成电路设计、装备、材料、封装和测试企业以及软件企业，应当根据自身经营情况以及相关享受条件（分别详见前面的表9-10、表9-12、表9-14、表9-16、表9-18）自行判断是否符合规定。符合条件的企业在按月（季）预缴企业所得税时即可享受优惠。企业应自行计算减免税额。在完成年度汇算清缴后，企业应提交符合享受税收优惠条件的相关留存备查资料给税务机关，税务机关按照财税〔2016〕49号第十条的规定转请省级发改和工信部门进行核查。对经核查不符合条件的，由税务部门追缴其已经享受的企业所得税优惠，并按照《税收征管法》的规定进行处理。

2. 核查程序

根据财税〔2016〕49号第十条规定，有关核查程序如下所述。

（1）省级税务部门应在每年3月20日前和6月20日前分两批将汇算清缴年度已申报享受优惠的集成电路设计、装备、材料、封装、测试企业和软件企业的名单及其备案资料提交省级发改和工信部门。其中，应将享受集成电路设计企业、软件企业税收优惠政策的名单及备案资料提交给省级工信部门，省级工信部门组织专家或者委托第三方机构对名单内企业是否符合条件进行核查；应将享受其他优惠政策的名单及备案资料提交给省级发改部门，省级发改部门会同工信部门共同组织专家或者委托第三方机构对名单内企业是否符合条件进行核查。

（2）省级发改、工信部门应在收到享受优惠政策的企业名单和备案资料两个月内将复核结果反馈给省级税务部门（第一批名单复核结果应在汇算清缴期结束前反馈）。

（3）每年10月底前，省级财政、税务、发改、工信部门应将核查结果及税收优惠落实情况联合汇总上报财政部、国家税务总局、国家发展改革委、工信部。如遇特殊情况汇算清缴延期的，上述期限可相应顺延。

（4）省级财政、税务、发改、工信部门可以根据本通知规定，结合当地实际，制定具体操作管理办法，并报财政部、国家税务总局、国家发展改革委、工信部备案。

四、符合条件的集成电路和软件企业：纳税申报

符合条件的集成电路企业和软件企业，按月或按季预缴企业所得税即可享受相关税收优惠。年度汇算清缴时，企业需填报企业所得税年度纳税申报表的附表《软件、集成电路企业优惠情况及明细表》（A107042），以反映本年发生的软件、集成电路企业优惠有关情况，具体内容如表9-19所示。

表9-19 软件、集成电路企业优惠情况及明细表（A107042）

税收优惠基本信息				
选择适用优惠政策		□延续适用原有优惠政策	□适用新出台优惠政策	
减免方式1			获利年度、开始计算优惠期年度1	
减免方式2			获利年度、开始计算优惠期年度2	
税收优惠有关情况				
行次		项目		金额
1	人员指标	一、企业本年月平均职工总人数		
2		其中：签订劳动合同关系且具有大学专科以上学历的职工人数		
3		研发人员人数		
4	研发费用指标	二、研发费用总额		
5		其中：企业在中国境内发生的研发费用金额		
6	收入指标	三、企业收入总额		
7		四、符合条件的销售（营业）收入		
8	其他指标	五、其他1（指标名称：_____）		
9		六、其他2（指标名称：_____）		
10		七、其他3（指标名称：_____）		
11	减免税额			

第三节 增值税优惠政策

《关于印发新时期促进集成电路产业和软件产业高质量发展若干政策的通知》（国发〔2020〕8号）第一条第五款规定：继续实施集成电路企业和软件企业增值税优惠政策。目前，我国针对软件企业和集成电路企业的增值税优惠政策主要包括增值税留抵退税政策、即征即退政策和附加税费优惠政策。

一、软件产品增值税即征即退

为促进软件产业的发展，我国对软件产品实行增值税即征即退政策。

（一）优惠内容

根据财政部、国家税务总局《关于软件产品增值税政策的通知》（财税〔2011〕100号）：增值税一般纳税人销售其自行开发生产的软件产品，或将进口软件产品进行本地化改造后形成的软件产品对外销售的，按增值税适用税率征收增值税后，对其增值税实际税负超过3%的部分实行即征即退政策。

1. 软件产品的概念及分类

软件产品是指信息处理程序及相关文档和数据。软件产品包括计算机软件产品、计算机信息系统和嵌入式软件产品。具体内容如表9-20所示。

表9-20 软件产品的分类及概念

软件产品的分类	概念及依据
（1）计算机软件产品	● 计算机程序及其有关文档。 □ 计算机程序是指为了得到某种结果而可以由计算机等具有信息处理能力的装置执行的代码化指令序列，或者可以被自动转换成代码化指令序列的符号化指令序列或者符号化语句序列。同一计算机程序的源程序和目标程序为同一作品 □ 文档是指用来描述程序的内容、组成、设计、功能规格、开发情况、测试结果及使用方法的文字资料和图表等，如程序设计说明书、流程图、用户手册等 ● 依据是《计算机软件保护条例（2013年修订）》（国务院令第339号）
（2）计算机信息系统	● 由计算机及其相关的和配套的设备、设施（含网络）构成的，按照一定的应用目标和规则对信息进行采集、加工、存储、传输、检索等处理的人机系统 ● 依据是《计算机信息系统安全保护条例（2011年修订）》（国务院令第147号）
（3）嵌入式软件产品	● 嵌入在计算机硬件、机器设备中并随其一并销售，构成计算机硬件、机器设备组成部分的软件产品 ● 依据是《关于软件产品增值税政策的通知》（财税〔2011〕100号）

2. 进口软件产品本地化改造的界定

本地化改造是指对进口软件产品进行重新设计、改进、转换等，单纯对进口软件产品进行汉字化处理不包括在内。

3. 受托开发软件产品的处理

纳税人受托开发软件产品，著作权属于受托方的征收增值税，著作权属于委托方或属于双方共同拥有的不征收增值税；对经过国家版权局注册登记，纳税人在销售时一并转让著作权、所有权的，不征收增值税。

4. 符合条件的软件企业取得的即征即退增值税税款，可作为不征税收入处理

根据财政部、国家税务总局《关于进一步鼓励软件产业和集成电路产业发展企业所得税政策的通知》（财税〔2012〕27号）规定，符合条件的软件企业取得的即征即退增值税税款，由企业专项用于软件产品研发和扩大再生产并单独进行核算，可以作为不征税收入，在计算应纳税所得额时从收入总额中减除。

（二）享受条件

享受软件产品增值税即征即退政策应满足以下条件。

（1）必须是增值税一般纳税人，并非一定是软件企业。

（2）必须自行开发生产软件产品，或者是将进口软件产品进行本地化改造。单纯的软件销售企业不可以享受。

（3）必须取得省级软件产业主管部门认可的软件检测机构出具的检测证明材料。

（4）取得软件产业主管部门颁发的《软件产品登记证书》或著作权行政管理部门颁发的《计算机软件著作权登记证书》。

（三）即征即退税额的计算

1. 软件产品增值税即征即退税额的计算方法

具体内容如表9-21所示。

表9-21 软件产品增值税即征即退税额的计算方法

即征即退税额 = 当期软件产品增值税应纳税额 − 当期软件产品销售额 × 3%
其中：
当期软件产品增值税应纳税额 = 当期软件产品销项税额 − 当期软件产品可抵扣进项税额
当期软件产品销项税额 = 当期软件产品销售额 × 13%

【例9-1】A公司自己开发生产的XX软件产品获得增值税即征即退资格，2×20年9月该软件产品的销售额是500万元，该产品对应的进项税额是18万元，

那么 9 月即征即退税额是多少？

计算过程如下：

当期软件产品增值税应纳税额 =500×13%-18=47（万元）

即征即退税额 =47-500×3%=32（万元）

2. 嵌入式软件产品增值税即征即退税额的计算

具体内容如表 9-22 所示。

表9-22　嵌入式软件产品增值税即征即退税额的计算

（1）嵌入式软件产品增值税即征即退税额的计算方法 即征即退税额 = 当期嵌入式软件产品增值税应纳税额 − 当期嵌入式软件产品销售额 ×3% 其中： 　当期嵌入式软件产品增值税应纳税额 = 　当期嵌入式软件产品销项税额 − 当期嵌入式软件产品可抵扣进项税额 　当期嵌入式软件产品销项税额 = 当期嵌入式软件产品销售额 ×13% （2）当期嵌入式软件产品销售额的计算公式 当期嵌入式软件产品销售额 = 当期嵌入式软件产品与计算机硬件、机器设备销售额合计 − 当期计算机硬件、机器设备销售额 其中，计算机硬件、机器设备销售额按照下列顺序确定： 　（1）按纳税人最近同期同类货物的平均销售价格计算确定 　（2）按其他纳税人最近同期同类货物的平均销售价格计算确定 　（3）按计算机硬件、机器设备组成计税价格计算确定 计算机硬件、机器设备组成计税价格 = 计算机硬件、机器设备成本 ×（1+10%）

【例9-2】B 公司自己开发生产的 YY 软件为嵌入式软件，获得增值税即征即退资格，2×20 年 10 月该软件与配套硬件的销售额是 2 000 万元，其中配套焊接设备硬件的销售额为 600 万元，软件对应的进项税额是 10 万元，那么 10 月的即征即退税额是多少？

计算过程如下：

嵌入式软件销售额 =2 000-600=1 400（万元）

当期嵌入式软件增值税应纳税额 =1 400×13%-10=172（万元）

即征即退税额 =172-1400×3%=130（万元）

【例9-3】C 公司自己开发生产的 ZZ 软件为嵌入式软件，获得增值税即征即退资格，2×20 年 10 月该软件与配套硬件的销售额是 20 万元，其中配套计算机硬件的购进成本为 6 万元，市场上没有同类产品的销售价格。软件对应的进项税额是 0.1 万元，那么 10 月的即征即退税额是多少？

计算过程如下：

计算机硬件的计税价格 =6×（1+10%）=6.6（万元）

嵌入式软件销售额 =20-6.6=13.4（万元）

当期嵌入式软件增值税应纳税额 =13.4×13%-0.1=1.74（万元）

即征即退税额 =1.74-13.4×3%=1.34（万元）

（四）注意事项

1. 软件产品进项税额的划分

增值税一般纳税人在销售软件产品的同时销售其他货物或者应税劳务的，对于无法划分的进项税额，应按照实际成本或销售收入比例确定软件产品应分摊的进项税额；对专用于软件产品开发生产设备及工具的进项税额，不得进行分摊。纳税人应将选定的分摊方式报主管税务机关备案，并自备案之日起一年内不得变更。

专用于软件产品开发生产的设备及工具，包括但不限于用于软件设计的计算机设备、读写打印器具设备、工具软件、软件平台和测试设备。

2. 分别核算

对增值税一般纳税人随同计算机硬件、机器设备一并销售嵌入式软件产品，如果适用按照组成计税价格计算确定计算机硬件、机器设备销售额的，应当分别核算嵌入式软件产品与计算机硬件、机器设备部分的成本。凡未分别核算或者核算不清的，不得享受软件产品增值税即征即退政策。

3. 软件产品配套服务费的处理

如果企业在软件产品销售过程中收取了配套服务费用，那么需要梳理相关增值税的计税归属。对销售软件产品时，随同销售一并收取的软件安装费、维护费和培训费等收入，应按照增值税混合销售的规定缴纳和办理退还增值税；对在软件产品销售结束后，单独按期或按次收取的维护费，不属于混合销售行为，应单独计税，不享受增值税即征即退政策。

4. 软件产品即征即退与出口免抵退税、留抵退税之间的关系

如果内外销兼营企业同时存在适用即征即退政策项目和出口免抵退税项目，

可按照规定分别适用。即征即退项目不参与出口免抵退税项目计算，且两个项目应分别核算、分别享受增值税即征即退政策和出口免抵退税政策。需要注意的是，软件企业不能同时享受增值税即征即退政策与增量留抵退税政策。

二、增值税留抵退税政策

增值税留抵税额是指纳税人当期进项税额大于销项税额，留待下一个纳税期继续抵扣的税款。对于增值税留抵税额，国际上通常采用两种不同的处理方法：一些国家采用退税和结转下期继续抵扣的处理方法；大多数国家采取直接退税的处理方法。

我国自1994年实施《中华人民共和国增值税暂行条例》以来，对符合条件可抵扣的进项税额一直实行结转下期继续抵扣制度，也称留抵制度。但实际上，我国也并非是完全实行增值税留抵制度的国家。从2011年开始，我国先后对国家批准的集成电路重大项目企业，以及2015年1月1日至2018年12月31日期间从事大型客机、大型客机发动机研制项目和生产销售新支线飞机的企业等实行增值税期末留抵税额退还政策；2018年，我国又将增值税留抵退税政策扩大到装备制造等先进制造业和研发等现代服务业、电网等行业；2019年将留抵退税政策扩大到所有行业。

从上述我国增值税留抵退税政策沿革看，目前我国增值税留抵退税政策主要分为三类：针对集成电路重大项目企业的留抵退税政策、针对先进制造业企业的留抵退税政策和针对符合特定条件企业的留抵退税政策。这三类政策的适用范围、计算方式均有一定差异，集成电路企业和软件企业可结合自身实际情况，在符合相关适用条件的基础上，选择最优方案。

（一）集成电路重大项目企业的留抵退税政策

为解决集成电路重大项目企业采购设备引起的增值税进项税额占用资金问题，2011年财政部、国家税务总局发布了《关于退还集成电路企业采购设备增值税期末留抵税额的通知》（财税〔2011〕107号），对国家批准的集成电路重大项目企业因购进设备形成的增值税期末留抵税额准予退还。需注意的是，退还的留抵税额应当是因采购设备的进项税额所产生的部分。

具体而言，准予退还的购进设备留抵税额的计算要求如下所述。

企业当期购进设备进项税额大于当期增值税纳税申报表"期末留抵税额"的，当期准予退还的购进设备留抵税额为期末留抵税额；企业当期购进设备进项税额小于当期增值税纳税申报表"期末留抵税额"的，当期准予退还的购进设备留抵税额为当期购进设备进项税额。

当期购进设备进项税额是指企业取得的按照现行规定允许在当期抵扣的增值税专用发票或海关进口增值税专用缴款书上注明的增值税额。

【例9-4】A企业属于国家批准的集成电路重大项目企业，2×20年10月购进设备并依法取得增值税专用发票注明税额50万元。

假设当月申报抵扣后产生增值税留抵税额80万元，A企业仅可申请退还因购进设备产生的留抵税额50万元，其余30万元不得退还。

（二）先进制造业企业的增量留抵退税政策

1. 政策依据

为进一步推进制造业高质量发展，2019年8月发布的《财政部 国家税务总局关于明确部分先进制造业增值税期末留抵退税政策的公告》（财政部 国家税务总局公告2019年第84号）规定："自2019年6月1日起，同时符合相关条件的部分先进制造业纳税人，可以自2019年7月及以后纳税申报期向主管税务机关申请退还增量留抵税额。"此优惠政策仅限于"非金属矿物制品""通用设备""专用设备""计算机通信和其他电子设备"等4大类先进制造业行业。

为进一步促进先进制造业高质量发展，2021年4月发布的《财政部 国家税务总局关于明确先进制造业增值税期末留抵退税政策的公告》（财政部 国家税务总局公告2021年第15号）规定："自2021年4月1日起，同时符合以下条件的先进制造业纳税人，可以自2021年5月及以后纳税申报期向主管税务机关申请退还增量留抵税额。"和前述2019年的政策相比，此优惠新增了"医药""化学纤维""铁路、船舶、航空航天和其他运输设备""电气机械和器材""仪器仪表"等5大类先进制造业行业。至此，先进制造业增值税留抵退税政策涵盖了9大类先进制造业行业。

2. 适用条件

该政策适用的相关条件包括以下 5 种。

（1）增量留抵税额大于 0；

（2）纳税信用等级为 A 级或者 B 级；

（3）申请退税前 36 个月未发生骗取留抵退税、出口退税或虚开增值税专用发票情形；

（4）申请退税前 36 个月未因偷税被税务机关处罚 2 次及以上；

（5）自 2019 年 4 月 1 日起未享受即征即退、先征后返（退）政策。

3. 先进制造业纳税人的界定

先进制造业纳税人是指按照《国民经济行业分类》，生产并销售"非金属矿物制品""通用设备""专用设备""计算机、通信和其他电子设备"、"医药""化学纤维""铁路、船舶、航空航天和其他运输设备""电气机械和器材""仪器仪表"销售额占全部销售额的比重超过 50% 的纳税人。

上述销售额比重根据纳税人申请退税前连续 12 个月的销售额计算确定；申请退税前经营期不满 12 个月但满 3 个月的，按照实际经营期的销售额计算确定。

4. 允许退还的增量留抵税额的计算

增量留抵税额是指与 2019 年 3 月 31 日相比新增加的期末留抵税额。其计算公式如下：

$$允许退还的增量留抵税额 = 增量留抵税额 \times 进项构成比例$$

其中进项构成比例，为 2019 年 4 月至申请退税前一税款所属期内已抵扣的增值税专用发票（含税控机动车销售统一发票）、海关进口增值税专用缴款书、解缴税款完税凭证注明的增值税额占同期全部已抵扣进项税额的比重。

5. 限制条件

先进制造业纳税人按照上述规定取得增值税留抵退税款的，不得再申请享受增值税即征即退、先征后返（退）政策。

（三）符合条件的一般企业的增量留抵退税政策

依据财政部、国家税务总局、海关总署发布的《关于深化增值税改革有关政策的公告》(财政部 国家税务总局 海关总署公告2019年第39号),符合条件的一般企业留抵退税不受企业行业限制,只要满足条件即可享受。

1. 适用条件

和前述部分先进制造业企业的适用条件相比,本政策将其第1个条件改为:自2019年4月税款所属期起,连续6个月(按季纳税的,连续两个季度)增量留抵税额均大于0,且第6个月增量留抵税额不低于50万元;其余条件相同。

2. 允许退还的增量留抵税额的计算

其计算公式为

$$允许退还的增量留抵税额 = 增量留抵税额 \times 进项构成比例 \times 60\%$$

其中,进项构成比例与前述部分先进制造业企业相同。

综上,集成电路和软件企业适用留抵退税政策的对比情况,如表9-23所示。

表9-23 集成电路和软件企业适用留抵退税政策的对比情况表

	集成电路重大项目企业	先进制造业企业	符合条件的一般企业
适用条件	(1)属于国家批准的集成电路重大项目企业 (2)购进的设备应属于《增值税暂行条例实施细则》第二十一条第二款规定的固定资产范围 (3)因购进设备形成增值税期末留抵税额	(1)增量留抵税额大于0	(1)自2019年4月税款所属期起,连续6个月(按季纳税的,连续2个季度)增量留抵税额均大于0,且第6个月增量留抵税额不低于50万元
		(2)纳税信用等级为A级或者B级	
		(3)申请退税前36个月未发生骗取留抵退税、出口退税或虚开增值税专用发票情形	
		(4)申请退税前36个月未因偷税被税务机关处罚2次及以上	
		(5)自2019年4月1日起未享受即征即退、先征后返(退)政策	
基本计算	允许退还留抵税额=设备进项税额与期末留抵税额孰小者	允许退还的增量留抵税额=增量留抵税额×进项构成比例 进项构成比例为2019年4月至申请退税前一税款所属期内已抵扣的增值税专用发票(含税控机动车销售统一发票)、海关进口增值税专用缴款书、解缴税款完税凭证注明的增值税额占同期全部已抵扣进项税额的比重 增量留抵税额是指与2019年3月31日相比新增加的期末留抵税额	允许退还的增量留抵税额=增量留抵税额×进项构成比例×60%

三、附加税费优惠

根据财政部、国家税务总局发布的《关于增值税期末留抵退税有关城市维护建设税教育费附加和地方教育附加政策的通知》(财税〔2018〕80号),对实行留抵退税的企业,允许其从城市维护建设税、教育费附加和地方教育附加的计税(征)依据中扣除退还的增值税税额。

【例9-5】 D软件企业2×20年10月按规定办理留抵退税80万元,并做进项税额转出处理;11月未产生增值税应纳税额,也未产生留抵税额;12月D企业申报缴纳增值税150万元。D企业在12月申报当月附加税费时的计税(征)依据应为70万元(150-80)而不是1 500万元。

因此,本书建议企业在享受增值税留抵退税政策时,注意附加税费计税(征)依据的计算,避免出现多缴附加税费的情况。

第四节　进口税收优惠政策

一、政策依据

根据2020年7月《国务院关于印发新时期促进集成电路产业和软件产业高质量发展若干政策的通知》(国发〔2020〕8号),其中第(六)条至第(八)条是有关促进集成电路产业和软件产业发展的进口税收政策优惠。

为贯彻落实《若干政策》中有关进口税收政策的有效实施,有关部门在2021年3月先后发布了其相关配套政策。一是《财政部 海关总署 国家税务总局关于支持集成电路产业和软件产业发展进口税收政策的通知》(财关税〔2021〕4号);二是《财政部 国家发展改革委 工业和信息化部 海关总署 国家税务总局关于支持集成电路产业和软件产业发展进口税收政策管理办法的通知》(财关税〔2021〕5号);三是《关于做好享受税收优惠政策的集成电路企业或项目、软件企业清单制定工作有关要求的通知》(发改高技〔2021〕413号)。具体内容如图9-4所示。

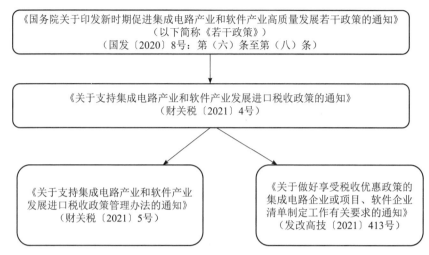

图 9-4 集成电路和软件企业进口税收政策优惠框架

二、优惠内容

（一）免征进口关税

根据《若干政策》第（六）条、第（七）条以及财关税〔2021〕4号文规定，自2020年7月27日至2030年12月31日，在境内设立的符合条件的集成电路和软件企业有关免征进口关税的政策内容，如表9-24所示。

表9-24 集成电路和软件企业免征进口关税的情况表

序号	受惠企业	免征关税的进口物资
1	集成电路线宽≤65nm的逻辑电路、存储器生产企业	进口自用生产性原材料、消耗品，净化室专用建筑材料、配套系统和集成电路生产设备零配件
1	集成电路线宽≤0.25um的特色工艺集成电路生产企业（含掩模版、8英寸及以上硅片生产企业）	进口自用生产性原材料、消耗品，净化室专用建筑材料、配套系统和集成电路生产设备零配件
1	集成电路线宽≤0.5um化合物集成电路生产企业和先进封装测试企业	进口自用生产性原材料、消耗品
2	国家鼓励的重点集成电路设计企业和软件企业	进口自用设备，及按照合同随设备进口的技术（含软件）及配套件、备件，除相关不予免税的进口商品目录所列商品外
2	上述第1序号中的集成电路生产企业和先进封装测试企业	进口自用设备，及按照合同随设备进口的技术（含软件）及配套件、备件，除相关不予免税的进口商品目录所列商品外

注：受惠企业的享受条件和材料清单，详见《关于做好享受税收优惠政策的集成电路企业或项目、软件企业清单制定工作有关要求的通知》（发改高技〔2021〕413号）。

（二）准予分期缴纳进口环节增值税

根据《若干政策》第八条以及财关税〔2021〕4 号文规定：承建集成电路重大项目的企业自 2020 年 7 月 27 日至 2030 年 12 月 31 日期间进口新设备，除《国内投资项目不予免税的进口商品目录》《外商投资项目不予免税的进口商品目录》和《进口不予免税的重大技术装备和产品目录》所列商品外，对未缴纳的税款提供海关认可的税款担保，准予在首台设备进口之后的 6 年（连续 72 个月）期限内分期缴纳进口环节增值税，6 年内每年（连续 12 个月）依次缴纳进口环节增值税总额的 0%、20%、20%、20%、20%、20%，自首台设备进口之日起已经缴纳的税款不予退还。在分期纳税期间，海关对准予分期缴纳的税款不予征收滞纳金。

参考文献

[1] 《中国科技创新政策体系报告》编写组.中国科技创新政策体系报告[M].北京：科学出版社，2018.

[2] 经济合作与发展组织.弗拉斯卡蒂手册：研究与试验发展调查实施标准：第6版[M].张玉勤，译.北京：科学技术文献出版社，2010.

[3] 泰奇.研究与开发政策的经济学[M].苏竣，柏杰，译.北京：清华大学出版社，2002.

[4] 薛薇，等.科技创新税收政策国内外实践研究[M].北京：经济管理出版社，2013.

[5] 聂颖.中国支持科技创新的财政政策研究[M].北京：中国社会科学出版社，2013.

[6] 张明喜.科技财政：理论与实践[M].北京：经济管理出版社，2016.

[7] 樊轶侠.科技财政：从理论演进到政策优化[M].北京：中国金融出版社，2017.

[8] 潘孝珍，王郑颖.税收优惠与企业科技创新：基于上市公司的统计与案例分析[M].北京：经济科学出版社，2017.

[9] 董阳，陈锐.财政性科研经费性质及其监管机制研究[M].北京：经济管理出版社，2019.

[10] 贾康，等.科技投入及其管理模式研究[M].北京：中国财政经济出版社，2006.

[11] 熊维勤，张春勋.财政科技政策与企业技术创新[M].北京：经济科学出版社，2017.

[12] 刘振.财税政策、研发投资与公司价值[M].北京：中国经济出版社，2018.

[13] 申嫦娥.科技创新与财税政策[M].北京：经济科学出版社，2016.

[14] 申嫦娥.促进科技进步的财政政策：基于创新价值链的研究[M].北京：经济科学出版社，2014.

[15] 蔡昌.税收筹划：理论、实务与案例[M].3版.北京：中国人民大学出版社，2020.

[16] 企业创新管理工具丛书编委会.上海市企业研发费用加计扣除操作手册（试用版）[M].上海：立信会计出版社，2010.

[17] 牟小容.企业研究开发费用税前扣除实操指南[M].广州：南方日报出版社，2009.

[18] 牟小容.高新技术企业申请认定实操指南[M].广州：南方日报出版社，2010.

[19] 中国注册会计师协会.会计[M].北京：中国财政经济出版社，2020.

[20] 李胤.关于研发、科技和创新的那些事儿：从统计角度浅议三者的关系[J].中国统计，2014（8）：22-23.

[21] 张聚恩.科技热门概念辨析之一（科学篇）[J].中国科技术语，2017（6）：75-78.

[22] 张聚恩.科技热门概念辨析之二（技术篇）[J].中国科技术语，2018（2）：74-78.

[23] 张聚恩.科技热门概念辨析之一（研发篇）[J].中国科技术语，2018（3）：76-78.

[24] 梁正.从科技政策到科技与创新政策：创新驱动发展战略下的政策范式转型与思考[J].科学学研究，2017（2）：170-176.

[25] 王曙光，徐余江.政府采购与技术创新：政府市场关系视角[J].经济研究参考，2020（21）：5-14.

[26] 苟学珍.促进科技自主创新的政府采购政策：两难困境及法治统合——《政府采购协定》（GPA）视角[J].科技进步与对策，2021（4）：1-8.

[27] 包健.促进科技创新的税收激励政策分析[J].税务研究,2017(12):40-43.

[28] 许文.构建有竞争力的企业科技创新税收政策体系[J].国际税收,2018(10):6-11.

[29] 李佳坤.我国科技创新税收激励政策的优化研究[J].税收经济研究,2018(2):24-28.

[30] 李子彪,梁博,玄兆辉.国际R&D经费统计规则变迁及对中国的启示:基于《弗拉斯卡蒂手册》第七版的分析[J].中国科技论坛,2018(6):171-178.

[31] 李金华.国际科技活动测度体系群的演化与发展[J].国外社会科学,2018(3):116-125.

[32] 高敏雪,王文静.企业研发投入:政府统计与企业会计核算方法比较[J].统计研究,2016(10):3-11.

[33] 余婕.研发型企业财务管理的对策与创新研究:基于施耐德电气中国研发中心的管理实践[J].珞珈管理评论,2011(1):51-58.

[34] 刘红勤,朱婷婷,谷俊.基于第三代研发管理理念的规范化企业情报运行模式研究[J].图书情报工作,2014(5):79-84.

[35] 颜莉,吴芬.民营通讯制造企业研发管理内部控制研究:以华为公司为例[J].财会月刊,2019(12):22-28.

[36] 夏航.世界科技研发管理的新取向及其对中国的启示[J].科技促进发展,2017(2):20-26.

[37] 程辉.企业所得税中不征税收入的涉税处理[J].注册税务师,2013(2):20-23.

[38] 李智,赵新贵.企业研发活动中政府补助的会计与税务处理[J].财务与会计,2017(10):48-50.

[39] 方飞虎.不征税收入财税处理中应关注的几个问题[J].中国注册会计师,2013(9):110-114.

[40] 黄智文.软件产业和集成电路产业税收优惠政策:回顾与建议[J].税务研究,2020(5):118-122.

[41] 黄超.我国集成电路产业的税收优惠政策探析[J].税务研究，2020（2）：31-34.

[42] 蒋楠.论增值税留抵退税制度的完善[J].法制与经济，2020（7）：110-112.

[43] 孙丽，迟强.软件和集成电路产业企业所得税政策回顾与解析[J].国际税收，2020（6）：63-67.

[44] 熊振宇，陆扬.如何统一规范软件产品的增值税政策[J].税务研究,2015(6)：57-61.

[45] 叶全华，王精盛.集成电路企业增值税留抵退税政策应用分析[J].注册税务师，2020（11）：33-36.